관혼상제

가정의례백과

관혼상제

가정의례백과

생활예절연구회 펴냄

매일출판

|머리말|

예부터 전해 내려오는 미풍양속은 어느 민족이나 다 가지고 있다.

우리 겨레는 오천 년이라는 긴 역사와 함께 이어 내려온 미풍양속을 가지고 있다. 동방예의지국(東方禮義之國)이라 일컬어지듯 예부터 예절(禮節)을 숭상해 온 우리 겨레야말로 조상으로부터 이어받은 충효사상(忠孝思想)을 바탕으로 아름다운 생활양식을 이어왔다고 세계 여러 나라에 자랑할 수 있을 것이다.

온고지신(溫故知新)이라는 말도 있듯이 면면이 이어져온 조상의 깊은 뜻을 되새기면서 미풍양속을 잘 지켜나가는 것이 오늘을 살아가는 우리가 우리의 민족문화를 올바르게 계승 발전시키는 것이다.

근래에 들어서 전통적인 가족제도가 무너지면서 조상에 대한 제례는 경시되고 살아 있는 사람들을 위한 의례를 보다 중요시하게 되었으며, 경제발전과 함께 상례, 혼례, 수연(壽宴) 등의 가정의례는 사치하고 호화로워져서 그 폐단이 사회문제로까지 야기되었다고 할 수 있다.

오늘날 우리의 생활 속에 자리 잡고 있는 가정의례(家庭儀禮)는 가정의례준칙(家庭儀禮準則)을 따르고 있으므로, 우리 모두가 전래되어 오는 미풍양속의 참된 뜻을 이해하여 간소화된 의식이나마 그것에 따라 조상을 바로 섬기며, 이것을 자손들에게 보다 깊은 사랑으로 가르치며 사랑을 베풀어야 할 것이다.

이 책은 전해 내려오는 미풍양속을 바탕으로 우리의 생활 속에 자리 잡은 여러 가지 의식(儀式)을 합리적으로 꾸려나갈 수 있도록 꾸몄다. 어른을 공경하고 자손을 사랑하며 이웃끼리 서로 돕고 사는 우리의 아름다운 풍속이 생활 속에 자리한 의식에 바탕을 두고 있는 것을 생각하면, 이 책이 우리의 문화계승과 사회생활에 보탬이 되기를 간절히 바라는 바이다.

|차례|

【예절(禮節)】

【상례(喪禮)】

【제례(祭禮)】

【예절(禮節)】

1. 예절(禮節)의 뜻

예절은 예의에 관한 범절을 줄인 말로서 '사람이 사람답게 행동해야 할 질서'라고 풀이하기도 하고, '무리 지어 사는 사람들이 약속해 놓은 생활방식'이라고 설명하기도 한다. 영어로는 'etiquette' 또는 'manners'라고도 한다.

아무튼 예절은 사람이 사람답게 살아가기 위하여 약속해 놓은 도리이고 질서이고 생활방식이라고 할 수 있다. 예절은 낮추는 자세와 겸손을 요구하는데, 우리가 고대 인간사회를 상상해 보면 한 사람이 하나의 집단에 통과하거나 소속하게 될 때 그는 우선 자신의 목숨을 부지해 줄 것을 간절히 바라며 그들 집단의 생활방식에 무조건 순응하겠다는 복종의 표시로 허리를 굽히고 저자세를 취하게 되었을 것이다.

미국과 유럽의 사회생활에서 낯선 사이의 미소 짓는 인사는 겉으로는 매우 인정이 넘치게 보이지만, 내면적으로는 '나는 너를 해칠 의사가 없다.'는 의사 표시에서 유래되었다고도 한다.

불어에서 유래된 etiquette란 말은 영어의 ticket(표, 입장권)과 같은 말인데, 이는 프랑스의 베르사이유 궁전에 '잔디에 들어가지 마시오.'라는 푯말 즉 티켓을 써 붙인 데서 유래되었다는 설도 있다. 여기서 보면 금지된 것을 지키는 것에서 예절의 근원을 찾게 된다.

인간사회가 발달되면서 예절도 복잡해져서 사람을 죽여서는 안 된다는 형법도 생기고 사람은 이렇게 다녀야 한다는 도로교통법도 생겼는데, 지금 우리들이 말하는 예절은 성문화된 법규를 제외한 불문율이 그 대상이 되는 것이다.

예절을 지키지 않는다 하여 어떤 공식적인 제재는 없으나 보이지 않는 작용이 가해져 따돌림을 당하기도 하고 장차 불이익을 받게 되기도 한다. 그리고 예절은 상류사회로 갈수록 까다로워지고 하류계층으로 갈수록 그 규범의 정도가 단순하고 적어진다. 아무튼 예절은 고대사회로부터 누구를 위하여 지켜야 하는 범절이 아니라 자신이 살아남기 위하여 지켜야 했던 생활규범임을 명심하고 우리나라의 예절뿐 아니라 국제적인 매너에 관해서도 관심을 가져야 할 것이다.

2. 에티켓의 뜻

고대 프랑스어의 동사 estiquier(붙이다)에서 유래한 말이다. '나무 말뚝에 붙인 표지'의 뜻에서 표찰(標札)의 뜻이 되고, 상대방의 신분에 따라 달라지는 편지 형식이라는 말에서 궁중의 각종 예법을 가리키는 말로 변하였다. 따라서 궁정인(宮廷人)이나 각국 대사(大使)의 석차(순위)를 정해야 했고, 그에 수반하는 예식의 절차를 정해야만 했다.

비잔틴 궁정에서는 이러한 것들이 엄격하고 복잡했는데, 동방의 라틴 제국에서도 이를 모방하였으며, 프랑스에 정착된 것은 15세기부터였다. 안 도트리시(루이 13세의 비, 루이 14세 초기의 섭정)의 노력으로 궁정 에티켓이 발달하여 루이 14세 때(17세기)에 완전히 정비되었다. 세부적인 예법 규정은 C.생시몽의 〈회고록〉에 나타나 있으며, 국가를 대표하는 궁정인의 지위를 내외에 과시하는 것이 목적인 듯하다.

루이 16세 때에는 엄격성이 해이해지고 또한 혁명으로 인해 일단 쇠멸하였으나 나폴레옹이 이것을 부활시켜 1830년의 법령에 의해 현재에 이르는 국내공식의전(國內公式儀典)의 형식을 확정하였다. 영국의 왕실 및 1831년까지의 에스파냐 왕실에서는 옛날 그대로의 관례가 준수되고 있었으나 그 후 민주화의 진전과 더불어 단순화되었다. 프랑스에서는 19세기 말의 부르주아 사교계의 '관례' 및 '예의범절'이 오늘날의 프랑스 에티켓의 기초가 되었고, 국제간의 외교의례를 프랑스어로 프로토콜(protocole)이라 한다. 현대에 와서는 에티켓의 어의가 변천되고 일반인에게도 그 적용이 보편화되었다.

현대의 에티켓의 본질은 '① 남에게 폐를 끼치지 않는다. ② 남에게 호감을 주어야 한다. ③ 남을 존경한다.' 등의 세 가지 뜻으로 요약될 수 있다. 즉, 에티켓은 남을 대할 때의 마음가짐이나 태도를 말한다고 할 수 있다. 구체적인 내용으로서는 옥외와 실내에서의 에티켓, 남녀 간의 예의, 복장, 소개, 결혼, 흉사(凶事), 석차(席次 : 자리 순서), 편지, 경례, 경칭, 식사 예법 등 생활 전반의 분야에 이른다. 특히 식탁 예법에는 테이블 매너라는 말이 있으며 식사방법의 룰이 있는데, 정찬인 경우에는 그 이상의 디너 에티켓을 지켜야 하고, 식사 때의 복장까지도 바꿔 입어야 한다.

에티켓과 매너의 차이는 한국에서는 별로 거론되지 않지만 굳이 말한다면, 매너는 보통 생활 속에서의 관습이나 몸가짐 등 일반적인 규칙을 말하고, 에티켓은 어원적으로는 보다 고도한 규칙, 예법, 의례 등 신사, 숙녀가 지켜야 할 범절들로서 요구도(要求度)가 높은 것을 말한다.

3. 우리나라의 예절

동양의 정신문화의 바탕은 예(禮)라고 할 수 있다. 예부터 우리나라를 '동쪽에 있는 예절의 나라'라 하여 동방예의지국(東方禮義之國)이라 일컬었다. 동이열전(東夷列傳)에 있는 우리나라에 관한 이야기를 보면, "먼 옛날부터 동쪽에 한 나라가 있는데 이를 동이라 한다. 그 나라에 단군(檀君)이라는 훌륭한 사람이 태어나 아홉 개의 부족 - 구이(九夷)가 그를 받들어 임금으로 모셨다. 순(舜)이 임금이 되어 백성들에게 사람 노릇을 하는 윤리(倫理)와 도덕(道德)을 처음으로 가르쳤다. 한 백성이 부모에게 극진히 효도하더니 부모가 돌아가시니까 3년을 슬퍼했는데 이들은 한민족의 아들이었다. 그 나라는 비록 크지만 남의 나라를 업신여기지 않고, 그 나라의 군대는 비록 강했지만 남의 나라를 침범하지 않았다. 풍속이 순후해서 길을 가는 이들이 서로 양보하고 음식을 먹는 이들이 먹을 것을 미루며, 남자와 여자가 따로 거처해 섞이지 않으니, 이 나라야말로 동쪽에 있는 예의바른 군자의 나라(東方禮義之國)가 아니겠는가?"라고 했다. 이처럼 우리나라의 예 사상은 단군 건국에서부터 비롯되었으며, 중국이 생활문화와 윤리와 도덕, 효도하는 법을 우리나라에서 배워갔으며, 우리 조상들이 서로 사양(辭讓)하고 남녀의 구별이 있어 '예절의 나라'라 일컬어진 것이다.

그 후 우리나라의 예 사상은 유교(儒敎)에 근간을 두고 있다. 북사(北史)의 고구려전(高句麗傳)에 문화, 특히 예제(禮制)에 대해서 다음과 같이 기록되어 있다. "혼인은 남녀가 서로 좋아하면 이루어지는데, 남가(男家)에서는 돼지와 술만을 보낼 뿐 제물을 보내는 풍습은 없고 혹 재물을 받는 자가 있으면 사람들이 천하게 여겨 매비(賣婢)라고 한다. 죽은 자는 옥내(屋內)에 빈소(殯所)를 차려 3년이 지난 다음에 길일을 택하여 장례를 지낸다. 부모와 지아비의 상사(喪事)에는 삼년상을 입고 형제는 3개월이다. 초종시(初終時)에는 곡읍하고, 장사 때에는 고무(鼓舞), 작약(作藥)하면서 보낸다." 이 기록 가운데 죽은 자의 빈소를 옥내에 두고 부모와 지아비의 상사에 3년 복을 입는 것 등은 두말할 나위 없이 유교예속의 영향이었던 것이다. 이렇듯 예(禮)란 살아있는 사람들에게는 생활규범인 것이며, 죽은 사람에 대해서는 보이지 않는 혼의 존재를 받들어 혈통 간에 친화(親和)와 유대를 재인식하는 마음이며, 우주의 섭리를 다스리는 하늘〔天〕을 공경하는 것이다. 유교 윤리에 있어서 최고의 덕목으로 손꼽을 수 있으며, 동양예절의 기원이 되는 사상은 곧 인(仁)이다. 인(仁) 사상은 군자교육(君子敎育)의 최고 덕목이며, 인(仁)의 구현이 곧 예(禮)이다. 공자는 인(仁)의 사상에 대해서 뚜렷한 정의는 밝히지 않고 제자들의 물음에 대하여 때와 장소에 따라 여러 형태로 이야기하였다.

4. 생활예절(生活禮節)

1. 배례(拜禮)

절은 상대방에게 공경하는 뜻을 나타내 보이는 동작으로서 행동예절의 기본이다. 우리나라도 당연히 전통적으로 전래되는 절이 있으나 현재는 사람에 따라 절하는 모습이 각양각색으로 통일된 방법이 없어 아쉽기 그지없다. 다행히 우리나라의 예학종장(禮學宗長)이라 추앙되는 사계 김장생(沙溪 金長生)선생께서 1599년에 저술한 가례즙람(家禮楫覽)에 그림까지 곁들여 우리나라의 절의 원형을 수록되어 있다.

*공수법(拱手法)

공수는 양손을 앞으로 자연스럽게 모아 맞잡는 자세로 우리나라에서 일반적으로 널리 사용하는 공손한 자세의 대표적 모습이다. 공적인 행사나 의식에 참석했을 때, 웃어른 앞에서 공손한 자세를 취할 때 공수의 자세를 하면 된다.

공수의 기본자세는 양손의 손가락을 붙여서 자연스럽게 편 다음 앞으로 모아 포갠다. 이때 엄지손가락은 깍지를 끼고 나머지 네 손가락은 포개면 된다.

1) 남자의 평상 시 공수는 왼손이 위이다.

2)남자의 흉사(凶事 : 사람이 죽어서 약 백일〔졸곡〕까지를 말한다.) 시 공수는 오른손이 위이다.

3) 여자의 평상 시 공수는 오른손이 위다.

4) 여자의 흉사 시 공수는 왼손이 위이다.

5) 공수할 때 엄지손가락은 엇갈려 낀다(소매가 넓고 긴 예복의 소매 끝을 눌러 흘러내리지 않게 한다).

6) 평상복을 입었을 때는 공수한 손의 엄지가 배꼽부위에 닿게 내린다.

7) 소매가 넓은 예복을 입었을 때는 공수한 손이 수평이 되게 올린다.

8) 공수하고 앉을 때는 남자는 중앙에 여자는 오른쪽 다리 위에, 한 무릎을 세울

때는 세운 무릎 위에 공수한 손을 얹는다.

2. 남자의 배례

① 남자 절의 기본동작

1) 공수하고 절할 대상을 향해 선다.

2) 엎드리며 공수한 손으로 바닥을 짚는다(손을 벌리지 않는다).

3) 왼 무릎을 먼저 꿇는다.

4). 오른 무릎을 왼 무릎과 가지런히 꿇는다.

5) 왼발이 앞(아래)이 되게 발등을 포개고 뒤꿈치를 벌리며 엉덩이를 내려 깊이 앉는다.

6) 팔꿈치를 바닥에 붙이며 이마가 손등에 닿도록 머리를 숙인다.

7) 고개를 들며 팔꿈치를 바닥에 뗀다.

8) 오른 무릎을 먼저 세운다.

9) 공수한 손을 바닥에서 떼어 오른 무릎 위에 올려놓는다.

10) 오른 무릎에 힘을 주며 일어나 왼발을 오른발과 가지런히 모은다.

② 남자 절의 종류와 절하는 경우

*큰절〔계수배(稽首拜)〕: 기본동작과 같이 하되 6번 동작의 상태로 잠시 머물러 있다가 일어난다. 답배(答拜)를 하지 않아도 될 높은 어른(직계존속)이나 의식행사에서 하는 절이다.

*평절〔돈수배(頓首拜)〕: 계수배와 같이 하되 6번 동작에서 머물지 않고 이마가 손등에 닿으면 즉시 일어난다. 답배를 해야 할 어른이나 정중히 맞절을 해야 할 경우에 하는 절이다.

*반절〔공수배(控首拜)〕: 기본동작의 5,6,7번 동작을 하지 않고 엉덩이에서 머

리까지 수평이 되게 굽혔다가 일어난다. 연장자가 아랫사람이 한 절에 답배를 하는 것이다.

*고두배(叩頭拜) : 두 손을 벌려 바닥을 짚고 이마로 바닥을 두드린다(다른동작은 기본동작과 같다).신하가 임금에게 하는 절이다. 현재는 임금이 없으니 손을 벌려 바닥을 짚고 절을 해서는 안 된다.

3. 여자의 배례

① 여자 큰절의 기본동작

1) 공수한 손을 어깨 높이에서 수평이 되게 올린다.

2) 고개를 숙여 이마를 손등에 댄다.

3) 왼 무릎을 먼저 꿇는다.

4) 오른 무릎을 왼 무릎과 가지런히 꿇는다.

5) 오른발이 앞(아래)이 되게 발등을 포개고 뒤꿈치를 벌리며 깊이 앉는다.

6) 상체를 앞으로 60도쯤 굽힌다.

7) 상체를 일으킨다.

8) 오른 무릎을 먼저 세운다.

9) 일어나서 두 발을 모은다.

10) 수평으로 올렸던 공수한 손을 내린다.

② 여자 평절의 기본동작

1) 공수한 손을 풀어 두 손을 양 옆에 내린다.

2) 왼 무릎을 먼저 꿇는다.

3) 오른 무릎을 왼 무릎과 가지런히 꿇는다.

4) 오른발이 앞(아래)이 되게 발등을 포개고 뒤꿈치를 벌리며 깊이 앉는다.

5) 손가락을 가지런히 모아 끝이 밖을 향하게 무릎과 가지런히 바닥에 댄다.

6) 상체를 앞으로 60도쯤 굽히며 손바닥을 바닥에 댄다.

7) 상체를 일으키며 손바닥을 바닥에서 뗀다.

8) 오른 무릎을 세우며 손끝을 바닥에서 뗀다.

9) 일어나서 두 발을 모은다.

10) 두 손을 앞으로 모아 공수한다.

③ 여자의 반절

여자의 평절을 약식으로 하는 절이다. 앉은 자세에서 일어나지 않고 두 손만 바닥에 짚는데, 아랫사람의 절에 윗사람이 답배를 하는 것이다.

4. 절의 횟수와 하는 법

1) 남자는 양(陽)이기 때문에 최소 양수인 1회가 기본회수이다.

2) 여자는 음(陰)이기 때문에 최소 음수인 2회가 기본회수이다.

3) 평상시 어른에게는 남자는 1배, 여자는 재배가 원칙이나 절의 종류와 회수는 절을 받으실 어른의 명에 따르는 것이다.

4) 각종 의식행사에서는 남자는 재배, 여자는 4배 한다.

5) 근친이 아닌 남의 절에 대해서는 절하는 사람이 20세 이상이면 답배, 또는 맞절을 해야 한다.

5. 세배(歲拜)

민속명절 설날에 웃어른에게 절하며 새해인사로 덕담(德談)을 나누는 것을 세배라 한다. 세배는 평소의 조석문안과 다른 하나의 의식이다.

*가족끼리의 세배방법

1) 자녀를 둔 부부가 부모를 모시고 사는 가정이라면 설빔을 차려 입고 부모님 앞에 선다.

2) 남자는 동쪽, 여자는 서쪽에 위치한다.

3) 먼저 부모와 부부 내외끼리 정중한 맞절로 세배한다.

4) 부모가 부동모서의 위치에서 남쪽을 향해 앉으면 부부와 자녀들이 북쪽을 향해 큰절을 하고 새해 인사를 여쭙는다.

5) 남편은 아버지의 왼쪽 앞, 아내는 어머니의 오른쪽 앞에 남쪽을 향해 앉으면 아들과 딸이 큰절을 하고 새해 인사를 여쭙는다.

6) 아들과 딸이 누이나 오라비에게 평절을 한다.

6. 경례(敬禮)

배례를 할 수 없는 장소에서는 허리를 굽혀 경례를 하고, 한복을 입었을 때는 공수한 상태로 경례한다.

*경례의 종류

1) 큰경례 : 큰절을 하는 경우에 하는 경례로 윗몸을 90도 정도 굽힌다.

2) 평경례 : 윗몸을 45도 정도 굽히는 것으로 평절을 하는 경우에 해당한다.

3) 반경례 : 윗몸을 15도 정도 굽히는 것으로 반절이나 간단한 예를 표시하는 경우에 해당한다.

4) 목례 : 노상에서 하는 간략한 인사법으로 가볍게 고개를 숙인다.

5) 거수경례 : 제복을 입은 경우에 하는 경례로 오른손을 곧게 펴서 손끝이 오른쪽 눈썹에 오도록 손을 올리는 방법이다.

6) 국기에 대한 경례 : 국기에 대한 존경과 충성을 나타내는 경례로 오른손을 왼쪽 가슴 위에 자연스럽게 대는 방법이다.

7) 주목(注目)경례 : 단체 행동이나 제복 착용 시 절을 받을 사람을 부동의 자세로 주시하는 것이다.

7. 악수(握手)

악수는 반가움을 표시하는 인사 방식이다.

악수는 윗사람이 먼저 청하면 아랫사람이 응하고, 여성이 먼저 청하면 남성이 응하는 것이 예의이다.

5. 호칭예절(呼稱禮節)

1. 올바른 호칭의 사용

호칭은 특정한 사람을 불러 일컫는 말이다. 상대를 불러 일깨울 때, 상대에게 자신을 가리켜 말할 때, 대화 중에 특정한 사람을 일컬을 때 호칭이 쓰인다.

서로간의 관계에 따라 서로를 부르는 호칭도 다르고 아울러 제삼자를 일컫는 호칭도 달라진다. 따라서 호칭은 가리키려는 사람을 정확하게 표시해야 함은 물론이거니와 상대에 대한 존중을 잃지 않아야 한다.

2. 복잡하지만 합리적인 호칭

① 자신에 대한 호칭

저, 제 : 웃어른이나 대중에게 말할 때.

나 : 같은 또래나 아랫사람에게 말할 때.

우리 : 자기 쪽을 남에게 말할 때.

아비, 어미 : 부모로서 자녀에게 말할 때.

할아비, 할미 : 조부모로서 손자, 손녀에게 말할 때.

형, 누이 : 형이나 누이로서 동생에게 말할 때.

② 아버지에 대한 호칭

아버지 : 직접 부르거나 대화 중 지칭할 때, 남에게 자기의 아버지를 일컬을 때.

아버님 : 남편의 아버지를 직접 부를 때와 상대방의 아버지를 일컬을 때.

아비 : 아버지의 어른에게 아버지를 일컬을 때.

아빠 : 말을 배우는 아이(초등학교 취학 전)에게 그의 아버지를 일컬을 때.

가친(家親) : 자기의 아버지를 남에게 일컫는 한문식 호칭.

춘부장(椿府丈) : 상대방의 아버지를 일컫는 한문식 호칭.

선친(先親), 선고(先考) : 돌아가신 아버지를 남에게 일컫는 한문식 호칭

③ 어머니에 대한 호칭

어머니 : 직접 부르거나 지칭할 때, 남에게 자기의 어머니를 일컬을 때.

어머님 : 남편의 어머니를 직접 부를 때와 상대방의 어머니를 일컬을 때.

어미 : 어머니의 어른에게 어머니를 일컬을 때.

엄마 : 말을 배우는 아이(초등학교 취학 전)에게 그의 어머니를 일컬을 때.

자친(慈親) : 자기의 어머니를 남에게 일컫는 한문식 호칭.

자당(慈堂) : 상대방의 어머니를 일컫는 한문식 호칭.

현비(顯妣) : 지방이나 축문에 돌아가신 어머니를 쓸 때.

대부인(大夫人) : 상대방의 돌아가신 어머니를 일컬을 때.

④ 형제간의 호칭

언니 : 미혼의 동생이 형을 부르는 호칭.

형님 : 기혼의 동생이 형을 부르는 호칭.

형 : 집안의 어른에게 형을 일컬을 때.

백씨(伯氏), 중씨(仲氏), 사형(舍兄) : 남에게 자기의 형을 일컬을 때. 백씨는 큰형, 중씨는 둘째형, 사형은 셋째 이하의 형.

⑤ 형제, 자매간의 배우자 호칭

아주머니 : 형의 아내를 직접 부를 때.

아주미 : 형의 아내를 집안 어른에게 말할 때.

형수씨 : 형의 아내를 남에게 일컬을 때.

존형씨 : 상대방의 형을 일컬을 때

제수씨, 수씨 : 동생의 아내를 직접 부를 때.

제수 : 집안 어른에게 제수를 일컬을 때.

⑥ 시댁 가족의 호칭

아버님, 어머님 : 남편의 부모를 직접 부를 때.

아주버님 : 남편의 형을 부르거나 일컬을 때.

형님 : 남편의 형수나 손위 시누이를 부를 때.

시숙 : 남편의 형을 친족이 아닌 남에게 말할 때.

동서 : 남에게 손위 동서를 말할 때.

형 : 손위 동서보다 어른에게 손위 동서를 말할 때.

도련님 : 미혼인 시동생을 말할 때.

서방님 : 기혼인 시동생을 말할 때.

작은 아씨 : 미혼인 손아래 시누이를 부를 때.

⑦ 처가 가족의 호칭

장인어른, 장모님 : 아내의 부모를 직접 부를 때.

처남 : 처가의 가족에게 아내의 남자 동기를 말할 때.

처남댁 : 처남의 아내를 부를 때.

처제 : 아내의 여동생을 말할 때.

동서 : 처형이나 처제의 남편을 말할 때.

⑧ 기타 친척의 호칭

큰아버지, 큰어머니 : 아버지의 큰 형님과 그 아내.

○째 아버지, ○째 어머니 : 아버지의 큰형이 아닌 남자 동기와 그 아내.

고모, 고모부 : 아버지의 누이와 그 남편.

외숙, 외숙모 : 어머니의 남자 동기와 그 아내.

이모, 이모부 : 어머니의 자매와 그 남편.

⑨ 사회생활에서의 호칭

어르신네 : 부모의 친구 또는 부모같이 나이가 많은 어른.

선생님 : 학교의 선생님이나 존경하는 어른.

노형(老兄) : 11년 이상 15년까지의 연상자.

형 : 6년 이상 10년까지의 연상자 또는 아직 친구 사이가 되지 못한 10년 이내의 연상자.

이름, 자네 : 10년 이내의 연하자로 친구같이 지내는 사이.

○○○씨 : 친숙한 관계가 아닌 10년 이내의 연상자와 기혼, 성년의 연하자.

⑩ 모르는 사람의 호칭

노인 어른, 노인장 : 할아버지, 할머니처럼 연세가 많은 어른.

어르신네 : 부모처럼 연세가 많은 어른.

부인 : 자기의 부모보다는 젊은 기혼의 여자.

댁 : 같은 또래의 남자와 여자.

총각 : 미혼인 젊은 남자.

아가씨 : 미혼인 젊은 여자.

학생 : 학생 신분의 남녀.

6. 가정예절(家庭禮節)

1. 가족(家族)

가족이란 혈족을 중심으로 혈족의 직계와 방계 및 배우자를 포함하는 최소의 집단이다. 우리나라에서의 근친의 범위는 고조할아버지대인 8촌과 근친남자의 배우자 및 어머니의 4촌까지를 의미한다.

2. 계촌법(系寸法)

촌수는 친등(親等)이라고도 한다(민법 985조 1항·1000조 2항). 촌수의 본래의 뜻은 손의 마디라는 뜻이다. 촌수가 적으면 많은 것보다 근친임을 의미하며, 또 촌자(寸字)는 친족을 가리키는 말로 쓰이기도 한다. 예를 들면 숙부를 3촌, 종형제(從兄弟)를 4촌이라 하는 것과 같다. 그러나 직계혈족에 관하여는 촌수를 사용하지 않는데, 이는 촌수가 직계를 셈하기 위한 것이 아니라 방계(旁系)를 계산하기 위한 것이기 때문이다. 다만 직계혈족의 경우 예외적으로 자신과 아버지의 관계에 한해서만 촌수를 인정한다. 이 경우 자신과 아버지의 촌수는 1촌으로, 이를 기준으로 해서 방계의 촌수가 정해진다. 그러나 이는 촌수 계산을 위한 편의상의 구분에 지나지 않는다.

직계혈족 간의 촌수는 자신과 아버지 사이에만 사용하기 때문에 세대(世代)수와는 상관없이 모두가 1촌이다. 자신과 할아버지는 세대로 따지면 2세대의 차이가 있어 자신과 아버지의 1촌, 아버지와 아버지(할아버지)의 1촌을 더하여 2촌으로 생각하는 사람들이 많은데 이는 근거가 없다. 자신과 아버지의 관계에만 사용한다는 것은 곧 자신과 아버지의 1촌만을 인정한다는 말이다. 따라서 자신과 아버지의 1촌, 아버지와 아버지(할아버지)의 1촌씩 해서 계속 선계(先系)로 거슬러 올라가 어떤 직계 선조에 이르더라도 자신과 그 선조 사이의 촌수는 1촌이 되는 것이다. 다시 말해 아버지, 할아버지, 증조부, 고조부, 10대조, 20대조, 시조(始祖)를 막론하고 자신과의 촌수는 무조건 1촌이라는 뜻이다. 그러나 아버지와 어머니는 핏줄로 연결된 관계가 아니라 서로 다른 남남이 만나 이루어진 관계이기 때문에 촌수가 없다.

방계친족 간에는 최근친인 공동시조(共同始祖)에서 각자에 이르는 세수(世數)를 각각 계산하여 그 합계를 친족 상호간의 촌수로 한다. 가장 가까운 방계친족은 형제 사이로 2촌, 그 다음은 아버지의 형제인 백부, 숙부로 3촌, 다음은 백부, 숙부의 자녀로 4촌이 된다. 이와 같이 방계혈족의 촌수는 형제의 촌수인 2촌×세대수로 계산하여 할아버지가 같으면 2촌×2대=4촌, 증조부가 같으면 2촌×3대=6촌, 고조부가 같으면 2촌×4대=8촌, 15대조가 같으면 2촌×15대=30촌이 되어 관계상으로는 모두 형제간이 되는 것이다. 또 아저씨, 조카 관계는 형제의 촌수인 2촌×세대수에서 1을 빼되, 아저씨뻘이면 자신보다 1세대가 낮고, 조카뻘이면 1세대가 높은 것이다. 예를 들어 자신에게는 20대조, 상대에게는 19대조이면 2촌×20대=40촌에서 1촌을 빼면 39촌이 된다. 이 경우 상대는 아저씨뻘이 되는 것이다.

민법의 촌수 계산에 관한 규정은 다음과 같다.

① 방계혈족은 자기로부터 동원(同源)의 직계존속에 이르는 세수와 그 동원의 직계존속으로부터 그 직계비속에 이르는 세수를 통산하여 그 촌수를 정한다

(770조 2항).

② 인척(姻戚)은 배우자의 혈족에 대하여는 배우자의 그 혈족에 대한 촌수에 따르고, 혈족의 배우자에 대하여는 그 혈족에 대한 촌수에 따른다(771조).

③ 양자와 양부모 및 그 혈족, 인척 간의 촌수는 입양한 때부터 혼인 중의 출생자의 경우와 동일한 것으로 본다(772조 1항).

④ 양자의 배우자, 직계비속과 그 배우자는 양자의 친계를 기준으로 하여 촌수를 정한다(772조 2항).

또 현행 민법에서는 친족의 범위를 8촌 이내의 혈족, 4촌 이내의 인척과 배우자(777조)로 한정하고 있는데, 이 경우 혈족은 조부의 형제자매의 현손(玄孫)까지 해당한다.

3. 어른을 모시는 예절

① 문안예절

1) 저녁에는 잠자리를 펴 드리고 아침에는 안녕히 주무셨는지 살피며 절하고 뵙는다. 이처럼 아침과 저녁으로 문안(問安)을 여쭙는 것을 '혼정신성(昏定晨省)'이라 하며, 자식이 된 도리로서 반드시 실천해야 한다.

2) 어른께서 "절은 하지 말라."고 하시면 공손히 말씀으로 인사를 여쭙고, 만일 "일부러 문안할 것 없다." 하시면 아침에 는 뵙는 즉시 인사를 여쭙고, 저녁에는 자기 전에 인사를 올린다.

3) 반드시 어른보다 먼저 일어나고 어른이 깨시지 않도록 조용히 한다.

4) 방 안과 밖의 불을 끄며, 주무시는 데 방해가 되지 않도록 조용히 한다.

5) 어른이 쓰시는 각종 기구와 잡수셔야 할 약이나 음료수 등을 알뜰히 챙기고 살핀다.

6) 방이 찬지 더운지 살피며 어른의 안색을 살펴 불편함이 없도록 정성스럽게 보살핀다.

② 일상생활의 예절

1) 집에 있을 때는 항상 가까이 곁에서 모시고 적적하시지 않게 해드린다.

2) 안색을 공손하고 온화하게 하고, 몸놀림을 조심해 삼가며, 말은 조용하고 부드럽게 한다.

3) 어른께서 부르시면 대답과 동시에 달려가서 뵙고, 물러나라 하시기 전에는 물러나지 않는다.

4) 어른보다 편한 자세를 취하지 않으며, 어른보다 높은 곳에 있지 않고, 어른에게 뒷모습을 보이지 않는다.

③ 어른께서 편찮으실 때의 예절

1) 어른께서 편찮으시면 약이나 치료도 중요하지만 자손들이 걱정하며 정성을 다해 보살피는 것이 더 중요하다.

2) 항상 어른의 생활 상황을 살펴 조금이라도 이상이 있으면 어디가 편찮으신지 여쭙는다.

3) 약을 마련해 때맞추어 시중들어 잡수시게 하고, 병원에 모시고 가거나 의사를 청해 서둘러 조치한다.

4) 편찮으신 어른의 곁을 떠나지 말 것이며 병실의 온도, 습도, 환기에 주의하고 의복이나 이부자리 등을 더욱 정결하게 보살핀다.

5) 저녁에도 반드시 가까이 모시고 용태를 살피며 잔심부름을 해드린다.

④ 어른의 의식주 수발 예절

(1) 어른의 의복 수발

1) 어른의 의복은 항상 정결하고 단정하게 차려드린다.

2) 계절과 기후에 맞춰 의복을 입으시게 해드린다.

3) 아랫사람들이 새 옷을 할 때는 반드시 어른의 옷을 여쭈어서 먼저 한다.

4) 가정에 행사가 있거나 나들이하실 때에는 반드시 정결하게 입으시도록 배려한다.

5) 어른의 의복과 차림새는 가정의 위엄과 전통을 나타낸다. 한복이든 양복이든 격에 맞고 때에 맞고 나이에 맞도록 세심한 배려를 해드린다.

6) 어른의 옷차림새가 바로 어른을 모시는 자손들의 정성이 밖으로 보이는 것이므로 정성을 다해야 한다.

(2) 어른의 음식 수발

1) 주부가 장에 갈 때는 어른에게 잡수시고 싶은 것을 여쭈어서 마련한다.

2) 음식의 종류, 조리법 등을 어른에게 여쭈어서 한다.

3) 음식의 조미와 온냉은 다른 가족보다 어른을 기준으로 한다.

4) 새로운 과실, 채소 등이 나오면 재빨리 어른에게 드리고, 어른이 잡수신 다음에 다른 가족들이 먹는다.

5) 색다른 음식을 했거나 집 밖에서 들여온 음식은 반드시 어른에게 먼저 드린 다음에 다른 가족들이 먹는다.

6) 상을 차릴 때에는 어른이 좋아하시는 음식을 먹지 않도록 미리 가르친다.

7) 어른이 수저를 들기 전에 먹지 말 것이며, 어른이 수저를 놓으시기 전에 일어나지 말 것이다.

8) 식탁의 좌석 배치는 어른을 상좌에 모시고, 어른의 좌측에 남자, 우측에 여자가 앉도록 한다.

9) 집안의 행사, 잔치 같은 큰일의 음식 장만은 미리 어른에게 여쭈어서 한다.

(3) 어른의 거처 수발

1) 어른의 거처는 가정의 중심이다. 모시기 쉽고 살피기 쉬운 곳이어야 한다.

2) 햇볕이 잘 들고 밝으며 조용한 곳으로 택한다.

3) 출입에 편하고 욕실, 화장실, 식당, 거실 등의 이용에 편리해야 한다.

4) 어른은 한냉의 기온에 민감하다. 실내의 냉, 난방을 잘 조절 하고, 환기를 하여 청정한 공기가 실내에 가득하게 한다.

5) 어른이 쓰시는 신변 잡품이나 일상용품들을 편리하게 갖추어드린다.

6) 항상 청소하고 정돈해서 깔끔하게 한다.

7) 즐기시는 비품, 서책들을 소중히 여기고 아껴야 한다.

8) 어른께서 즐겁게 지내시도록 거처나 쓰시는 물건들을 어른 대하듯 하고 모든 구석에 알뜰한 배려를 한다.

⑤ 출입할 때의 예절

고례에 보면 '출필고 반필면(出必告 反必面)'이라고 해서, "나갈 때는 반드시 말씀을 여쭈어 허락을 받고, 돌아와서는 반드시 뵙고 말씀을 드린다."고 하여 출입 예절에 있어서의 원칙을 세웠다. 현대라고 해서 어른을 모시는 사람의 '출필고 반필면'의 출입 예절이 필요 없다고는 하지 못할 것이다.

(1) 아랫사람이 출입할 때

1) 집에서 나가고 돌아오는 것은 어른 곁을 떠나고 돌아오는 것이므로 깍듯한 예절이 따라야 한다.

2) 집을 나갈 때는 어른 앞에 공손히 앉거나 공수하고 서서 무슨 일로 어디에 나가겠다고 여쭌 다음에 나간다.

3) 외출하겠다고 여쭐 때는 소용되시는 것이 무엇인지를 여쭙는 것이 좋다.

4) 퇴근이나 하교, 기타 잠시의 외출에서 돌아오더라도 반드시 어른을 뵙고

다녀왔음을 여쭈며, 밖에서 있었던 일을 말씀드려 즐겁게 해 드린다.

5) 집 밖에서 밤을 지내고 들어오면 반드시 절하고 뵙는다.

6) 오랜 여행에서 돌아왔더라도 반드시 어른을 먼저 뵙고 밖에서 있었던 일로 화제를 삼아 말씀을 여쭙는다.

7) 특히 먼 거리의 오랜 여행 끝에는 어른에게 조그마한 것이라도 선물을 드려 즐겁게 해 드린다.

8) 자손의 출입에 대해 조금이라도 궁금하심이 없도록 배려한다.

(2) 어른께서 출입하실 때

1) 나가실 일이 있으면 나들이에 필요한 모든 것을 불편 없이 챙긴다.

2) 가시는 목적이 경조사에 인사하시는 일이나 특별한 방문이면 부조금, 선물 등을 준비해 드린다.

3) 낯선 곳이나 길을 가실 일이면 직접 모시고 가거나 실수하지 않으시도록 대비한다.

4) 교통비, 용돈이 있으신지 여쭙고 부족하지 않도록 드린다.

5) 나가실 때는 잠시의 나들이라도 문밖까지 나가서 배웅하고 보이지 않을 때까지 서서 살핀다. 만일 차를 타고 가시면 차를 타시는 것을 확인하고, 그 차가 보이지 않을 때까지 서서 살핀다.

6) 복잡하거나 먼 길을 가셨을 때는 행선지에 조회해 무사히 도 착하셨는지 확인한다.

7) 돌아오시는 기척이 나면 문 밖까지 나가서 맞는다.

8) 밤을 지나서 돌아오셨으면 절하고 뵙고, 그간에 집안에서 있었던 일을 자상하게 여쭙는다.

(3) 어른을 모시고 나들이할 때

1) 어른을 인도하는 위치는 어른의 우측 2~3보 앞이고, 뒤에 따를 때는 어른의 우측 2~3보 뒤에서 걷는다.

2) 위험한 곳을 걸을 때는 아랫사람이 위험한 쪽에서 걷는다.

3) 차를 탈 때는 안전하면 어른이 먼저 타시게 하고 위험하면 아랫사람이 먼저 탄다.

4) 어른이 짐을 들지 않으시도록 하고, 힘 드는 곳이나 계단에서는 부축해 드린다.

5) 어른의 걸음 속도에 맞춰서 걷는다. 너무 앞서서 걸음을 재촉하거나 너무 지쳐서 기다리게 하지 말 것이다.

6) 어른을 모시고 다닐 때의 지출은 아랫사람이 한다.

7) 길을 묻거나 행선지에서 누구를 찾는 일은 아랫사람이 한다.

8) 출입하는 문은 반드시 아랫사람이 열어드린다.

9) 어른이 기다리시는 일이 없도록 아랫사람이 알아서 대비한다.

7. 사회예절(社會禮節)

예절은 사회계약적인 성격을 띤 생활을 말하는 규범이기 때문에 상대와의 관계에서도 예의를 지키는 일이 필수적이다.

1. 소개 인사

소개를 할 때는 아랫사람을 윗사람에게, 남자를 여자에게, 친한 사람을 친하지 않은 사람에게 소개하는 것이 예의이다. 그리고 한 사람을 여러 사람에게 소개하는 것이 순서이다.

자신을 소개할 때는 성과 이름까지 밝히고 간결하면서도 분명하게 말하도록 한다. 간단한 인적 사항을 물으면 분명히 대답하는 것이 좋다.

상대의 명함을 받았을 때는 반드시 자기의 명함도 건네도록 하고, 명함이 없을 때에는 양해를 구할 것이며, 상대가 꼭 필요하다고 하면 깨끗한 종이에 적어서라도 건네도록 한다.

2. 초대 및 방문시의 예절

방문 시 특히 신경 써야 할 것은 시간에 대한 에티켓이다. 어떤 경우이든 시간을 지킨다는 것은 중요한 일이겠지만 특히 방문에 있어서는 약속을 한 시간에 필히 도착하고자 하는 마음 자세가 중요하다.

먼저 상대방의 형편에 따라 미리 약속을 정한다. 시간 약속을 하지 않고 방문하는 것은 매우 특별한 경우에 한하며, 사전에 시간 약속을 해 놓는 것이 에티켓이다. 방문에 가장 적당한 시간은 오후 4시~6시 사이이다. 그러나 반드시 미리 상대방의 편리한 시간을 알아보고 방문시간을 약속하는 것이 예의이다.

방문 시에는 현관에서 인사를 하고 일단 집으로 들어서면 모자나 레인코트 등은 벗어야 하며, 장갑이나 외투는 꼭 벗지 않아도 되나 시간이 걸리는 방문 시에는 벗는 것이 예의이다.

벗은 외투나 장갑은 현관에 놓고 실내에 들어가는 것이 좋다.

실내에 들어서면 이곳저곳 기웃거리는 일은 삼가고 주인이 권하는 자리에 앉도록 한다. 만일 먼저 온 여자 손님이 있으면 남자 손님은 여주인이 앉기를 권할 때까지 서 있는 것이 에티켓이다.

처음으로 방문한 경우 15~20분 정도의 대화시간이 가장 적당하나 꼭 그만큼의 시간이 아니더라도 되도록 짧은 시간 내에 용건을 마치고 일어서는 것이 좋다. 여러 사람과 방문한 경우 주인을 혼자서 독점하듯이 긴 시간 이야기 하는 것은 곤란하며, 방문 중 주인의 다른 손님이 찾아왔을 때는 당황해 하지 말고 차후의 방문의사나 명함을 남기고 나서도록 한다.

떠날 때는 일어서서 정중하고 짧게 작별인사를 하는 것이 예의이다. 너무 길게 작별인사를 늘어놓아 주인이 오래 서있는 일이 없도록 주의한다.

3. 경사 및 조사의 예절

① 수연(壽宴)

회갑연이나 칠순잔치는 자손들이 부모의 장수를 축하하고 더욱 오래 사시기를 기원하여 베푸는 잔치다. 따라서 분에 넘치는 잔치는 오히려 걱정을 끼친다. 그러므로 계획을 세워 쓸데없는 지출이 없도록 해야 한다.

주로 가까운 친지와 친척을 초대하는 것을 원칙으로 하고, 평소에 부모님과 사이가 좋지 않은 분이 있다면 이날 초대하여 화해의 자리를 마련하는 것도 뜻 깊은 일이 될 것이다.

초대장을 보낼 때에는 우편으로 보내도 되고, 웃어른께는 되도록 자손들이 직접 전하도록 한다.

부모님이 함께 해로한 경우에 수연을 맞게 되면 두 분에게 똑같이 선물을 해야 한다. 조부모님이 살아계신다면 그분들 것도 준비해야 하고, 보통 의류나 침구 등을 선물해드리면 된다.

② 백일 및 돌잔치

백일이나 돌이나 손님을 치르게 되면 가까운 친지들이 많이 모이게 되어서 지나치게 번거로워지는데, 그러다보면 아기에겐 오히려 소홀히 하게 되는 경우가 있다. 아기를 위한 잔치이니 가까운 친척들만 초대해서 조촐하면서도 뜻 깊고 정성이 깃든 자리가 되도록 해야 한다.

③ 결혼의 예절

결혼 날짜는 두 집안의 형편 또는 손님들의 편의를 고려하여 정하는 것이 보통이다. 농촌이라면 농한기를 택하는 것이 좋고, 너무 더운 때나 추운 때는 피하는 것이 좋다.

두 집안이 잘 상의하여 날짜를 잡되 가급적이면 신부 측에 일임하는 것이 좋다. 결혼식 날짜와 신부의 생리일을 참작해야 하기 때문이다. 부득이한 사정으로 생리일과 겹칠 경우에는 의사와 의논해서 약으로 조정하는 방법도 있으니 참고하기 바란다.

요즘은 장삿속이라고 손가락질을 받을 만한 결혼식도 있다. 청첩장을 보내는 경우에 신랑 신부의 얼굴도 잘 모르는 사람이나, 이름도 잘 기억나지 않는 사람에게까지 보내는 것을 두고 하는 말이다.

두 사람의 혼인을 진심으로 축복해줄 친척이나, 가까운 친지들에게만 청첩장을 보내는 것이 예의이다.

청첩장은 신랑 측에서 마련하는 것으로 되어 있으나 신부 측과 함께 의논하여 준비하는 것이 좋다.

청첩장의 서식은 특별하게 정해진 것이 없으나 한문 위주로 작성된 어려운 서식은 피하는 것이 좋다. 한글로 쉽게 작성하고 예식 장소가 찾기 어려운 곳이면 전화번호와 함께 약도를 그려 넣어야 한다.

결혼식 날짜를 하루 이틀 앞두고 청첩장을 받는 수가 있는데 이것은 받는 사람의 입장을 생각하지 않은 실례가 된다.

청첩장은 결혼식 2주일쯤 전에는 받아보도록 하는 것이 좋다. 너무 일찍 보내면 잊어버릴 수가 있고, 또 시간을 너무 여유가 없게 보내다보면 다른 계획과 중복되어 참석하지 못하는 경우도 생긴다.

요즈음 일부에서 신랑신부를 잘 알지도 못하는 사회 저명인사, 또는 인기인에게 주례를 부탁하는 경우가 있는데, 주례는 신랑신부의 앞날을 진심으로 축하해줄 사람에게 부탁해야 한다. 평소에 존경하던 은사나 어른을 찾아가 부탁하는 것이 좋다. 주례를 맡아 줄 사람 자신도 가정이 화목하고 사회적으로 덕망이 있는 사람이면 더 좋을 것이다.

예식장이 좋다고 그곳에서 올리는 예식이 행복하다고 볼 수는 없다. 그렇지만 우리 사회 일부 층에서는 아직도 호화로운 예식장에서 결혼을 해야 체면이 서는 것으로 생각하고 있다.

종교를 가진 경우에는 교회나 절을 빌려서 식을 올려도 되고, 그렇지 않을 때에는 다음 사항을 참고해서 예식장에서 올리도록 한다.

예식장은 먼저 비용을 고려해서 선택해야 한다. 예식장 비용은 통상적으로 양측이 공동으로 부담하기 때문이다.

미리 예약하도록 한다. 특히 결혼 시즌인 봄이나 가을에는 예식장이 분주하므로 충분한 시간을 두고 예약해야 낭패를 보지 않는다.

결혼식에 참석할 사람의 수를 미리 계산하여 너무 넓거나 좁지 않은 장소를 택하도록 한다.

쉽게 찾아올 수 있도록 교통이 편리한 곳을 택하도록 한다.

예물에는 결혼식 때 교환하는 신물과 신부가 시댁 어른께 처음 뵙는 인사를 할 때 드리는 예물이 있다. 근래에 들어 이런 예물을 주고받는 데 잘못된 생각을 가진 사람들이 의외로 많이 있다. 다름 아니라 예물은 비싸고 귀한 것이어야 한다는 생각에서 분수에 맞지 않는 예물을 요구하고, 또 무리하게 마련하는 데서 생기는 여러 가지 부작용이다.

비싸고 귀한 물건을 주고 또 받고 싶겠지만 빚까지 지면서 예물 준비를 한다는 것은 고려해야 할 문제이다. 더구나 예물을 상대편의 집안이나 사람의 가치를 판단하는 기준으로 삼아서는 안 된다. 서로의 형편에 맞는 정성스런 예물을 주고받도록 해야 한다.

욕심대로 장만하다가 친정집 기둥뿌리 빠진다는 것이 혼수이다. 혼수도 예물과 마찬가지로 꼭 필요한 것만 분수에 맞게 장만하도록 한다. 예전의 혼수는 신부 측의 고유 권한으로 신랑 측에서 무어라 말할 수 없는 것으로 생각했다. 그러나 오늘날에는 두 사람의 생활에 필요한 것이어야 한다는 생각에 서로 상의를 해서 장만하는 쪽으로 가고 있다.

신랑신부의 예복은 한복이나 양복 모두 관계없지만, 자신의 몸에 맞는 편한 것을 입어야 한다.

한복의 경우 신랑의 예복은 두루마기를 입고 양말대님 차림에 구두를 신으며 여름철에는 모시 같은 옷감을 쓴다. 오늘날은 주로 양복을 입는데, 검은색이나 감색 계통이면 무난하고 특별한 예복을 갖춰 입을 필요는 없다.

신부의 예복은 한복일 경우에는 흰색 치마저고리를 입고 흰색 장갑 을 낀다. 그리고 화관을 쓰고 흰색 고무신을 신는다.

웨딩드레스는 흰색에 긴 소매, 긴 자락으로 되도록 맨살을 노출시키지 않는 것이 원칙이다.

결혼식이 끝나면 대체적으로 피로연을 한다. 이것의 본뜻은 결혼식 하객들에게 고마운 인사를 대신하여 베푸는 음식 대접이다. 그러므로 사정이 여의치 않으면 생략해도 무방하며, 조출하고 간소하게 하도록 한다.

④ 상사(喪事)의 예절

임종이 가까워지면 가족들은 조용하게 둘러앉아 유언을 듣는다. 유언은 가족 모두에게 남겨두고 싶은 말, 또는 재산 처리 등이겠지만, 녹음을 하든지 기록하였다가 고인(故人)의 뜻을 받들어야 될 것이다.

임종하기에 앞서 집 안팎을 깨끗이 정돈해서 가는 사람이 경건하게 임종을 맞도록 한다. 그런 다음에 시신(屍身)을 모시기 위해 마련해둔 자리로 옮긴다. 이때 머리는 동쪽으로 향하게 해서 방 북쪽에 눕히도록 한다.

다음에 새 옷으로 갈아입히고 조용히 기다린다. 못 견디게 슬퍼도 소리 내서 울지 말고 엄숙한 가운데 임종을 보는 것이 참된 예법이다.

운명했다고 생각되면 곧바로 의사를 불러 사망 확인을 받는다.

그런 후에 수시를 하는데 이때 남자는 왼손을 위로, 여자는 오른손을 위로 가게 한다.

수시가 끝나면 관 위에 시신을 눕히고 홑이불로 덮는다. 그리고 시상(屍床)으로 옮겨 병풍이나 장막으로 가린다. 그 앞에 검정 띠를 두른 고인의 사진을 모시고 촛불을 밝히고 향을 피운다.

수시가 끝나면 발상(發喪), 즉 초상이 났음을 알리고 가족들은 검소한 옷으로 갈아입는다. 대체로 남자는 검은 양복에 검은 넥타이, 여자는 흰 치마, 저고리를 입는다. 그리고 곡(哭)을 하는데 아무리 슬프더라도 너무 큰소리를 내지 않는 것이 예의이다.

조문(弔問)을 간 사람은 빈소에 들어가 고인의 영전에 꿇어앉아 향에 불을 붙여 향로에 꽂는다. 그리고 영전을 향해 두 번 절하고 상주에게는 한 번 절한다.

그러나 상가나 조객, 자신의 종교나 관습에 따라 절을 하지 않고 묵념으로 대신해도 무방하고, 고인과 생전에 대면한 일이 없는 조객은 상주에게 인사하면 된다. 그 다음에 조객은 상주를 향하여 "얼마나 마음이 아프십니까?" 또는 "얼마나 망극(罔極)하십니까?" 등의 말로 위로한다. 그러나 '망극'이란 말은 부모상에서만 쓰는 말이다.

'가정의례준칙'에는 조객에게 술이나 음식을 대접하는 것이 금지되어 있다. 그러나 일부러 시간을 내어 찾아온 조객에게 간단한 음식을 대접하는 것은 우리의 미풍(美風)이므로 탁자에 간단한 음식 과일 등을 놓아 들게 하는 것 정도는 상관없다.

조화(弔花)도 금지하고 있다. 그러나 이것 역시 고인을 위해 꽃 몇 송이 바치는 정도라면 무방할 것이다.

상가(喪家)에 상례에 필요한 물건이나 부의금을 보내는 것 또한 우리의 미풍양속이다. 부의금은 문상을 마치고 빈소를 나올 때 호상소에 내놓는데 깨끗한 백지에 싸서 흰 봉투에 넣는다. 대체로 겉봉에는 '부의(賻儀)' 또는 '조의(弔儀)'라고 쓰고 속의 백지에는 '근조(謹弔)'라고 쓴다. 그러나 오늘날에는 '삼가 조의를 표합니다.' 또는 '깊이 슬퍼하나이다.' 등 순 우리말로 쓰는 경향이 늘고 있다.

예로부터 장일은 홀수로 하여 3일장, 5일장, 7일장 등으로 했다. 그리고 그 집안의 가세(家勢), 신분, 계급에 따라 장례 기간을 정했다. 그러나 오늘날에는 부득이한 경우를 제외하고는 사망한 날로부터 3일이 되는 날(3일장)로 하는 것이 통상적이다.

장지(葬地)는 보통 공동묘지나 공원묘지 등을 이용하고 있지만 가족 묘지나 선산(先山)에 모시기도 한다. 부부를 합장하는 경우에는 남자가 왼쪽, 여자가 오른쪽에 오도록 해야 한다

발인제는 망인(亡人)과 마지막 작별을 고하는 의식으로 영결식(永訣式)이라고도 하는데, 영구가 상가 또는 장례식장을 떠나기 직전에 그 상가 또는 장례식장에서 행한다.

발인제가 끝나면 사신을 장지로 운반하는 운구가 거행된다. 운구는 보통 도시에서는 영구차로 한다. 상여로 운구할 때는 상두꾼이 필요한데 그 수를 20명 이내로 하고 상여에는 과분한 장식을 하지 않도록 한다. 운구의 행렬은 일반적으로 사진, 명정, 영구, 상제 및 조객의 순으로 한다.

영구가 장지에 도착하면 묘역을 다시 살핀 후 곧 하관한다.

매장(埋葬)할 때의 위령제는 성분, 즉 무덤 쌓기가 끝난 후 그 무덤 앞으로 혼령자리를 옮기고 간소한 제수를 차려놓고 분향 ,잔 올리기, 축문 읽기 및 배례(拜禮)의 순서로 행한다.

화장(火葬)의 경우에는 화장이 끝난 후 혼령 자리를 유골 함으로 대신하고 매장과 같은 절차로 위령제를 올린다.

장례식이 끝난 다음 혼백을 모시고 집에 돌아오면 혼백을 편히 모신다는 뜻으로

제사를 지낸다. 이것이 초우제(初虞祭), 그 이튿날 아침에 지내는 것이 재우제(再虞祭)이다. 그리고 장례를 지낸 지 3일 만에 첫 성묘(省墓)를 가서 지내는 제사가 삼우제(三虞祭)이다.

예전에는 초상이 난 날부터 만 2년 동안 복(服)을 입었다. 그리고 아침저녁으로 상식(上食)을 하고 음력 초하루와 보름에 신위(神位)를 모신 궤연 앞에 음식을 차려놓고 곡을 하는 삭망(朔望)이라는 풍습이 있었다. 또 명절 때마다 차례를 지내고 소상(小祥)을 지낸 후에야 비로소 탈상(脫喪)을 하였다.

오늘날에는 '가정의례준칙'에 의거하여 궤연을 설치하지 않고 따라서 상식과 삭망도 하지 않는다. 그리고 상(喪)의 기간도 부모, 조부모, 배우자의 경우에는 사망한 날로부터 100일까지로 하고, 기타의 경우에는 장일(葬日)까지로 하는 것이 원칙이다.

⑤ 제사(祭祀)의 예절

제사에는 기제(忌祭), 묘제(墓祭), 절사(節祀) 등이 있다.

기제는 해마다 고인이 별세한 날 닭이 울기 전, 즉 전날 밤 열두시에서 한 시 사이에 지내는데, 오늘날 보통 제사라고 하는 것은 이것이다.

묘제는 조상들의 묘소에 가서 지내는 제사인데, 대개 한식(寒食)이나 음력 10월에 날짜를 정하여 지낸다.

절사는 음력 정월 초하루와 추석에 지내는 것으로 보통 차례(茶禮)라고 한다.

제사는 정성껏 지내면 된다. 따라서 돈을 많이 들여 요란하게 차릴 것이 아니라 형편에 맞게 간소하게 준비하는 것이 바람직하다. 기본적인 제상 차림에 고인이 생전에 좋아하던 음식 한두 가지를 더하는 정도면 된다.

지방은 신주(神主) 대신 제상에 모시는 것인데 깨끗한 백지를 가로 5cm, 세로 15cm정도로 잘라서 먹 글씨로 쓴다. 요즘은 지방 대신 고인의 사진을 모시기도 한다. 한 분만 제사지낼 때는 지방이나 사진을 제상 후면 중앙에 모시지만, 내외

분을 함께 제사 지낼 때는 남자는 왼쪽, 여자는 오른쪽에 모셔야 한다.

⑥ 경조문에 일상적으로 쓰는 문구

*결혼식(結婚式)

賀儀, 祝聖婚, 祝華婚, 祝盛典

*회갑연(回甲宴)

壽儀, 祝壽宴, 祝禧筵, 祝回甲

*축하(祝賀)

祝入選, 祝榮轉, 祝合格, 祝當選

*사례(謝禮)

菲品, 薄謝, 略禮,

*大小祥(대소상)

菲意, 香奠, 奠儀, 薄儀

*상가(喪家)

弔意, 賻儀, 謹弔, 奠儀

*하수(賀壽)

48세 - 桑壽, 61세 - 環甲・華甲・回甲,

70세 - 古稀, 77세 - 喜壽,

80세 - 傘壽, 88세 - 米壽,

90세 - 卒壽, 99세 - 白壽, 100세 - 上壽

⑦ 축의금, 부의금 서식

용지는 흰색이 좋다. 종이를 접을 때는 축하 문구와 상대편의 성명이 쓰인 곳에 줄이 생기지 않도록 접어야 한다.

(앞)

(뒤)

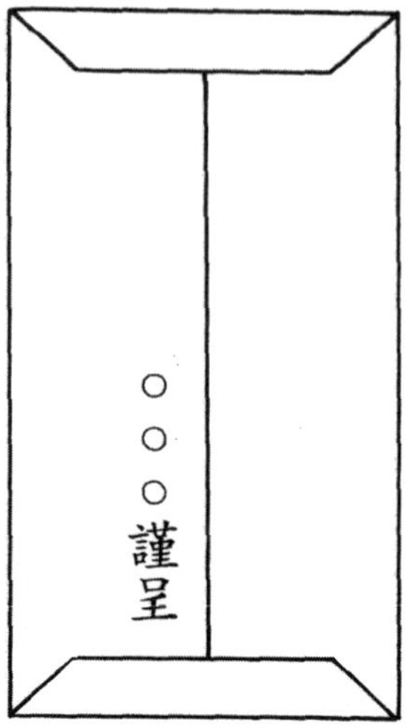

수연(壽宴)을 축하하기 위하여 돈으로 부조를 하거나 기념이 될 만한 선물을 보낼 때는 단자(單子)를 적어 봉투에 함께 넣어 보낸다.

(앞)

(뒤)

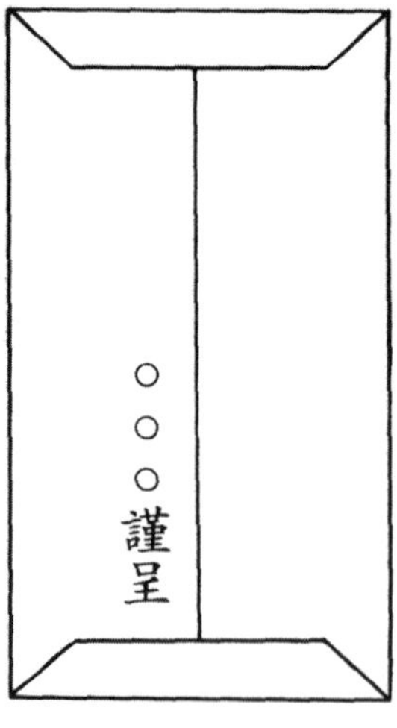

상가(喪家)나 소상(小祥), 대상(大祥) 시에 돈으로 부조하거나 물품을 보낼 때는 단자를 적어 봉투에 넣어서 함께 보낸다.

(앞)

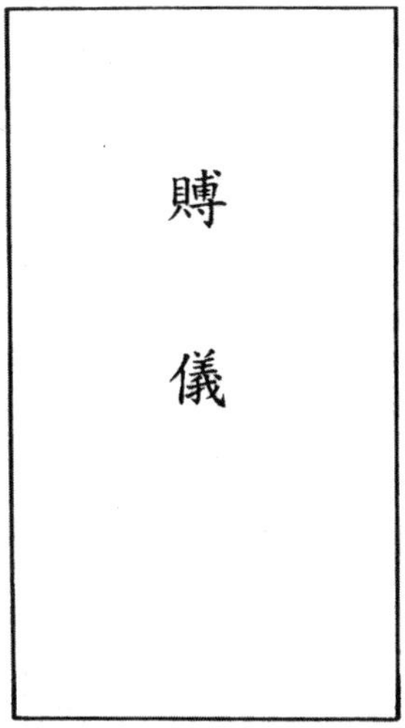

(뒤)

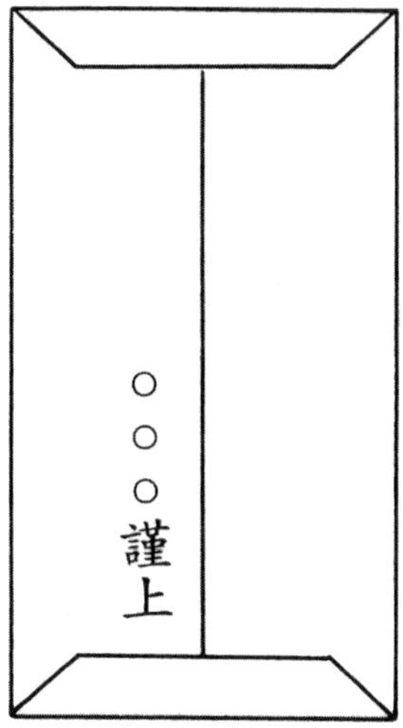

⑧ 연령의 이칭(異稱)

*十五 歲 - 志學(지학) : 공자(孔子)가 15세에 학문에 뜻을 두었다는데서 유래했다고 함.

*二十 歲 - 弱冠(약관) : 〈예기(禮記)〉에 인생은 10세에 어리지만 배워야하고, 20세에 성년이 되며, 30세에 장정이 되어 부인이 있게 되고, 40세에 강해져서 벼슬을 한다고 하였다.

*三十 歲 - 而立(이립) : 〈논어(論語)〉의 위정(爲政)에 인생 30은 而立(이립)이라 하였다.

*四十 歲 - 不惑(불혹) : 〈논어〉 위정(爲政)에 '四十而不惑(사십이불혹)'이라 하였다. 공자가 마흔 살부터 세상일에 미혹하지 않았다 하여 쓰이는 말이다.

*五十 歲 - 知天命(지천명) : 〈논어〉 위정(爲政)에 '五十而知天命(오십이지천

명)'이라 하여 하늘의 명을 안다고 하였다.

*六十 歲 - 耳順(이순) : 공자가 60세가 되어 천지만물의 이치에 통달하였다 하여 일컬은 말. 사려(思慮)와 판단이 성숙해서 남이 하는 말을 들으면 듣는 것에 따라서 이해가 되었다는데서 이른 말.

*七十 歲 - 從心(종심) : 〈논어〉 위정(爲政)에 '七十而從心之所欲, 不踰矩(칠십이종심지소욕, 불유구)'라 하여 생각나는 대로 행동한다는 데서 이른 말.

【관례(冠禮)】

1. 관례의 뜻

오늘날 우리 생활에서 관례는 거의 없어졌다고 할 수 있다.

관혼상제에서의 관례란 일종의 성년식(成年式)을 올리는 것으로 이것은 성년이 되었음을 사회적으로 인정하는 절차인 것이다.

이 관례를 치르면 어엿한 어른으로 사회의 일원이 되어 자기 몫을 하며 결혼도 할 수 있게 된다. 관례는 비단 우리나라에서만 있는 것이 아니라 이름이나 의식절차가 약간씩 다를 뿐 세계의 모든 민족에게 널리 행해져 온 것이다.

2. 관례의 형식

삼국시대부터 전해오는 우리 고유의 성인식(成人式)인 관례는 혼례(婚禮)에 앞서 치러진 의식인데, 남자는 나이 15세부터 20세에 이르는 성년기 동안에 땋아 내렸던 머리를 위로 올려서 초립(草笠)이라는 관을 쓰게 하여 그때부터 성인이 되었다는 것을 나타내었다. 이 의식을 치르지 않고는 혼례를 치를 수 없었으며, 집에서 거느리는 종복에 이르기까지 주인이 관례를 올려주었다고 한다.

관례는 그 절차에 있어 먼저 주인이 진설(陣說 : 음식을 갖춰서 상을 차려놓는 것)을 마련하고 의복을 준비해놓는다. 아침 일찍 일가친척들과 동네의 어른들을 초대해 모시고 행하는데, 의식은 관례식을 맡아 진행할 계빈(戒賓 : 관례를 치를 주인이 초청한 손님)을 주인이 모시는 데서 시작된다. 계빈은 주로 성인이 될 젊은이의 스승이나 덕망 있는 주위 인물이 선정되는데 이 모든 것이 준비되면 주인은 3일 전 사당(祠堂)에 고하고 축과 같이 고사(告辭)를 읽었다.

그 절차를 보면 성인이 될 젊은이가 의관과 신발을 갖추고 뜰에 나와서 단정하게 앉는다. 그러면 계빈의 수행원이 정성껏 머리를 빗긴 뒤 머리에 관을 씌운다.

다음 조삼(早衫 : 검은색의 깃을 둥글게 만든 옷)을 입히고 신을 신긴다. 그리고 계빈은 관을 씌워주며 덕담을 한다.

다음에는 사모(紗帽)를 씌운다. 계빈은 사모를 씌우면서 다시 축복한다. 축사를 읽은 다음 복두(幞頭 : 과거에 급제한 사람이 홍패를 받을 때 쓰던 관)를 씌우고 난삼(幱衫 : 생원, 진사에 합격될 때 입던 옷)을 입히고 가죽신을 신긴다. 이것으로 삼가(三加)의 예는 끝난다. 이어 계빈이 청년에게 자(字 : 본 이름 외에 부르는 이름)를 지어준다. 계속해서 성인이 된 청년이 사당으로 가서 선조에게 성인이 되었음을 고하고, 어른들을 뵙고, 이날 의식을 집행한 손님에게 주인이 술과 음식을 대접하는 것으로 마무리한다.

여자의 경우는 정혼(定婚)을 했거나, 정혼을 하지 않았더라도 나이 15세가 되면 계례(笄禮)를 행한다. 계례란 비녀를 꽂는 의식이며 이때는 어머니가 주가 된다. 계빈은 친척 중에서 예절을 잘 아는 어진 부인을 청한다.

절차는 남자의 경우와 같으나 옷으로는 배자(背子 : 저고리 위에 덧입는 옷)를 준비한다. 남자가 입는 옷은 그다지 호화스럽지 않았지만, 여자의 경우는 화려하게 채색을 했다. 당일 날이 밝으면 옷을 준비해 두었다가 계빈이 오면 어머니가 맞아 방으로 들게 해서 계빈이 비녀를 꽂아주면 배자를 입는다. 제사를 지내고 자(字)를 부르고 나서 어머니가 데리고 사당에 가서 참배를 시킨다.

관례나 계례는 그 절차가 매우 까다로워서 전통 사회에서도 양반 계급에서만 행해졌고, 여자의 계례는 전통혼례식에 흡수되었다.

지금은 이런 관례의식이 점차 사라지게 되어 〈표준의례〉나 〈가정의례준칙〉에서도 언급되지 않는다.

3. 현대의 성년례(成年禮)

고례(古禮)의 관례나 계례를 굳이 현대에 재현할 필요는 없다. 그렇지만 관례와 계례를 어른으로서의 책임 있는 언행을 깨닫게 하는 것이라면 그런 의미에서의 성년 의식을 생활 여건이 많이 달라진 오늘날에 어떻게 뜻있게 되살릴 것인가 연구해볼 필요가 있을 것이다.

【혼례(婚禮)】

1. 혼례의 뜻

옛날부터 혼인은 인간의 대사라 하여 엄중한 절차를 밟았다.

혼례란 남자와 여자가 혼인해서 부부가 되는 의식 절차를 정한 것이다. 지금은 대부분 혼례(婚禮)라는 글자는 혼인할 혼(婚) 자를 쓰지만 원래는 어두울 혼(昏) 자를 썼었다. 그 이유는 혼례는 해가 저물 때 올리는 예식이라는 뜻을 가지고 있었기 때문이다.

혼례를 해가 저물 때 올리는 이유는, 혼인은 남자와 여자 즉 음(陰)과 양(陽)이 만나서 부부가 되는 예식이므로, 그 시간도 양(낮)과 음(밤)이 만나는 해질녘이 가장 합당하다는 취지였다.

또 혼인(婚姻)이라는 말에서 '혼(婚)'은 장가든다는 뜻이고, '인(姻)'은 시집간다는 뜻이다. 그러므로 남자가 장가들고 여자가 시집간다는 뜻으로 말할 때는 '혼인'이라고 하는 것이 옳다. 그러나 요즘에는 혼인이라는 말 대신 결혼이라는 말을 많이 쓰는데, 이것은 가부장제(家父長制)의 사고방식에서 온 것이라고 생각된다. 우리나라의 헌법이나 민법 등 법률에서는 결혼이라는 말은 쓰지 않고 반드시 혼인이라고 쓰는 것을 보더라도 혼인이라고 하는 것이 옳다는 것을 알 수 있다.

혼인이라고 하면 남자는 장가들고 여자도 시집가는 것이 되어 명실상부한 남녀평등의 의미가 될 것이다.

따라서 혼인 예식의 축하 금품의 포장에 쓰는 글도 '축 결혼(結婚)'이나 '축 화혼(華婚)'이라고 쓰는 것보다 '축 혼인'이라고 하는 편이 장가를 들고 시집을 가는데 어울리는 표현이라고 할 수 있다.

2. 혼인의 연령

남자는 30세, 여자는 20세. 이것은 공자의 말씀으로 누구나 알고 있는 옛날 사람들의 혼인 연령이다. 그것에 대해 노(魯)나라의 애공이 "너무 늦은 것 아니냐?"고 묻자, 공자는 "예(禮)라는 것은 그 극(極)을 말하는 것이지 지나친 것을 말한 것이 아니오."라고 했다. 공자의 대답을 보면 이 연령이 최대의 한계라고 볼 수 있다. 그러나 실제에 있어서는 동양의 어느 나라를 막론하고 거의 남자 20세 이내, 여자 17~18세 이내에 혼인하는 조혼이 성행했다.

우리나라의 혼인은 문헌 자료를 참고하면 부여시대에는 일부일처제였으나 실제로는 일부다처제였다. 옥저(沃沮)에서는 민며느리제도가 있었고, 삼한시대에는 공동으로 부부생활을 했다는 기록이 있다. 이런 다양한 풍습을 거쳐 조선시대에 이르러서 유교를 바탕으로 한 윤리의식이 성립되면서 혼인도 통제를 받게 되었다. 따라서 혼인 연령도 남자는 16세에서 30세, 여자는 14세부터 26세 사이로 되었는데, 그 이유는 음(陰)인 여성은 젊을수록 아름답고 양(陽)인 남성은 30세 이전이 육체적으로나 정신적으로 가장 왕성했기 때문이다.

현행 민법의 801조와 807조 '남자는 만 18세, 여자는 만16세가 되면 부모 또는 후견인의 동의를 얻어 약혼 및 혼인을 할 수 있다.'고 되어 있으나 법적인 규제를 취하는 것이 아니고 기준으로 삼는 것이라고 생각하면 된다.

또 민법 808조에는 '남자 26세, 여자 23세가 되면 호주의 승낙 없이도 결혼할 수 있다.'고 규정지어서 법률적으로 허락 없이도 혼인할 수 있다는 것을 인정하고 있다.

혼인의 적정 연령은 정해진 것은 없지만 경제력, 임신과 출산 시기, 부양 능력 등의 개인적 사정을 고려해서 정해야 할 것이다.

예부터 혼인하는 당사자나 양쪽 부모 중 상(喪)을 당했을 때는 1년 이내에는 혼인을 하지 않는 것이 좋고, 배우자가 죽은 후 3년 이내에는 재혼을 하지 않는 것이 전해 내려온 관습이다.

3. 전통 혼례

1. 의혼(議婚)

사례편람(四禮便覽)의 혼례편(婚禮篇)의 절차를 보면 의혼(議婚), 납채(納采), 납폐(納幣), 친영(親迎)의 네 가지로 나누어 설명하는데, 남자의 나이 16세에서 30세와 여자의 나이 14세에서 20세면 의혼(議婚)할 수 있다고 하였다.

의혼(議婚)은 신랑 집과 신부 집이 서로 혼인을 의논하는 절차를 말한다.

신랑과 신부의 집에서 서로 사람을 보내서 상대방의 인물, 학식, 인품, 가세(家勢), 등을 조사하여 두 집안이 합의가 되면 혼인을 하는 것이며 면약(面約)이라고도 하였다.

통혼한 결과 혼담이 이루어질 기미가 보이면 남자 쪽에서 중매인을 통해 그 뜻을 여자 쪽에 전달하고, 여자 쪽에서 혼인할 의사가 있으면 다음 절차로 신랑 쪽에서 청혼편지(請婚片紙)를 신부 집에, 신부 쪽에서는 허혼편지(許婚片紙)를 신랑의 집으로 보내 혼인이 이루어졌다. 이 과정에서 양가 부모들만이 신랑, 신부의 선을 보고 당사자들은 얼굴을 보지 못한다.

2. 납채(納采) = 사성(四星)

사성은 사주(四柱)라고도 하며, 혼약이 이루어지면 신랑 집에서 신랑의 사주를 써서 보내고 연길을 청하는 절차이다.

신랑 집의 주혼자(主婚者)가 생년월일시(生年月日時)를 써서 중매인이나 또는 가까운 일가친척을 시켜 신부 집의 주혼자에게 보내어 정식으로 청혼하면 그것을 신부 집에서 받아 약혼이 성립되는 것을 말한다. 보내는 방법은 사주와 납채문을 좋은 백지에 써서 작은 함에 넣거나 보에 싸서 붉은색 비단으로 만든 보자기로 싸서 보낸다. 요즘은 납채를 납폐로 대신한다.

용지의 크기는 길이 30cm, 폭 35cm 정도로 한다. 이것을 다섯으로 나누어 접어서 붓글씨로 쓴다. 육십갑자(六十甲子)에 따른 간지(干支)를 쓰며 사성을 쓴 종이를 접을 때는 왼편에서부터 오른편으로 접어 봉투에 넣는다. 봉투는 사성의 종이와 같은 것으로 적당한 크기로 만들면 된다.

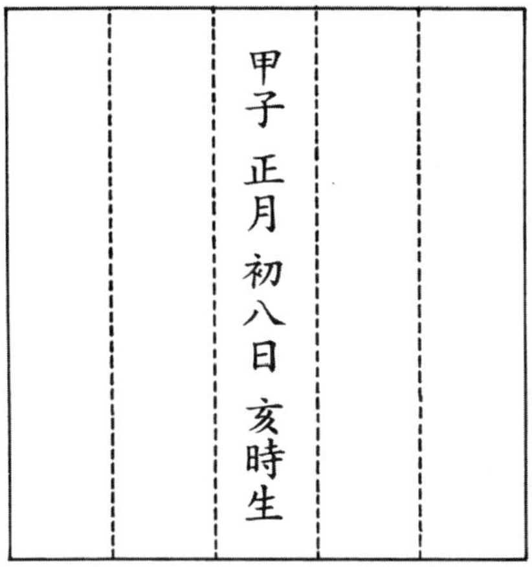

〈서식 1〉

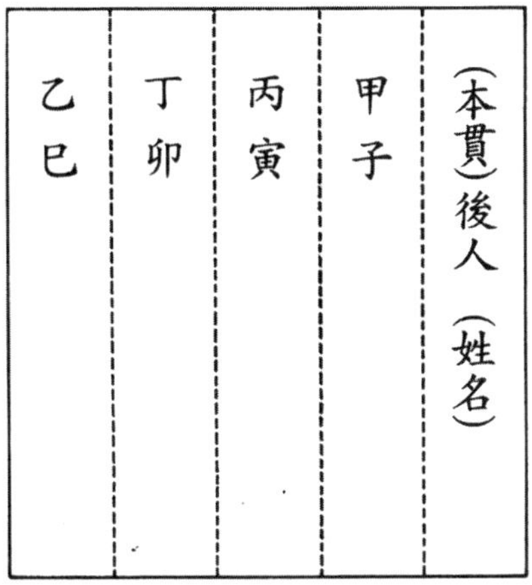

〈서식 2〉

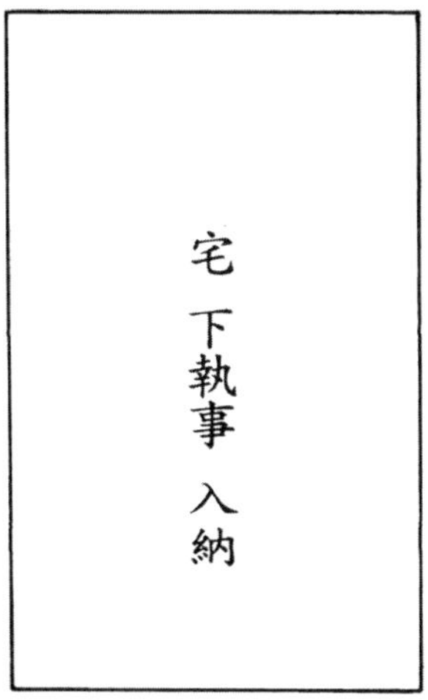

〈앞면〉

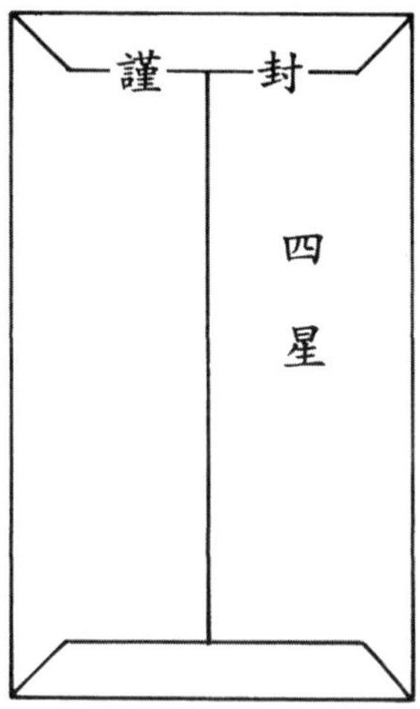

〈뒷면〉

납채를 보내는 뜻은 천간(天干)·지지(地支)에 따른 궁합(富合) 등 길흉(吉凶)

도 보고, 또 혼례식 날짜를 정하는 데에도 편리하도록 하는 것인데, 요즘은 형식을 갖추는 데 지나지 않는다. 이미 청혼(請婚)할 때에 서로의 생년월일과 시를 알아 허혼(許婚)하는 것이 상례로 되어 있기 때문이다.

〈납채문 서식 1〉

◯郡 姓◯◯◯白

◯郡某官執事伏承

尊慈 不鄙寒微 從媒許議 許以

令愛 貺室僕之 男哲洙 玆有先人之禮

謹專入納采 伏惟

尊玆俯賜

鑑念不宣

◯年 ◯月 ◯日

姓◯◯◯白

ㅇ군에 사는 ㅇㅇㅇ는 ㅇ에 사시는 ㅇㅇㅇ님께 삼가 말씀드립니다. 존엄한 뜻과 자비로움으로 하찮고 미약한 저희를 마다 않으시고 중매를 좇아 제 자식 철수에게 짝지어주실 것을 허락해주시니, 선인들이 하신 법도대로 사자를 시켜 납채케 하옵니다. 바라건대 살펴 거두어주십시오.

ㅇ년 ㅇ월 ㅇ일　ㅇㅇㅇ 아룀

〈납채문 서식 2〉

時維孟春

尊體以時萬重　仰謂溸區區之至

第家兒(조부가 주혼이면 孫兒, 백숙부가 주혼이면 姪兒, 형이면 弟라 함) 親事

旣蒙契許　寒門慶幸采單錄呈

涓吉回示如何 餘不備伏惟

尊照謹拜 上狀

某年 某月 某日

○○ 後人 ○○○再拜

봄이 깊어가는 계절에 근간 존체만중하신지요. 저의 자식 혼사는 벌써 허락을 받았사오니 가문에 다행이고 경사이옵니다. 가르치신 대로 사성단자를 보내오니 혼인 일을 회신하여주심이 어떠신지요.

신랑 집에서 편지와 납채를 신부 집에 보낼 때는 아침 일찍 일어나 편지를 받들어 사당에 고하고, 신부의 집으로 보내는데 이것을 가지고 가는 사자(使者)를 중매인이 안내하여 간다. 신부의 집에서는 신부 측 주혼자가 나와서 이를 받들어 편지와 납채를 받아 사당에 고한다. 그 다음 편지의 답장을 써서 주고 음식을 대접한다. 답장을 받으면 돌아와서 신랑 집 주혼자는 다시 이 사실을 사당에 고한다.

납채례의 진행 순서를 적어보면 다음과 같다.

*사자(使者)를 정한다. 사자는 신랑 아버지를 대신하는 사람으로 거의가 신랑의 삼촌이나 형 중에서 선정한다. 신랑의 당숙(堂叔)이나 종형(從兄) 중에서 정해도 된다.

*사자는 관복(官服) 또는 도포(道植)로 차려입는다.

*사자가 신부 집으로 간다.

*신부 집에서는 장막으로 사처(士處)를 만드는데, 사처 (士處)는 대문 밖 서쪽에 설치한다.

*사자는 신부 집에 도착하는 대로 사처로 들어가서 기다린다.

*사자를 따라온 중매인이 먼저 신부 집에 들어가서 고한다.

*신부 집에서는 탁자(卓子)를 안뜰에 마련한다.

*신부 집 주혼자는 맏아들이 원칙이나 신랑 집을 생각하여 정한다.

*주혼자도 사자처럼 옷을 차려입는다.

*사자는 사처에서 나와서 동쪽을 향해 선다.

*신부 집 주혼자가 사자를 문 밖에서 맞으면 서로 읍(橋)하고 들어간다.

*종자(從者:사자가 데리고 온 사람)가 납채문이 들어 있는 함(函)을 들고 뒤따라 들어가서 탁자 위에 놓는다. 신부 집 주혼자와 사자는 탁자가 놓여 있는 단(壇)이나 계단에 이르러 세 번 양(讓)한다. (양은 팔을 어깨에 평행이 되도록 올리고 팔꿈치를 굽혀 양손 엄지손가락이 가슴에 닿게 하고 손바닥이 땅을 향하게 하며 가운데손가락을 마주 닿게 하는 동작을 말함.)

*양이 끝나면 신부 집 주혼자는 동쪽 계단으로 올라가서 서쪽을 향해 서고 사자는 서쪽 계단으로 올라가서 동쪽을 향해 서면, 사자가 "저의 배우지 못하고 못난 자식 ㅇㅇ은 너그러우신 은혜를 입어 댁의 따님을 배필로 맞게 되었습니다. ㅇㅇ의 아비인 ㅇㅇㅇ는 선인의 정하신 법도대로 납채례를 드리고자 하는 바, 그의 사자 ㅇㅇㅇ가 여기 납채서(納采書)를 가지고 왔사오니 거두어주시기를 바랍니다." 고 치사(致辭)를 한다.

*종자가 납채서를 사자에게 준다.

*사자는 이것을 신부 집 주혼자에게 준다.

*신부 집 주혼자가 받으며 "저의 딸이 부족할 뿐 아니라 가르침이 또한 미치지 못하오나 감히 사양치 않고 받겠습니다." 하고 답사(答辭)를 한다.

*신부 집 주혼자는 납채서를 집사(執事)에게 준다. 집사는 동편 계단으로 올라가서 받는다.

*신부 집 주혼자는 북쪽을 향해서 재배(再拜)한다.

*사자는 신부 집 주혼자의 답사를 듣고도 절하지 않고 주인이 북향재배(北向再拜)할 때에 자리에서 물러나며 나가게 해주기를 청한다.

*사자는 문 밖의 사처(士處)로 돌아간다. 이때에 신부의 아버지가 자기를 대신한 주혼자의 오른편에 있어야 한다. 주혼자가 윗사람이라면 조금 뒤에, 아랫사람이라면 조금 앞에 선다.

양가에서 납채 전후에 사당에 고사를 지내는 것은 말할 필요도 없다.

3. 택일(擇日) = 연길(涓吉)

혼인 날짜를 정해 보내는 것을 연길 혹은 택일이라고 하는데 이것은 좋은 날을 택한다는 뜻이다.

신랑 집에서 보낸 사성(四星)을 신부 집에서 받아 혼인 날짜를 잡아 신랑 측에 통지하는 것이다.

택일에 있어서 요건은 오행(五行)의 이치이다. 그러나 오늘날에 와서는 오행의 이치보다는 혼인 당사자나 양가의 형편 및 객관적 여건을 중요시 하여 정해야 한다. 택일의 통지는 편지와 함께 보내는데 그 서식(書式)은 사성과 마찬가지로 작성하면 된다.

〈택일 서식〉

奠雁 年 月 日 時

納幣 同日(先行)

〈서식 1〉

某後人 姓

奠雁某年某月某日某時

年 月 日

〈서식 2〉

〈택일송서(擇日送書)〉

伏承華翰하오니 感荷無量이오이다.
謹未審茲時에
尊體候萬重이 仰慰區區之至라 第女兒親事는
旣承柱單하오니 寒門慶事라 涓吉錄呈하오니
章製回示하심이 如何오 餘不備伏惟
尊照 謹拜上狀

年 月 日

○○後人 ○○○再拜

편지를 받으니 감사한 마음 비길 데가 없습니다. 근간 존체만안하온지요. 저의 여아 혼사는 이미 사성 단자를 받았사오니 가문에 경사입니다. 혼인 일자를 가려서 삼가 보내오니 신랑의 의복 치수를 알려주심이 어떠십니까.

존안(奠雁)은 결혼식을 뜻하며, 택일송서를 받은 신랑 측에서는 의복 길이와 품을 신부 측에 알리는 의제장(衣製狀)을 보낸다. 피봉은 사성과 같이 하며 '택일동봉'으로 하면 된다.

4. 납폐(納幣)

원래 납폐라는 것은 돈을 보낸다는 뜻이었으나 신랑 집에서 신부 집에 혼인을 허락해준 것에 대한 감사의 뜻으로 보내는 예물이라고 풀이된다. 신부용 혼수(婚需)와 예장(禮狀 : 婚書紙) 및 물목(物目)을 넣은 혼수 함을 결혼식 전날에 보내는 것이다. 신랑 집이 가난하면 청홍단(靑鴻緞)의 치맛감을 넣을 뿐이나 여유가 있는 집에서는 다른 옷감을 더 넣어 보낸다. 이것을 봉채 또는 폐백(幣帛)이라고도 하는데, 이것은 형편에 따라 내용의 차이는 있겠지만 "적어도 두 가지 이상으로 하되 열 가지를 넘기지 않는다."라고 〈사례편람〉에서도 부질없이 호화 사치를 위주로 할 것이 아니라 예법을 지키는 절차로 만족하여 간소하게 하는 것이 좋다고 말하고 있다.

납폐서장(納幣書狀)을 흔히 혼서지(婚書紙)라고도 하며, 납폐서장 없이 함(函)만을 보내기도 하는데 지금은 인쇄된 것을 주로 사용한다.

① 포장

납폐의 예물은 비단으로 썼던 까닭에 채단(綵緞)이라고도 한다.

채단을 포장하는 방법은 다음과 같다

*청색 채단은 홍색 종이로 싸서 청홍실로 아래위를 묶고, 홍색 채 단은 청색 종이로 아래위를 묶는다.

*함 속에 백지를 깔아 청홍단을 넣은 다음 그 위에 채단의 내용과 수량을 적은 물목기(物目記)를 넣은 봉투를 얹어 백지로 덮고 함 뚜껑을 덮는다.

*함은 붉은 보자기로 싸서 묶고 매듭에 '근봉(謹封)'이라 쓴 봉함지를 끼우고 무명 한 필로 멜 끈을 만든다.

② 납폐 방법

먼저 조상에게 고한 다음 일가친척 중 한 사람이 집사가 되어 혼서를 받들고 다른 한 사람이 함진아비가 되어 의관을 갖춘 뒤에 함을 지고 간다. 신부 집에 다다르면 두 사람은 예의를 갖추어 조심스럽게 행동해야 하며 이웃에 시끄럽게 하거나 신부 측을 곤란하게 해서는 안 된다.

신부 측에서 준비한 함 놓는 자리에 함을 놓을 때까지는 신랑 측에서 해야 할 일이므로 불미한 행동이나 장난은 하지 말아야 한다. 신랑 될 사람은 가지 않는 것이 예의이다.

③ 납폐 받기

신부 측에서 납폐 받을 장소를 마련하고 상 위에 떡시루를 올려놓고 붉은 보자기로 덮어둔다. 신랑 측 일행이 도착하면 신부의 아버지가 병풍 앞에서 상을 향해 선다.

신부 측 집사가 신랑 측 일행을 안내해서 신랑 측 집사는 상의 서쪽에서 동쪽을 향해 서고 함진아비는 집사의 오른쪽 뒤에서 동쪽을 향해 선다. 또 신부 측 집사는 서쪽을 향해 선다. 다음에 신랑 측 집사가 함을 신부 측 집사에게 준다. 신부 측 집사는 함을 받아 풀어서 혼수 봉투를 신부의 아버지에게 준다.

신부의 아버지가 혼서를 읽은 다음 다시 봉투에 넣어 주면 집사는 본래대로 혼서함을 묶는다. 신부의 아버지가 납폐를 받겠다고 말하면 신부 측 집사와 신랑 측 집사가 협력해서 함진아비로부터 함을 받아 상 위의 떡시루 위에 놓는다. 이때 함진아비가 함을 벗어주지 않으려고 하는 풍속이 전해졌다. 양 쪽의 집사와 함진아비가 물러나면 신부의 아버지가 상의 동쪽으로 옮겨 상을 향해 두 번 절한다. 그런 다음 조상의 위패 앞으로 함을 옮겨 조상에게 고한 다음에 신부의 아버지는 함을 연다.

〈물목서식(物目書式)의 예〉

物 目

一. 玄 壹段(파란색 옷감)
二. 纁 壹段(붉은색 옷감)
際
年 月 日
(신랑측 부형의 성명) ○○○ 謹呈

〈납폐서식(納幣書式)의 예〉

伏惟孟春(四時隨稱)

尊體百福 僕之長子(또는 次子, 孫인 때는 孫이라 씀) 某(이름을 씀)

年旣長成未有伉儷 伏蒙 尊茲許以

令愛(孫女인 때는 孫女 姪女인 때는 姪女) 貺室 茲有先人之禮

謹行納幣之儀 不備伏惟 尊照 謹拜 上狀

年 月 日

○○後人 ○○○ 再拜

봄이 깊어 가는 계절에 존체만복하오신지요. 저의 장자 ○○가 장성하여 배필이 없던

중 높은 사랑을 받사와 귀한 따님을 아내 삼게 해주시어 옛 어른 들의 예는 갖추지 못하였으나 납폐 의식을 행하오니 살펴주십시오.

〈납폐 봉투〉

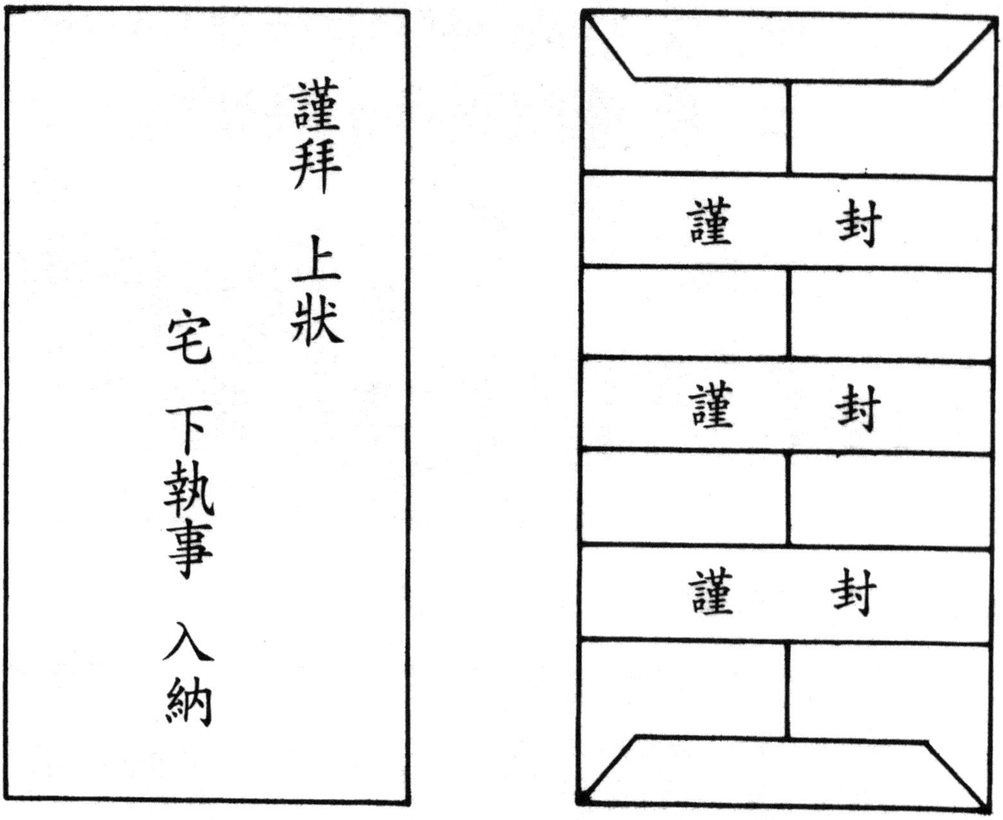

④ 회답

신부 집 주혼자는 납폐에 대한 답장(答狀)을 써서 주고, 사자는 신랑 집에 돌아가서 이를 전달한다.

한 예를 들면 다음과 같다.

〈답장서식(答狀書式)〉

忝親 某郡 姓 某白
某郡某官 尊親執事 伏承
嘉命 委禽寒宗 顧惟弱息 敎訓無素
切恐不堪 玆又蒙順先典 貺以重禮
辭旣不獲 敢不重拜 伏惟 尊玆特賜
鑑念不宣
某年 某月 某日 忝親 姓某 再拜

○군에 사는 ○는 ○군에 사시는 ○님에게 아뢰옵니다. 명을 받은 귀댁 사자가 와서 납폐례의 기러기를 무사히드렸습니다. 삼가 생각하니 저의 딸자식은 가르침이 부족하고, 재주 또한 모자라서 감당하지 못할까 매우 두렵사온대 다시 선인의 예(禮)를 좇아 많은 예물과 과분한 말씀을 내리시니 고마움에 어찌할 바를 모르겠습니다. 너그럽게 살펴주시기 빌며, 이만 줄입니다. ○년 ○월 ○일 ○○○재배

5. 친영(親迎) · 혼인예식(婚姻禮式)

친영은 대례(大禮)라고도 한다. 대례는 전안(奠雁), 교배례(交拜禮)와 합근례(合巹禮)를 통틀어 하는 말이다. 옛날에는 신랑이 신부 집에 가서 전안례(業雁禮)를 하고 신부를 맞아 집으로 돌아와서 초례(醮禮=대례)를 행하였으나 요즈음

은 신부 집에서 전안, 초례 등 일체의 예식을 거행하고 우귀례(于歸禮 : 혼행이 신랑 집으로 돌아오는 것)를 한다.

① 혼행(婚行)

예전에는 신랑은 예복을 갖추어 입고, 많은 사람이 청사초롱을 들고 따랐으나 근래에는 많이 생략되어 평복으로 가서 혼례를 치를 때만 예복 차림으로 초례청에 들어가며 수행은 되도록 예법에 밝은 신랑의 존속(尊屬) 중 한 사람이 혼행을 거느리는데 근친이 없을 때는 가까이 모시는 선배도 괜찮다.

신랑이 말을 타고 신부 집으로 갈 때에 한 사람(雁夫라고 함)은 목안(木雁 : 기러기를 쓰는 까닭은 기러기가 음의 이치에 따라 왕래하는 것에서 유래됨.)을 색 비단 보자기에 싸들고 앞서서 가는 것이 옛 풍속의 하나였다. 신부 집에 이르면 신랑은 말에서 내려 마련된 사처방에서 기다리게 된다. 신랑을 맞을 때 옛날에는 초롱을 들고 수십 리 밖까지 나가서 맞기도 했지만, 신부 집 친족 중에 한두 사람이 동구 밖 적당한 곳에서 맞는 것이 좋다.

신부 집에서는 혼행 오기 하루 전날 신랑 방에 요, 이불, 베개 등 침구(寢具)를 준비한다. 신랑이 입을 옷은 광주리에 담아서 놓아둔다.

또 신부는 활옷(活衣) 원삼을 입고, 족두리를 쓰며 얼굴에는 연지를 찍고, 눈에는 왜밀을 발라서 뜨지 못하게 했으나 근래에는 모두 개선되었다.

② 전안(奠雁)

대청이나 앞마당에 자리를 마련하고 병풍을 친 다음 교배상(交拜床)을 한가운데 놓는다. 상에는 촛대 한 쌍에 불을 켜놓고 화병 한 쌍과 백미 두 그릇과 한 자웅의 닭을 남북으로 갈라놓는다. 또한 세숫대야에 물을 두 그릇 준비하여 세숫대야 안에 수건을 깔고 수건 위에 물 종지를 담아둔다. 술상 두 쌍도 준비해둔다.

신랑이 손을 앞으로 맞잡고 초례청에 들어선다. 신부 측에서 주인의 아들이나 친척 중에서 신랑 앞에 나가 맞이하는 뜻으로 읍을 한다. 신랑은 맞아주는 이에게 답례를 한다. 신랑이 초례상 앞에 차려놓은 전안 상 앞으로 걸어 나가 전안상 앞의 배석(拜席) 위에 꿇어앉는다. 신랑이 앉으면 안부가 나무 기러기를 신랑에게 준다. 신랑은 기러기 머리가 왼편으로 가게 받아든다. 그리고 기러기를 준비해놓은 쟁반에 놓으면 신부 측의 하인이 받아간다. 이때 신랑은 머리를 숙이고 있다가 일어나서 두 번 절한다. 주인은 마주 절하지 않는다. 이때에 신부가 방에서 내다볼 수 있게끔 병풍을 쳐야 한다. 신랑이 일어나서 조금 뒤로 물러선다.

③ 교배(交拜)

교배는 신랑과 신부가 처음으로 서로 대하여 예물을 교환하는 예식이다. 전안례가 끝나면 바로 수모(隨母)가 신부를 데리고 나온다. 신랑은 읍(揖)을 하고 마당에 내려가 밖으로 나가서 교자(轎子)에 자리 잡는다. 신부가 따라서 나오면 신랑은 교자의 발〔簾〕을 걷어 올리고 기다린다. 수모가 신부를 데리고 나와서 신부를 교자에 오르게 한다. 신부가 교자에 오르면 신랑은 발을 내린다.

신부가 초례상이 놓인 대청에 나와서 초례상을 가운데 두고 신랑과 마주선다. 초례상에는 밤, 대추, 술, 술잔, 청실, 홍실이 준비되어 있다. 신랑이 신부와 마주 향하고 신랑과 신부가 꿇어앉는다.

신랑이 세숫대야를 남쪽으로 향하게 해서 손을 씻고, 신부는 북쪽을 향하게 해서 씻고 나면 신부 측에서 수건을 바친다. 신랑과 신부가 서로 일어선다.

그 다음 신랑이 신부의 얼굴에 가린 것을 벗겨주고 신부에게 읍하고 나서 자리에 서면 신부가 절을 한다. 이때 신랑도 마주 절한다. 신부가 먼저 두 번 절하고 꿇어앉는다. 신랑이 답으로 한 번 절하고 신부가 일어서서 또 두 번 절하고 꿇어앉으면 신랑은 또 한 번 절하고 꿇어앉는다.

④ 합근(合巹)

근배(巹杯)라고도 한다. 신랑은 동쪽, 신부는 서쪽에 선다.

종자가 술상을 드린다. 신부 측에서 잔에 술을 부어서 신랑 측으로 보낸다. 신랑은 신부에게 읍하고 술잔을 받아서 지운(땅에 붓는 것) 다음 조금 마신다.

신랑이 술을 조금 남겨서 신부에게 주면, 신부는 남기지 않고 다 마셔야 한다. 다음 신랑 측에서 술을 부어서 신부 측으로 보내면 신부가 받아서 땅에 지운 다음 신부가 조금 마신다. 그리고 신부가 술을 조금 남겨서 신랑에게 주면, 신랑은 받아서 남기지 않고 다 마신다. 이렇게 해서 서로 한 차례씩 술을 권한고 난 다음에는 표주박이나 바가지를 써서 행하는 예로 신랑 신부 사이에 표주박을 놓고 신랑이 먼저 술을 부어서 신부 측에 보낸다. 나머지는 먼저 순서와 똑같이 하면 된다. 이렇게 예가 끝나면 신랑과 신부가 각각 처소로 돌아간다. 이상으로 대례는 끝나게 된다.

〈사례편람〉 '혼례편'에 기록된 친영의 절차는 대략 다음과 같다.

*하루 전에 신부 집에서는 사람을 시켜 신랑 방을 꾸민다.

*이른 아침 신랑 집에서는 방 가운데 자리를 마련한다.

*신부 집에서는 문 밖 서쪽에 장막을 쳐서 사처를 마련한다.

*초혼일 때 신랑은 성장한다.

*주혼자는 사당에 고한다.

*의식을 마치고 아들에게 가서 신부를 맞아오라고 한다.

*신랑은 말에 올라 신부 집을 향한다.

*신부 집에 도착하면 문 밖 사처에서 기다린다.

*신부 집 주혼자가 사당에 고한다.

*신부 아버지는 의식을 마치고 딸에게 대례할 것을 명한다.

*신랑을 맞이해 전안청으로 안내한다.

*수모는 신부를 받들고 나아가 수레에 오르게 한다.

*신랑은 말을 타고 신부 수레 앞서서 간다.

*집에 도착하면 신부를 인도해서 안으로 들어간다.
*신랑, 신부가 교배례를 한다.
*합근례를 마치고 신랑은 나온다.
*다시 들어가서 옷을 벗고 촛불을 내온다.
*주인은 손님을 대접한다.
*다음날 아침 일찍 일어나서 신부는 시부모님을 뵙는다.
*시부모는 친정 부모의 의식과 마찬가지로 신부에게 베푼다.
*신부는 시가의 여러 어른을 뵙는다. 폐백 예물은 쓰지 않는다.
*신부가 맏며느리면 시부모께 음식을 대접하는 예를 행한다.
*시부모도 신부와 신부를 따라온 사람들을 대접한다.
*셋째날 신부로 하여금 사당에 뵙도록 한다.
*다음날 신랑은 신부 집으로 가서 신부의 부모를 뵙는다.
*다음에 처가의 여러 친척을 만나되 폐백 예물은 쓰지 않는다.
*처가에서도 신랑을 대접하되 지정된 의식은 없다. 찬은 예사대로 하고 술도 많이 권하지 않는다. 신랑은 친영 때에 신부 어머니나 그 밖의 친척들을 만나지 말아야 한다.

6. 혼인예식 후의 예절

혼인 예식을 마쳤다고 모든 것이 끝난 것이 아니라 다시 시작되는 여러 가지 예의범절과 풍습이 있다.

① 신방(新房) · 동상례(東牀禮)

옛날에는 신랑, 신부의 하인, 하녀가 둘의 잠자리를 보아주고 촛불을 물리면 하녀만 문에서 모시고 있다. 이것을 신방이라고 하는데 그날 밤이 첫날밤이다. 우리나라 풍속에 신방을 지킨다는 말이 있으니 신랑과 신부가 첫날밤을 어떻게 치르는가를 보려는 호기심에서 나온 것이라 할 수 있다. 동네 아낙네들이 문이나 창에 구멍을 뚫고 들여다보면서 소리 죽여 웃기도 하고 놀리기도 했다.

혼인 예식이 끝난 다음에 신랑이 신부 집에서 친구들에게 음식을 대접하는 것을 동상례라고 했는데 근래에 들어와서는 신랑을 달아먹는다는 것으로 뜻이 변하고 말았다.

② 처가친족 상면(妻家親族相面)

예전에는 첫날밤을 지낸 뒤에 신랑이 신부의 친족과 정식으로 상면하였으나 근래에는 초례 뒤에 처의 부모와 가까운 친척은 상면하여도 무방하게 되었다. 옛날 법도로는 신부도 첫날밤을 지낸 뒤에야 부모에게 배례하였으나 이것 역시 초례 뒤에 배례하는 것이 의례적일 것이다.

③ 상수(床需)와 사돈지(查頓紙)

상수(床需)란 신부 집에서 장만한 음식을 신랑 집에 보내는 것이다. 이때에 편지와 같이 물목을 적어서 보내기도 했다. 이때 신부의 어머니가 신랑의 어머니에게 내간편지(內簡片紙)를 보내기도 했는데, 이것을 사돈지라고 한다.

④ 우귀(于歸)와 현구고례(見舅姑禮)

우귀(于歸)는 신행(新行)이라고 하여 신부가 정식으로 신랑 집에 들어가는 의식이다. 근래에는 혼례식 당일 예식장에서 폐백실을 이용하여 폐백(幣帛)을 올림으로써 대신하는 것이 통례이나 옛 관습으로는 초례 후 몇 개월, 심지어는 몇 년씩 지난 뒤에 우귀하는 경우도 있었고, 보통 삼사 일씩은 신부 집에서 머무는 경우가 많았다.

현구고례는 신부가 시부모와 친척에게 첫인사를 하는 것으로 우귀일에 하는 것이다. 이때 신랑의 친족에게는 사배(四拜 : 네 번 절함)하고 술을 권하는데 그 외에는 한 번만 절한다. 대청에 자리를 마련하여 병풍을 치고 시아버지는 동편에, 시어머니는 서편에 앉아 주안상을 차리고 배례하는데 시조부모가 생존해 있어도 시부모부터 인사드리고 다음 시조부모께 인사드리기로 되어 있으며 그 다음에 촌수와 항렬의 순서에 따라 인사를 드린다.

⑤ 폐백(幣帛)

혼례가 끝나면 신부가 시부모에게 정식으로 첫인사를 올리는 의식이다. 현구고례를 비롯하여 집안 어른들께 드리는 예, 사당에 드리는 예, 시부모가 며느리를 맞는 예 등이 있다. 시부모에게 예를 드릴 때 준비해 가는 음식이 폐백이다.

요즘은 폐백을 드린다고 해서 이런 예절들의 의미를 잘 알지 못하고 아무렇게 치르는 경향이 있다. 시아버지에게는 밤과 대추를 준비하는데, 대추는 꼭지를 떼고 잘 씻어 잣을 박기도 한다. 시어머니에게는 육포, 꿩구이, 닭구이 등을 한 그릇에 담아 준비하거나 또는 비단을 마련한다.

시아버지에게 대추와 밤을 폐백으로 드리는 의미는, 대추는 붉은색이라 양(陽)의 의미하므로 동쪽 즉 '아침 일찍 일어나 부지런하게 일하겠습니다.'라는 뜻이 되고, 밤〔栗〕은 글자의 뜻이 서쪽(西) 나무(木)이기 때문에 음(陰)이며, 신주(神主)도 밤나무로 깎기 때문에 귀신나무이고, 두렵다〔慄〕는 뜻도 있어서 밤과 대추는 '두려운 마음으로 공경해 모시는데 소홀함이 없이 시집살이를 하겠습니다.'라는 다짐이 되는 것이다.

고기나 비단을 시어머니에게 드리는 의미는 '정성껏 모시겠습니다.'라는 뜻으로 먹을 것이나 입을 것을 준비하는 것이다.

요즘에는 폐백을 혼인예식을 마친 뒤에 예식장의 별실이나 신랑 집에서 당일에 한다. 이 절차가 끝나면 전통혼례에서 말하는 우귀(于歸 : 신행)의 예를 끝낸 셈이 되기 때문에 신부는 자연스럽게 시집 가족이 된 것이다.

7. 예식장에서 치르는 전통혼례

도시에서 생활하는 경우에는 신부의 집에서 혼례를 올리기가 쉽지 않은 것이 사실이다. 따라서 공공장소나 예식장을 이용하게 된다. 예식장에서 혼인을 할 때는 전통혼례의 절차 중 전안례부터 혼례를 마치고 신랑, 신부가 다른 방으로 나가는 데까지만 거행하면 된다.

① 예식장에서 올리는 전통 혼인 예식의 절차

예식장에서 올리는 전통 혼인식의 절차는 대략 다음과 같다.

*혼인예식 선언

*전안례

*큰손님맞이 (主禮就位)

*관세취위(盥洗就位)

*교배례

*서 배우례(誓 配偶禮)

*근배례

*혼인서약 서명

*성혼선언 서명

*큰손님 수훈(授訓 : 주례사)

*혼주(昏主)의 인사 말씀

*신랑, 신부 내빈께 인사

*신랑, 신부 퇴장

*필례 선언(畢禮 宣言)

*식후 행사

② 전통 예식장

이미 사용하는 예식장의 구조를 그대로 이용해서 배치만 다르게 하면 현대식 혼례도 할 수 있고, 전통 혼례도 할 수 있다.

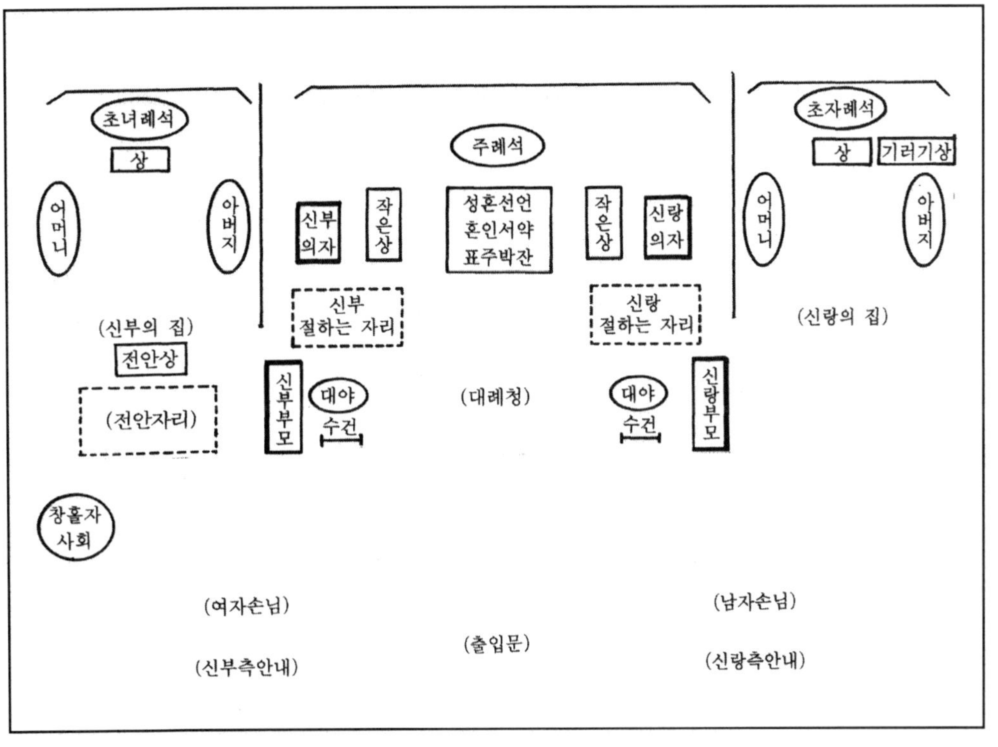

4. 현대의 결혼

시대가 변함에 따라 혼례의 절차도 많이 바뀌었다. 현대식 혼례의 과정은 ①혼담, ②맞선, ③교제, ④약혼, ⑤혼수 준비, ⑥예식의 준비, ⑦예식, ⑧신혼여행,

⑨혼인 신고의 순서로 진행되는 것이 보통이다. 이중에서 ① ② ③ ⑨항은 혼인에 준하는 절차인데, 혼인 행위에 버금가는 절차라 할 수 있겠다.

세계에 있는 모든 나라들이 혼례식은 그들의 풍속을 따르지만 선진국일수록 그 제도나 절차가 간소하게 행해지고 있다. 특히 구미 여러 나라에서 실시되고 있는 혼례식은 우리나라처럼 번잡하고 형식화된 절차 없이 당사자들이 합의한 날짜에 목사나 신부(神父)의 주례로 교회나 지정된 장소에서 간단한 혼례식을 치름으로써 부부가 되는 것은 누구나 잘 알고 있는 사실이다.

옛 법도에 따른 우리나라의 혼례 절차는 너무나 번거로운 것이 사실이나, 그 근본은 성대하게 하는 것만이 아니고 간결하면서 경건하고 정중하게 하는 것이라고 볼 수 있다. 그러므로 현대의 혼인도 옛날의 법도를 도외시 할 수는 없는 것이며 현실에 맞게 절차를 간소화하고 방법을 조금 다르게 한다고 생각해야 한다.

가정의례에 관한 법률 및 준칙에서도 본래의 좋은 뜻을 살려 간결하면서도 경건하고 정중하게 하게끔 했다.

1. 혼담과 맞선

남녀 모두가 혼인 적령이 되면 자기의 배필을 구하여야 한다. 사귀는 이성이 있으면 배필로서 자기에게 합당한가를 부모나 친지, 선배와 상의해서 결정한다. 사귀는 이성이 없으면 믿을 수 있고 인생의 경험이 풍부하며 활동 범위가 넓은 사람에게 자신의 희망, 직업, 인생관, 신체적 결함, 성격의 결점, 가정 문제의 고충 등을 정직하게 밝히고, 배필을 구해달라고 정중하게 부탁한다. 이때 혼담을 부탁받은 사람은 양편의 처지와 형편을 보태거나 뺌이 없이 거짓 없는 중매를 선다.

현대의 혼인은 옛날처럼 신랑의 성품은 물론 얼굴조차 보지 못하고 혼인 하던 그런 시대가 아니므로, 자유스런 연애로 이루어지거나 중매를 할 경우에도 맞선을 본 후에 얼마간의 교제를 갖은 뒤에 서로의 판단을 중시해서 하는 것이 상례다.

중매자가 중간에서 양쪽의 의견을 모아 정해진 장소에서 서로 인사를 나누는 것이 맞선이다. 이때 양가의 어른이 동반하는 것이 상례지만 경우에 따라 당사자끼리만 만나는 수도 있다. 맞선이란 처음 만나는 것인 만큼 서로 인사를 나누고 말을 나누어 인상과 용모를 살펴보고, 서로가 불쾌한 감정이 없다는 생각이 들면 좀더 구체적으로 상대의 가정 형편과 성품을 알아보기 위해서 교제를 한다. 교제 중에 마음에 들지 않으면 만나지 않으면 되고 부담을 가질 필요도 없다.

얼마 간 사귀다가 둘 사이에 애정이 생기면 부모의 허락을 받아 결혼하기로 결정하면 된다. 이처럼 현대의 혼인은 당사자들을 중심으로 서로의 인격을 중요시해서 결정하는 것이 옛날의 혼인과 다른 점이다. 초혼(初婚), 재혼(再婚)을 막론하고 요즈음은 중매를 전담하는 결혼상담소라는 곳이 있어서 친지가 많지 않고 교제성이 없는 사람들이 많이 이용하고 있다.

2. 약혼식

두 남녀가 교제나 소개를 통하여 결혼하고자 하는 마음이 굳어지면 결혼에 앞서 약혼을 하게 된다.

사실상, 약혼이란 결혼에 버금가는 절차이므로 일단 약혼을 한 후에는 정당한 이유(약혼을 파할 만큼 중대한 사유)가 없는 한 파혼할 수 없다. 약혼식은 양가의 가족과 가까운 친지들이 모인 가운데 양가를 잘 아는 사람이나 중매자의 사회로 ① 약혼선언, ② 예비 신랑 신부의 약력 소개, ③ 사주단자 전달 및 약혼 선물 교환, ④ 양가 가족 및 친지 소개, ⑤ 환담의 순서로 진행된다.

약혼을 했으나 파혼을 하게 되는 경우도 있는데, 그렇게 되면 받은 예물을 되돌려 주어야 하며 파혼하게 된 까닭이 상대방의 잘못이 아닐 때에는 물질상의 손해뿐만 아니라 정신적인 손해도 감안하여 손해를 배상하여 주는 것이 옳다. 약혼한 뒤 일방적인 파혼을 선언할 수도 있는데, 그것은 다음과 같은 경우가 생겼거나 발견되었을 때이다.

① 약혼 전에 생겼던 신상의 중요한 문제를 고의적으로 숨겼을 때.

② 약혼 후에 중요한 범죄행위를 했을 때.

③ 약혼 후에 금치산(禁治産)이나 준(準) 금치산의 선고를 받은 때.

④ 성병이나 나병 또는 불치의 병에 걸렸을 때.

⑤ 약혼 뒤 2년 이상 소식이 없을 때.

⑥ 정당한 사유 없이 혼인을 지연시킬 때.

약혼식은 가족적인 분위기 속에서 행해지며 신랑, 신부의 부모형제를 비롯하여 가까운 친척과 친구들만 참석하는 것이 보통이고, 식 절차도 약혼을 공개하고 선물을 교환하는 정도에서 그친다. 약혼식에 교환하는 선물로는 보통 탄생석으로 맞춘 약혼반지, 시계 등이며 양가의 형편에 따라서 조절한다.

선물 교환이 끝나고 나면 양가 친척들에게 두 사람을 일일이 인사시키고, 소개한다. 소개가 끝나면 약혼식은 끝난다.

이어서 간단히 회식(會食)을 하는데, 이때에 가족들과의 대화가 있을 것이므로 서로가 잘 아는 사이라도 언행을 조심스럽게 해야 한다.

약혼이란 이미 정혼(定婚)하였다는 것이니, 혼인과 다름이 없는 것으로 혼례식을 치를 절차만 남은 부부가 된다. 그런데도 흔히 약혼식을 올리면서도 약혼서(約婚書)는 작성하지 않는다.

가정의례준칙 제5조에 의하면 '약혼을 하는 경우에는 당사자의 호적등본과 건강진단서를 첨부한 〈별지 1〉의 서식에 의한 약혼서를 교환함으로써 행하되 약혼식은 따로 거행하지 아니한다.'고 되어 있지만 아직 일반화는 되어 있지 않은 실정이다.

약혼은 혼인을 하기 위한 당사자 간의 서약(誓約)이다. 그러므로 혼인의 원인행위(原因行爲)이니 자칫 허례, 허식에 치우치지 않는 실질적인 서약이 되도록 해야 한다.

〈약혼서 서식(約婚書 書式)〉

약 혼 서

구 분	남	여
본 적		
주 소		
성 명		
주 민 등 록 번 호		
생 년 월 일		
호주의 주소 : 성명		

위 두 사람은 다음과 같이 혼인할 것을 약속함.

1. 결혼 예정일 :
2. 기타 조건 :

년 월 일

약혼자

(남) 인

(여) 인

입회인

(남자측) : 주소

성명 인

(여자측) : 주소

성명 인

※ 첨부 : 호적등본 1부 건강진단서 1부

※ 민법 제808조의 규정에 의한 동의를 요하는 경우에는 입회인은 그 동의권자로 한다.

파혼할 아무런 이유가 없는데도 불구하고 일방적으로 한쪽에서 파혼을 선언할 때를 대비해서 약혼서는 절대로 필요한 것이다. 요즘 들어서 약혼을 하고 나서 파혼을 하는 경우가 종종 있다. 이것은 약혼을 하나의 교제 그 이상으로 생각하지 않는 안일한 생각에서 오는 결과다.

일정 기간 동안 서로 사귄 뒤라 상대방에 관해서 어느 정도는 안다고 해서 새삼

스럽게 호적등본과 건강진단서의 교환 등을 쑥스럽고 불필요하게 생각할 수 있으나, 냉정하게 판단하면 자신의 평생에 있어서 행(幸)과 불행(不幸)의 중대한 문제를 결정하는 것이므로 마땅히 실천해야 하며 모두가 습관화되도록 노력해야 할 것이다.

① 기독교에서의 약혼

기독교식으로 약혼을 하는 경우에는 목사가 주례자 겸 사회자가 되어 식을 진행한다. 교파에 따라 차이는 좀 있으나 대개는 다음과 같은 순서로 진행된다.

*개식사 : 약혼식을 시작하겠다는 말이 있고 나면 성경 구절을 인용한 약혼의 중요성을 인식시키는 설교가 있다.

*기도 : 결혼할 때까지 하나님의 뜻에 따라 살게 해주라는 기도를 한다.

문답 : 성경 위에 손을 얹고 약속한다.

*예물 교환 : 주례 목사가 일단 선물을 받아서 공개한 다음 신랑은 신부에게, 신부 신부는 신랑에게 예물을 준다.

*주례사 : 하나님의 뜻으로 하나님의 자녀답게 살라는 부탁 말씀을 하고 약혼과 결혼은 별개이니 결혼 때까지 순결한 교제를 하도록 말한다.

*찬송

*폐식사 : 식이 끝나면 양가의 가족과 친척 소개를 한다.

② 천주교에서의 약혼

"약혼은 혼배(婚配)를 하자는 계약이다."

〈한국가톨릭지도서〉에 있는 말이다. 약혼은 두 당사자의 서명날인과 본당 신부나 감목, 또는 두 증인의 서명날인이 있는 문서로 해야 한다. 당사자들이 글을 모르는 경우에는 두 증인이 그런 사유를 기입하고 서명, 날인한다. 이런 방식으로 하지 않은 약혼은 인정할 수 없는 약혼에 불과하다. 이처럼 천주교식 약혼에 있어서는 문서(文書)를 가장 중요시 하며, 약혼자는 교리에 따라 절대로 육체관계나 한 집에서 동거를 하면 안 된다.

③ 천도교에서의 약혼

〈천도교의절(天道敎儀絶)〉에는 약혼에 대하여 이렇다 하게 설명해 놓지 않았다. 다만 약혼 시에 당사자 및 가족 모두가 청수(淸水)를 봉전(奉奠)하고 심고(心苦 : 일종의 기도)를 한 후 양가의 주혼자(主婚者)가 약혼서를 교환한다고만 기술되어 있다.

④ 불교에서의 약혼

예규(禮規)인 〈석문의범(釋文儀範)〉에 기술된 것은 없다. 일반적인 설차로 해도 무방하다는 견해인 것 같다. 꼭 불교식으로 하고 싶다면 승려를 초대하여 그분께 일임하거나 절을 찾아가 그곳에서 하는 법도대로 하면 되겠다.

3. 택일(擇日)과 청첩장

예식을 치르기 위한 준비로서는 예식 일자의 택일, 주례의 초빙 교섭, 예식장 결정, 예식 복장 준비, 혼인 반지의 맞춤, 청첩장 발송 등이 있다.

약혼식이나 또는 그 뒤에 사주(四柱)가 보내지면 신부 집에서는 택일을 하여 신랑 집에 통고하면, 신랑 집에서는 그대로 따르거나 양가의 의논 하에 새로운 날을 잡아 혼인 날짜를 결정하게 된다.

혼례 일을 정할 때에는 좋은 날을 받기 위하여 여러 가지로 생각하고, 역학(易學)을 하는 사람을 찾아가 택일을 하기도 한다. 좋은 날을 잡기 위해 정성을 다하는 것은 신랑, 신부의 행복을 빌어주는 의미에서는 좋다고 하겠으나 미신이나 점술 등에 의존하는 일은 적절하지 않다고 생각한다. 그래서 요즈음에는 이에 전적으로 의존하지 않으며, 한여름의 더위와 겨울의 추위를 피하는 것과 양가의 다른 대사 일정 등을 참작하여 양쪽이 다 편리할 수 있는 날을 의논하여 정하고 있다.

요즈음은 예식장의 형편이라든가 당사자 간의 사정 및 하객의 참석 등을 고려해서 일시(日時)를 정하는 경우가 많다.

주례는 혼인 뒤에도 신혼부부를 생각해 주고 지도해 줄 수 있는 은사나 지방의 잘 아는 지도급 인사를 초빙한다. 주례를 부탁할 때는 부모나 본인이 직접 찾아가서 부탁의 말을 해야 하고 가능하면 신랑, 신부가 혼인 며칠 전쯤 다시 찾아가서 인사를 한다.

청첩장은 보내지 않으면 정말로 섭섭해 할 사람과 참된 마음으로 축복해 줄 사람에게만 보낸다. 청첩장은 적어도 혼인식 2, 3주 전까지는 받아볼 수 있도록 발송해야 한다. 사회생활이 복잡한 현대 사회에서 개인의 사적인 생활 또한 분망하므로 여유 있게 참석할 수 있도록 시간을 주는 것이 예의이다.

오늘날 청첩장의 양식은 다양한 양식과 견본이 있으므로 본인들의 취향에 맞추어 선택하면 된다.

〈청첩장 서식의 예〉

모시는 글

○○○씨 장남 ○○군
○○○씨 차녀 ○○양

위 두 사람은 어버이 가리신 바요, 본인들이 백년 가약의 뜻이 있어 여러 어른과 벗을 모시고 화촉을 밝히고자 하오니 부디 오셔서 복된 자리를 더욱 빛내주시기 바랍니다.

곳 ○○예식장
때 년 월 일 시(음 월 일 ○요일)

청첩인 ○○○

○○○ 귀하

4. 혼수(婚需) 준비와 함보내기

혼수는 각 지방의 풍속에 따라 다른 점이 있으나 대체로 신부 측에서 옷장, 이부자리 및 의류 등속을 혼수로 준비하는데, 넉넉지 못한 집에서는 큰 부담이 되고 있다. 가정에 따라서는 자녀의 혼인례(특히 여자 쪽)를 치르기 위해 가재와 전답을 파는 예가 적지 않다. 신부가 신랑 쪽에 드리는 예단도 전에는 신랑의 부모에게 드리는 비단을 준비하는 정도였으나, 오늘날에는 신랑의 부모는 물론이며 가까운 친인척에게까지도 예물을 준비하기 위하여 예단을 짜는 일부 가정도 있어서 가세가 넉넉하지 못한데다가 혼기를 앞둔 처녀가 있는 가정에서는 커다란 근심이 되는 경우가 있다.

혼수는 여유 있는 가정이라도 되도록 근검, 절약하여 꼭 필요한 것만을 준비하여 지출을 줄이는 것이 현명하다.

혼인반지는 영구(永久) 불변(不變)을 의미하는 금으로 하고, 반지 이면에는 혼인 날짜와 신랑, 신부의 이름을 새겨 넣기도 한다. 값이 높은 다이아몬드 반지를 준비하는 경우도 많은데, 그 반지가 깊숙이 간수만 해놓는 귀중품이 되거나, 나중에 손해를 보고 팔아 써야할 경우도 적지 않다.

일부 계층에서 혼수문제로 물의를 빚고 있음은 혼수 본래의 뜻을 모르는 몰지각한 일이라고 하지 않을 수 없다. 이런 풍조는 없어져야 할 폐단이다.

함은 결혼식 전날 저녁에 보내거나 일주일 전 혹은 3일 전에 보내기도 한다.

함의 내용물은 재래의 풍습과 비슷하나 당사자들끼리 의논하여 자유롭게 조절할 수 있으며 정해진 제약은 없다. 또 함이라고는 하지만 일반적으로 트렁크나 백을 이용하며 멜빵을 걸어서 신부 집에 들어갈 때 메고 들어간다.

신부 집에서 받는 절차도 재래의 절차와 비슷하나 요즘은 많이 간소화되어 번거로운 절차는 생략된 것이 많다. 함진아비 측과 함을 받는 신부 집 사이에 선의의 실랑이를 벌여 시간을 끌며 흥겹게 하는 경우도 많지만, 지나쳐서 서로의 감정을 상하게 하거나 다투는 일은 없도록 해야 한다.

5. 혼례식(結禮式)

예전에 전통 혼례식을 할 때에는 집 마당을 이용하거나 공회당 같은 곳을 이용했지만 현대식 결혼이 본격화되면서부터는 대부분예식장에서 행해지고 있다.

계절로는 봄, 가을에 많이 했지만 요즈음엔 사철 아무 때나 편리한 때에 하고 있다. 그러나 요일은 토요일이나 일요일에 많이 하고 있는데 시간이나 경제적 여비를 줄이기 위해서 평일에 날짜를 잡는 것도 도움이 될 것이다.

예식장은 보통의 경우 예식장을 이용하고 있으나, 유명한 예식장이나 큰 호텔을 빌어서 많은 돈을 들여 예식을 올리는 것보다 마을이나 공용기관의 회관을 이용하거나 공원이나 야외 또는 교회 사찰을 선택하기도 한다.

예식복장은 남자는 깨끗한 양복 차림이나 한복 차림이고, 여자는 보통 웨딩드레스를 준비한다. 또 웨딩드레스나 원삼 족두리 자체가 혼인을 의미하는 것이 아닌 이상 그것보다는 우리의 고유 의상인 치마저고리 차림으로 식장에 나가도 된다.

1) 예식장(禮式場)

예식장은 교통편이 좋은 곳에 위치해야 하며 너무 많이 걷는 곳은 피해야 한다. 또한 장소가 너무 넓거나 협소하여 하객들이 불편해 하는 일이 없도록 사전에 충분히 고려해야 한다.

2) 사회자(司會者)

예식을 진행시키는 역할을 하는 사회자는 진행만을 보는 것이 좋다. 경망스럽게 떠들거나 주례가 해야 할 내용의 말까지 하는 경우가 없도록 주의하도록 한다.

3) 혼인예식의 순서

① 개식

혼인 날 정해진 시각이 되어 식장에 가족과 하객이 다 모이고 주례가 주례석에 앉으면, 사회자는 "지금부터 신랑 ○○○군과 신부 ○○○양의 혼인예식을 시작하겠습니다." 하고 개식을 알린다.

② 신랑, 신부 입장

신랑, 신부의 입장을 알림과 동시에 결혼 행진곡이 울리는 가운데 신랑, 신부가 입장을 한다. 신랑은 왼편에 서고 신부는 오른편에 서서 나란히 발걸음을 맞추면서 입장을 하기도 하고, 신랑이 먼저 입장을 하여 주례 앞에 섰다가 돌아서서 신부 입장을 지켜보는 가운데 신부는 아버지나 오빠 또는 숙부의 왼손을 잡고 입장을 하여 주례를 향하여 오른쪽에 선다.

③ 상견례

사회자의 진행에 따라 주례는 "신랑, 신부 상견례를 하겠습니다." 하고 가족과 하객에게 알린 다음 "신랑, 신부는 마주보고 서세요." 하여 신랑, 신부가 마주보고 서면, "서로 허리를 굽혀 인사하세요." 한다. 신랑, 신부는 인사를 하고 주례를 향하여 선다.

④ 혼인서약 및 성혼 선언

주례는 "신랑, 신부 서약이 있겠습니다. 두 분께서는 엄숙하고 경건한 마음으로 분명히 대답을 하세요. 먼저 신랑에게 묻겠습니다. 신랑 ○○○군은 신부 ○○○

양을 아내로 맞이하여 항상 존중하고 사랑하며 남편으로서 도리를 다하여 백년해로(百年偕老) 할 것을 굳게 맹세합니까?" 라고 묻는다. 신랑이 똑똑히 "예." 하고 대답하면, 주례는 "이제 신랑은 맹세한다는 대답을 하였습니다. 그러면 신부에게 묻겠습니다. 신부 ○○○양은 신랑 ○○○군을 남편으로 섬기고 존중하며 사랑하고 아내로서의 도리를 다할 것을 맹세합니까?" 라고 물으면, 신부는 "예." 하고 대답을 한다.

주례는 "이제 신랑, 신부는 부모님과 여러 친지 앞에서 부부가 되어 일생을 함께 살 것을 굳게 맹세하였습니다. 이에 주례는 두 사람의 혼인이 원만하게 이루어진 것을 엄숙하게 선언합니다." 하고 성혼 선언을 한다.

성혼 선언문(成婚 宣言文)

이제 신랑 ○○○군과 신부 ○○○양은 그 일가 친척과 친지를 모신 자리에서 일생 동안 고락을 함께 할 부부가 되기를 굳게 맹세하였습니다. 이에 주례는 이 혼인이 원만하게 이루어진 것을 여러 증인 앞에 엄숙하게 선포합니다.

년 월 일

주례 ○○○

⑤ 예물 교환

주례가 서약을 확인하면 사회자는 "예물교환이 있겠습니다."라고 알린다. 이때 신랑은 예물이 반지라면 신부에게 줄 반지를 주례 앞 탁자 위에 놓고 신부도 신랑에게 줄 예물을 주례 앞에 놓는다. 주례는 신랑이 내놓은 반지 갑을 열고 내용물을 확인한 다음 내용물만 다시 신랑에게 되돌려 준다. 신랑은 반지를 신부의 왼손 무명지(넷째 손가락)에 끼워준다. 신부도 주례로부터 자기가 준비한 예물을 되돌려 받아 신랑에게 준다. 요즈음에는 예물 교환을 생략하는 경우도 많이 있다.

⑥ 주례사, 축사, 축가

사회자의 진행에 따라 주례사, 축사, 축가의 순서가 계속된다. 주례는 주례의 말씀으로 ① 양쪽 부모의 노고 치하, ② 하객에 대한 경의표시, ③ 신랑, 신부의 장래 축복, ④ 신랑, 신부가 한 몸 되어 영원토록 오늘의 맹세를 변치 말고 노력하여 행복하기를 바란다는 내용의 주례사를 한다. 주례사가 끝나면 내빈의 축사가 있는데, 1990년대에 들어와서는 축사를 볼 수 없고, 축전이 있을 경우 사회자가 소개한다. 또 축가를 부르는 경우가 많은데, 곡의 선택에 유의하고 있다. 가정의례준칙(대통령 령 제6680. 1973. 5. 17)에 따른다면 주례사를 하기 전에 혼인신고서 날인 절차가 있으나, 보통 결혼식의 분위기와 흐름상 신혼여행 뒤로 미루고 있다.

⑦ 신랑, 신부 인사 및 행진, 폐식

주례는 신랑, 신부를 선 자리에서 뒤로 돌아서게 한 뒤에 양가 부모님께 인사를 드리고, 내빈께 성혼 인사를 드리도록 한다. 사회자가 "이제 신랑, 신부가 희망찬 내일을 향해 출발하는 절차가 있겠습니다. 내빈께서는 신랑, 신부의 새 출발 절차가 끝날 때까지 자리에 앉아 계시어 축복해주시기 바랍니다."라고 말하고, 신랑, 신부를 향해 "신랑, 신부 행진." 하고 구령을 부른다. 그러면 결혼행진곡에 맞춰 신부는 오른손으로 신랑의 왼팔을 끼고 퇴장한다.

행진이 끝나면 사회자는 "이상으로 신랑 ○○○군과 신부 ○○○양의 혼인예식을 모두 마치겠습니다. 내빈 여러분 감사합니다. 안녕히 돌아가시기 바랍니다." 등으로 인사하는 것으로 예식은 끝난다. 이 시간에 사진 촬영을 하는데, 퇴장하기 전에 주례 앞에서 사진 촬영을 하든지 퇴장했다가 다시 돌아와 촬영한다.

⑧ 가족 대표 인사

예식이 끝나고 신랑, 신부가 퇴장을 하면 신랑 쪽이나 신부 쪽 중에서 형편에 따라 가족대표 한사람이 하객에게 인사를 한다. 그리고 하객들이 계속해서 식사를 하면서 환담의 시간을 갖도록 장소를 안내한다.

⑨ 폐백, 피로연

신랑, 신부는 사진 촬영이 끝나는 대로 양쪽 부모님께 인사를 드린다. 장소는 예식장에 마련된 폐백실을 이용하거나, 신랑의 집이 가까우면 신랑 집으로 가서 하고, 여의치 못할 경우에는 적당한 방을 구하여 한다. 인사는 신랑 부모께 먼저 드린 뒤에 신부 부모께 인사를 하기도 한다. 인사드리는 방법은 신랑, 신부가 나란히 큰절을 한다. 이 때 전통혼인예복을 입고 폐백을 드리는데, 그 꾸밈새와 방식은 전통 혼인례의 폐백을 그대로 이어받으려고 노력함으로써 조상들의 미풍양속을 지키려는 모습이 돋보인다.

하객을 모시는 피로연은 가정의례준칙 시행 후 하지 않는 경우도 있었으나, 요즈음은 식당을 지정해서 식사 대접을 하고 있다.

예식이 끝난 2, 3일 후에 신랑, 신부는 감사의 글월을 보내는 것을 예의로 생각하고 있다. 주례, 중매를 해준 분, 그리고 특별히 주빈으로 모셨던 분에게는 신랑, 신부가 함께 찾아가서 인사를 드리는 것이 상례이다.

⑩ 혼인 축하 및 답례

혼인예식에는 으레 축의금품, 그리고 답례품이나 답례를 위한 식사 대접이 따른다. 1980년대까지는 하객이 예식장에 갈 때 축의금이나 신혼살림에 필요한 생활용품 등의 선물을 준비하여 가고, 신랑, 신부 측에서는 보자기, 수건, 쟁반, 또는 특징 있고, 저렴하고, 간소한 답례품을 마련해서 하객들에게 증정했다. 1990년대에 와서는 신랑, 신부 측에서는 식당을 정하여 식사 대접을 한다. 그 결과 비용은 비용대로 들고 가정의례준칙은 지켜지지 않는 결과가 되었다.

혼인을 축하해 주고, 그에 답례해야 하는 피차간의 인사는 미풍양속이면서도 적지 않은 부담이 되고 있는 실정이고, 요즈음에는 토요일 오후와 일요일이면 혼인예식장을 순회하면서 축의금 봉투를 전달하기 위하여 한 사람이 서너 군데씩 돌아다녀야 하는 경우도 있어서 경제적으로 큰 부담이 되고 있는 실정이다.

6. 종교의식에서의 결혼

가정에서 종교의식에 따른 의례를 행하는 경우에는 이 가정의례준칙에 위배되지 않는 범위 안에서 그 종교의 의식절차에 따라 행할 수 있다.

① 기독교식 혼례

교회에서 예식을 하고 주례는 목사가 한다. 주일마다 예배가 있기 때문에 일요일에 예식을 올리는 것은 불가능하다 할 수 있다. 예식 비용은 따로 계산할 필요 없이 성의껏 헌금을 하면 된다.

기독교식 식순의 예는 다음과 같다.

*주례 입석

*신랑, 신부 입장

*찬송

*성경 낭독

*기도

*성례문 낭독

*설교 또는 주례사

*서약

*예물 교환

*성혼 선언

*축가

*가족 대표 인사

*찬송

*축복 기도

*신랑, 신부 인사

*신랑 신부 퇴장

② 천주교식 혼례

신부가 주례가 되어 성당에서 의식을 거행하는 것으로 신랑, 신부가 가톨릭 신자일 경우에만 한다. 결혼식은 엄격한 성교예규(聖教禮規)에 따라 거행되며 이혼이 인정되지 않는다.

결혼식 전에 혼인 상담 지도를 받아야 하며, 당사자들의 성명, 세례명, 생년월일, 등 신상명세를 기재한 혼인 신청서를 제출해야 한다.

본당 신부의 혼인 승낙이 떨어지면 세례증서와 호적등본 한 통씩을 제출한다. 본당 신부는 결혼식 전에 혼인 당사자들을 직접 만나 진술서를 작성하며 혼인에 동의하는 친구나 친척 등을 만난다.

서류 절차가 모두 끝나고 나면 혼배 미사를 드린다고 게시판이나 주보에 공고를 한다.

천주교식 식순의 보기는 대략 다음과 같다.

*입장식 : 입당송과 본 기도

*말씀의 전례 : 제1독서(창세기), 제2독서(고린도전서), 복음(마태복음) 강론.

*혼례식 : 반지 축성과 예물 교환

*신자들의 기도

*성찬의 전례 : 봉헌 기도, 감사송, 영성체송, 영성체 후 기도, 미사 끝 강복.

③ 불교식 혼례

불교에서 혼인을 화혼식(花婚式)이라고도 하며 불교 신자가 아니더라도 불교식으로 식을 할 수 있다.

식은 대웅전에서 올리며 정면에 불단, 사혼자(司婚者)인 스님 좌석과 불단을 향해 오른쪽에 신랑, 왼쪽에 신부가 자리하고 양가 친족의 자리가 마련된다. 불교에서는 신랑을 우바새, 신부를 우바이라고 한다.

불교식 식순의 보기는 대략 다음과 같다.

*개식 : 종을 다섯 번 친다.

*내빈 참석

*사혼자 등단 : 화동과 화녀의 안내로 주례인 사혼자 스님 입장.

*신랑, 신부 입장

*삼귀의례(三歸儀禮) : 사혼자가 불전 앞에 향을 사르고 불보(佛寶), 법보(法寶), 승보(僧寶)에 귀의한다는 독경을 하면 모두 일어서서 경배하고, 경을 읽으면 머리를 숙여서 경청한다.

*신랑, 신부 불전에 경례

*경백문(敬白文) 낭독

*상견례

*헌화 : 신랑은 오지화(五枝花)를 불전의 동쪽, 신부는 이지화(二枝花)를 불전의 서쪽에 놓는다.

*염주 수여 : 신랑에게는 흰 술이 달린 염주를, 신부에게는 붉은 술이 달린 염주를 준다.

*유고 및 선서

*독경

*폐식

식이 끝나면 신부는 신랑의 왼쪽에서 퇴장한다. 신랑과 신부가 퇴장하고 나면 친척들은 차례대로 본단 앞을 돌아서 식장 밖으로 나간다.

7. 결혼 축하

① 혼례에 사용하는 꽃

신부의 꽃은 하얀 꽃을 ,쓰며 면사포에 장식하거나 붙이는 조화(造花)는 오렌지 꽃을 주로 쓴다. 새하얀색의 오렌지꽃은 그 모양이 아름답고, 게다가 향수의 원료로 쓰일 만큼 청량하고 상큼한 향기를 가지고 있다. 너그러움, 상냥함, 번영 , 다산(多産) 등의 꽃말을 가진 오렌지꽃은 신부의 머리를 장식하는 데 너무나 잘 어울리는 꽃이다.

신부의 꽃다발도 흰색이 좋다. 근래에는 흰 장미나 진저, 프리지아 같은 조그마한 꽃들을 즐겨 쓴다. 그러나 꼭 정해진 것은 아니고 계절에 따라 아름답고 향기로운 꽃을 선택하면 된다. 혼례식에서 꽃을 다는 사람은 신랑, 신부와 양가 부모 및 주례로 한정 되어 있다. 그리고 화환이나 화분 또는 이와 유사한 장식물의 진열이나 사용은 금지된다.(가정의례준칙 제4조.) 여기서 유사한 장식물이란 장식용 테이프, 꽃가루, 꽃술, 딱총 등을 말한다. 그러나 요즘은 적당히 사용하며 예식장의 좌우에 화환이나 화분 또 꽃바구니도 진열하고 있다.

② 축전

혼례식에 참석할 수 없을 때는 축전(祝電)을 보내서 축하의 뜻을 전하는 것이 좋다.

축전은 도착 시간을 참작해서 미리 보내도록 해야 한다. 축하 문구는 체신부 제정 전보 문례(文例)를 이용하면 요금도 싸고, 특별히 도안된 예쁜 용지를 봉투에 넣어서 배달해준다.

③ 부조

선물이나 돈을 보내서 축하의 뜻을 표시하는 것이 부조다.

축하금을 보낼 때에는 깨끗한 흰 종이에 싸고, 단자(單子)를 써서 봉투에 넣어 보낸다. 만일 크기가 커다란 선물일 경우에는 글자만 봉투에 넣고 물품은 따로 포장하는 것도 괜찮다

부조하는 물목(物目)을 기록한 것이 단자이다. 용지는 흰색의 종이에 쓰는 것이 좋다

단자가 없이 봉투만 쓸 경우에는 봉투 앞쪽에 축하 문구를 쓰고 왼편의 약간 아래에 물목을 적는다.

〈단자 서식의 예 1〉

○○○(物目)

두 분의 百年佳約을 祝福
드리며 簡素하나마 이로써
祝賀의 뜻을 表합니다.

年 月 日

○○○謹呈

新郎 ○○○貴下

〈단자 서식의 예 2〉

○○○先生 宅

令胤(또는 令愛) 婚姻時

○○○(物目)

年 月 日

○○○謹呈

〈단자 서식의 예 3〉

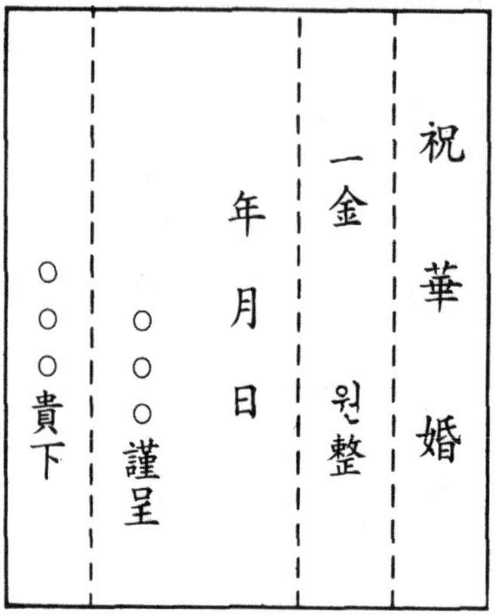

〈봉투에 쓰는 경우〉

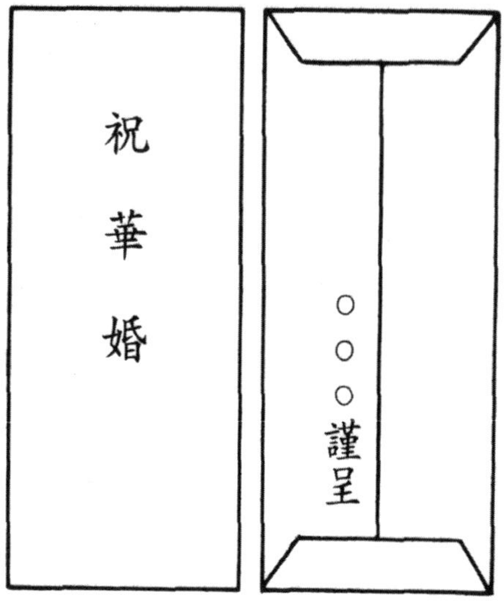

(앞) (뒤)

【상례(喪禮)】

1. 상례의 뜻

상례란 자연인의 사망에서부터 치장(매장, 화장 등)식을 거쳐 상주들이 상기를 마치고 기제를 지내기 전까지의 절차와 의례를 말한다.

즉 사람이 운명하여 대상(大祥)을 필한 후 담제, 길제(禫祭, 吉祭)를 지내는 것으로써 탈상(脫喪)하게 되는 3년 동안의 모든 의례(儀禮)를 말하는 것이다.

오늘날에는 대부분 장의사에게 모든 의식의 집례를 통괄하여 맡긴다.

상례는 그 세부 절차나 집행방법에 있어서 각 지역이나 사회에서의 신분에 따라 많은 차이를 보인다.

장례는 장례일 삼일장, 오일장, 칠일장 등 장례기간에 따라 명칭을 붙인다. 대개는 삼일장을 치른다. 삼일이란 기간은 부활(부할 : 저승에 갔다가 되돌아오는 기간)에서 유래되었다고 한다. 숨은 한 번 끊어지면 그만인 것이다. 살아 있는 것은 호흡지간이라, 숨진 것을 알게 된 가족은 바로 상례를 준비해야 한다. 이때 초상(初喪)이란 말을 쓴다. 사람이 죽는 것은 한 번뿐이기에 초라고 하는 것이다.

부모가 돌아가시면 3년 동안의 상중에는 죄인으로 자처하고 묘 앞에 막을 치고 엎드려 밤낮으로 지키며 애모하였다는 미담을 수없이 들어왔다.

사람은 누구나 이 세상에 태어났다가 언젠가는 이 세상을 버리고 돌아오지 못하는 저승길로 영원히 떠나는 것이지만, 남아 있는 가족, 친척, 친지는 더 이상 슬프고 비통한 일이 없을 것이다.

그러기에 우리 관습에 관혼상제의 의례 중에서 가장 엄숙하고 정중하며 그 절차가 까다롭고 이론이 구구한 것이 상례이다.

중국의 주자가례(朱子家禮)를 바탕으로 오랜 세월 속에서도 오늘까지 맥맥히 우리들의 관습으로 이어져오는 것이 바로 상례이다. 그처럼 엄격하고 까다로운 예법이지만 예를 다하여 장례를 지내되 지나친 공경은 예의가 아니라고 경계하였으니 허례, 허식에 기울지 않도록 해야겠다.

2. 전통 상례

1. 유언(遺言)

환자가 위독해지면 가족들은 침착하고 조용하게 그가 자손들에게 남기고 싶은 말, 가훈, 유산의 처리 등을 대답하기 쉽게 묻고 그 대답을 기록하거나 녹음, 또는 여러 사람이 지켜보는 가운데서 다른 사람이 대리로 받아쓰게 되는데 이것이 유언이다.

유언은 이 세상을 영원히 떠나는 사람의 마지막 말이므로 자손이나 친지들은 소중히 여겨서 존중하여 따라야 할 것이다.

2. 임종(臨終)

운명(韻命)이라고도 하는 임종은 숨지는 순간이므로, 집 안팎을 깨끗이 치우고 돌아가시는 이를 정침(正寢)으로 옮겨 새 옷으로 갈아입힌 다음 가족들도 옷차림을 단정히 하고 기다린다.

예전의 임종에서는 선비는 여자가 지키고 있는 데서 운명하지 않고, 부인은 남자가 지키고 있는 데서 숨을 거두지 않는다 해서 밖에 나가 있도록 했지만 최근에는 그런 관습도 바뀌었다고 할 수 있다.

망자의 숨이 끊어지면, 시신을 동쪽으로 눕힌다. 동향은 생성 재생의 방위이므로 되살아나기를 기대하기 때문이다. 손발이 굳기 전에 살살 주물러서 곧게 편다. 중풍 등의 고질로 수족이 오그라져 있는 사람은 판자를 받쳐서 소렴 때까지 단단히 묶어놓는다.

정침이란 시신(屍身)을 모시는 방과 자리를 말한다.

3. 수시(收屍)

수시란 시신(屍身)의 눈을 감기고 코, 귀, 입을 솜으로 막고 안치시키는 과정을 말한다.

운명하게 되면 다음과 같이 침착하게 행한다.

① 깨끗한 솜이나 백지〔한지〕로 귀와 코를 막는다.

② 눈을 감기고 턱을 떠받쳐 입을 다물게 하고 머리를 높이 괸다.

③ 시체가 굳어지기 전에 손발을 고루 주물러 펴고 자세를 바르게 하고 백지로 얼굴을 덮는다.

④ 두 손을 배 위에 올려놓는다.

⑤ 백지나 베로 자세가 어그러지지 않게 묶는다.

⑥ 나무판〔屍床〕 위에 시체를 옮겨 누이고 홑이불로 덮은 다음에 병풍이나 포장으로 가린다. 그 앞에 고인의 사진을 모시고 양쪽에 촛불을 밝히고 중앙에 향을 피운다.

⑦ 시신이 있는 방은 덥지 않게 한다.

③수시는 남의 손을 대지 않고 가족들이 하는 것이 좋다.

4. 고복(皐復=招魂)

고복은 떠나가는 영혼을 다시 불러 들여 재생하기를 비는 초혼의식(招魂儀式)이다.

수시가 끝난 다음에 시체를 보지 않은 사람이 채반에 밥 세 그릇(속칭 사자 밥), 짚신(사자 짚신) 세 켤레를 담아 대문 밖에 놓고 여상(女喪)에는 여자, 남상에는 남자가 고인이 평소에 입던 옷 즉 남자면 두루마기, 여자면 적삼을 가지고 앞 지붕 위로 올라가서 왼손으로 옷깃을 잡고 오른손으로 옷 허리를 잡고 북향하여 옷을 휘두르며 크고 긴 목소리로 망령의 이름을 부르며 "복, 복, 복!" 세 번 외치고 나서 지붕에 옷을 던져놓는다. 요즘은 간소하게 하려고 복의를 기둥에 매어 두기도 한다. 입관을 하고 난 뒤 복의는 지붕에서 내려놓고 출상 때, 또는 입관 후 내린 즉시 소각하거나, 복의를 시신 위에 덮어 두었다가 대렴(大殮) 후에 영좌 앞에 두고, 후일 혼백과 같이 묘소에 묻는다.

지붕 위로 올라가는 것은 혼이 위에 있기 때문이며, 죽은 사람의 이름을 부르는 것은 혼이 다시 몸에 돌아오도록 하려는 것인데 이렇게 해도 살아나지 않으면 정말로 죽은 것으로 생각한 것이다. 다음에는 상주(喪主), 주부(主婦),호상(護喪), 사서(司書), 사화(司貨)를 정한다. 이로부터 상주와 주부는 옷을 갈아입고 음식을 먹지 않는다. 주부란 맏며느리를 말하며 맏며느리가 없으면 주부가 없이 한다. 호상은 상례를 주관하는 사람이며, 사서는 모든 것을 기록하는 사람이고, 사화는 금품을 관리하는 사람이다.

5. 발상(發喪)

고복이 끝나면 자손들이 상제의 모습을 갖추고 초상난 것을 외부에 알리는 것을 발상이라고 한다. 상주는 머리를 풀고 버선을 벗고 왼 소매를 빼서 입고, 통곡을 한다. 이러한 상주의 모습을 "죄인 형색이라 한다."고 한다. 성복제를 지내기 전까지는 이 같은 형상을 하고 두루마기는 입지 않는다. 호상을 선정하여 이후의 모든 장례 절차를 주관 지도하게 하고, 초상이 났음을 외부에 알리는 것으로, 가까운 친척에게는 전령을 보내거나 하여 속히 알리고, 발인 일시와 장지, 하관일시가 정해지면 부고를 작성하여 발송한다. 부고에는 부음과 고기가 따로 있었다. 부음은 어느 집안의 누가 언제 어디서 어떻게 별세하였다는 것을 알리는 것이고, 고기는 한 보름 후에 발인 일시와 장지 및 하관 시간을 통기하는 것을 말한다. 3일장, 5일장이 성행하는 오늘날에는 고기는 부고에 통합되어 없어졌다. 부고를 받으면 세속에서는 뒷간이나 대문에 꽂아 두는 일이 많았다. 상주의 금식은 상주의 근력에 따라 할 수도 있고 안할 수도 있다.

발상과 동시에 한지에 상중, 상가, 또는 기중이라고 써서 문 밖이나 길목에 붙인다.

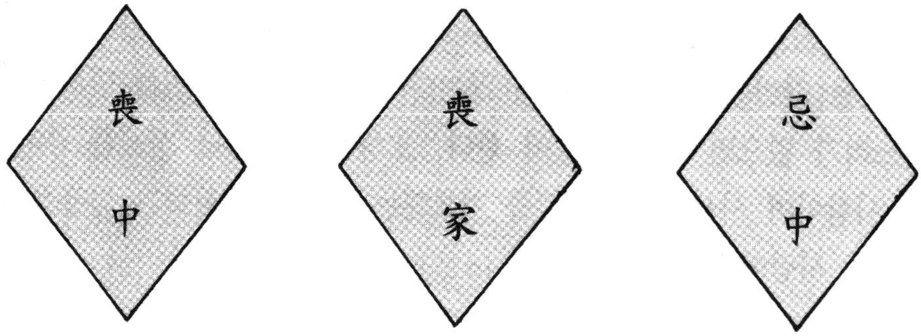

6. 상제(喪制)와 복인(服人)

① 상주(喪主)

상주는 상의 주인을 뜻하며, 직계 남자가 맡는다. 죽은 사람의 큰아들, 큰아들이 없으면 큰손자가 상주가 된다.

아내의 상은 남편이 상주가 되고, 큰아들 상에는 아버지가 되며, 아버지 없는 큰손자 상에는 할아버지가 상주가 된다.

② 상제(喪制)

죽은 이의 배우자와 직계비속(直系卑屬)은 상제가 된다.

자손이 없는 경우에는 가장 가까운 친척이 상례를 맡는다.

출계(出系 : 양자로 감.)한 아들과 출가(出家)한 딸은 머리를 풀지 않으며, 딸은 비녀만 뺀다. 고인의 부인은 머리를 푼다. 고인의 아버지가 있으면 아버지가 주상이 된다. 아버지가 없으면 그 형이 주상이 되며 처가측은 아무리 가까워도 주상을 하지 못한다.

③ 복인(服人)

복인은 상복을 입는 사람을 말하는 것으로, 복인의 범위는 죽은 사람의 8촌 이내의 친족이 된다. 복인들 중 남자의 상에는 흰 두루마기를 입되 부상(父喪)이면 좌단(左袒 : 왼편 소매를 끼지 않음.)하고 어깨에 엇매며, 여자 상제들은 머리를 풀고 흰 옷을 입는다.

7. 호상(護喪)

발상이 끝나고 나면 호상소를 마련한다. 상주를 대표하여 친척, 친구 중에서 가장 상례에 경험이 많은 사람을 선정해서 상에 관한 모든 일을 맡아보는 것이 호상이며, 호상을 보조할 상례에 밝은 친구나 이웃 몇 사람을 상례(喪禮) 또는 집사(執事)로 정한다.

호상은 기장할 공책과 붓을 준비하여 부고(訃告), 금전, 물품의 출납을 기록하며 조객의 출입 및 부의금(賻儀金)의 출납을 기록한다.

8. 전(奠)과 상식(上食)

전은 고인이 살아 있을 때처럼 섬기는 마음으로 올리며 술, 포, 과일을 탁자 위에 놓고 손을 씻고 술잔도 씻은 다음 술을 따라서 시신(屍身)의 동쪽(오른쪽) 어깨에 닿을 정도로 올린다. 이처럼 염습(殮襲)이 끝날 때까지 매일 한 번씩 올린다.

전은 상주가 올리지 않고 집사가 올리며 절은 하지 않는다.

① 전 드릴 때의 준비

밥상, 어포, 과일, 또는 채소, 술, 식혜, 세숫대야, 수건.

② 관(棺)과 칠성판

관은 돌아가시기 전에 유삼(油杉), 송판 등의 재료에 옻칠하여 준비하였다가 운명하면 호상이 목수에게 시켜 천판 1장, 지판 1장, 사방판을 각 1장씩으로 하고, 두께는 세 치나 두 치 반으로, 높이와 길이는 시신에 알맞도록 한다. 칠성판은 염습할 때 시신의 밑에 까는 것을 말한다.

9. 부고(訃告)

부고는 글자 그대로 고인의 죽음을 알리는 것이다.

호상은 상주와 의논하여 친족, 친지에게 신속하게 부고를 전한다.

부고는 호상이 보내는 것이므로 호상의 명의로 작성된다.

부고장은 될 수 있는 대로 붓글씨로 쓰는 것이 좋고, 수량이 많을 때는 인쇄를 해서 봉투 글씨는 붓글씨로 쓰도록 한다.

부고를 전달하는 방법은 세 가지가 있다.

*전인(專人) 부고 : 사람을 직접 보내어 전하는 것.

*우편 부고 : 우편으로 전한다.

*신문 부고 : 신문의 광고란을 통해서 알리는 부고로 개별적으로 알리는 것은 생략한다.

某親 某人 以某月 某日 得病 不幸於

某月 某日 別世(殞命) 專人 訃告

年　　月　　日

讓喪　　　上

某位 座前

전인부고 쓰는 법

金某氏 大人 學生慶州金公 以宿患(老患)

陰某月某日午前某時 於自宅別世 玆以訃告

發靷　　月　　日　午前　某時

葬地　　郡　　面　　里　　某山

年　　月　　日

嗣子　　○○
次子　　○○
孫　　○○
弟　　○○
姪　　○○
壻　○○○
親族代表　○○○
友人代表　○○○
讓喪　○○○

우편부고 쓰는 법

① 상주는 맏상주의 성명을 쓴다.

② 망인칭호(亡人稱號)는 호상이 부고를 보내는 것이므로, 상주의 아버지는 '大人', 어머니는 '大夫人', 할아버지는 '王大人', 아내는 '閤夫人'이라 쓴다

③ 늙은이가 죽으면 노환(老患), 병환으로 죽으면 숙환(宿患), 뜻밖의 죽음에는 '사고, 급사(事故, 急死)'라고 쓴다.

④ 별세(別世)를 운명(殞命)이나 기세(棄世)라고도 쓴다.

⑤ 사람이 직접 전할 때에는 자이(玆以)를 전인(專人)이라고 쓴다.

10. 염습(殮襲), 입관(入棺)

입관하기 전에 시체를 깨끗이 닦고 수의(壽依)를 입히고 입관할 때까지의 절차로서 염습, 또는 염이라고도 한다. 또 소렴(수의를 입히는 절차로 사망 이튿날에 한다.), 대렴(사망 사흗날 아침 입관할 때의 절차)으로 나누어 한다.

시신을 목욕시키고, 수의를 입히면, 입관을 하게 된다. 시신을 목욕시킬 때는 머리를 빗기고, 상투를 틀고, 향탕(향나무 물)으로 솜이나 수건에 물을 적셔 시신을 닦는다. 남자는 남자가, 여자는 여자가 했으나, 요즘은 여자는 의복만 벗기고 남자가 하는 것이 상례다.

반함이라 하여 시신을 굶길 수 없다며 입에 쌀을 세 번 넣는데 입안의 오른쪽에서 왼쪽, 가운데 순으로 넣는다. 처음은 '천석이요.', 두번째는 '이천석이요.', 세번째는 '삼천석이요.'라고 외친다.

소렴은 의관을 씌우고 시신을 세부적으로 묶는 것을 말한다. 이때 머리카락, 손톱, 발톱을 깎아 주머니에 넣어 입관할 때 함께 넣는다. 대렴은 이불을 덮어 묶고는 입관하는 것을 말한다. 순서는 옷을 벗기고 홑이불로 가리고 씻긴 다음 시신을 시상에 옮겨 방에 모신다.

혼백은 명주실 세 가닥으로 사람이 이불을 덮고 있는 형상으로 호상이나 백관이

접는다. 모셨다가 삼우 후에 산소의 오른쪽에 매혼한다. 죽은 사람의 옷은 계절별로 한 벌씩만 남겼다가 빈소에 차려 놓는데, 철따라 옷을 바꾼다.

목욕시킬 준비물은 물 그릇 두 개를 시신의 위쪽과 아래쪽에 놓고, 새 솜과 새 수건 세 벌, 시신의 머리, 윗몸, 아랫몸을 닦을 것들이다. 또 목욕시킨 후 머리카락과 좌우 손톱, 발톱을 깎아 넣을 주머니 다섯 개와 빗을 준비한다.

시신을 목욕 시킬 때는 시자(侍者)가 손을 씻고 더운 물을 가지고 들어가면, 식구 모두 방 밖으로 나와서 북향하여 선다. 시자는 목욕을 시킨 후 수건으로 잘 닦고 머리를 빗질한다. 손톱, 발톱은 잘라서 준비한 주머니에 넣어서 대렴(大殮)을 한 뒤에 이불 속에 넣는다. 빠진 이(齒)가 있으면 역시 주머니에 함께 넣는다. 목욕시킨 물과 수건, 빗은 마당에 파놓은 구덩이에 붓고 묻는다. 이 절차가 끝나면 모두 자리로 들어간다.

다음에 염을 하게 되는데 시자는 손을 씻고 따로 침상을 장막 밖에 마련해 놓고 수의(壽衣)를 펴놓는다.

11. 수의(壽衣)

*복건 : 검은 명주베로 만든 모자.

*두건(頭巾) : 머리에 씌우는 수건.

*망건(網巾) : 머리카락을 싸는 검은 비단.

*명목(瞑目) : 얼굴을 싸매는 것으로 명주베 사방 35cm 사각에 끈을 다는데 겉은 검은색, 안쪽은 붉은색으로 한다.

*악수(握手) : 손을 싸매는 것으로 길이 35cm, 폭 5cm로 한다.

*충이(充耳) :새 솜으로 대추씨같이 만들어 귀를 막는 것.

*속옷〔內衣〕 : 속적삼, 속바지.

*겉옷 : 바지, 저고리, 버선, 대님, 요대(허리띠), 행전, 두루마기, 조대(條帶),

대대, 토수(吐手), 신(명주베에 종이를 붙여 만든 신).

*천금(天錦) : 시신을 덮는 홑이불.

*지금(地錦) : 시신 밑에 까는 겹이불.

*속포(束布) : 시체를 묶는 한지나 삼베.

*반함(飯含) : 버드나무 숟가락 한 개, 쌀 한 홉, 무공주(無孔珠 : 구멍 없는 구슬 세 개), 무공주가 없으면 10원이나100원짜리 동전으로 한다.

침상을 펴고 그 위에 두루마기와 바지를 오른쪽으로 여민다. 그러나 미리 복건(幅끼)이나 속옷은 씌우거나 입히지 않고 신도 신기지 않는다.

여자의 수의는 저고리, 적삼(홍, 황, 녹색 : 삼작), 속곳, 단속곳, 바지, 큰 허리띠, 저고리를 함께 겹으로 바르게 펴놓는다. 다음 속바지와 적삼을 입히고 망건을 씌우고 버선을 신긴 후 다시 겉바지를 입히고 대님과 행전, 요대(허리띠)를 맨 다음 네 사람이 시신 위아래를 동시에 들어서 침상으로 옮긴다. 겹쳐서 펴놓은 겉옷을 아래로부터 위로 올려서 좌우 손을 옷소매로 매고, 옷을 여민 후 매지는 말고 다시 이불을 덮어둔다.

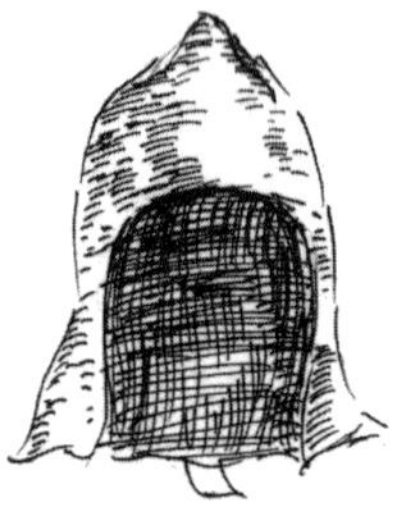

복건

두건

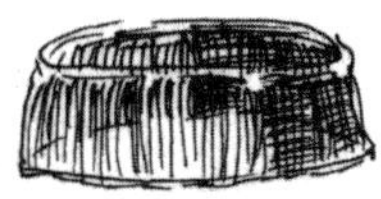

망건

신

행전

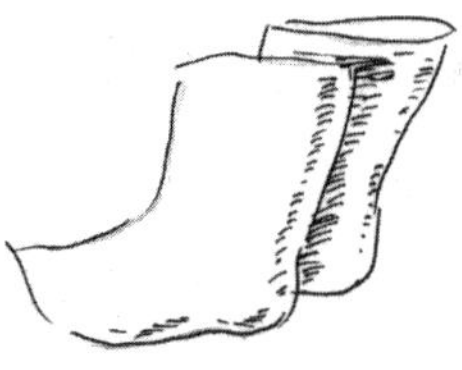

버선

〈남자 수의의 보기〉

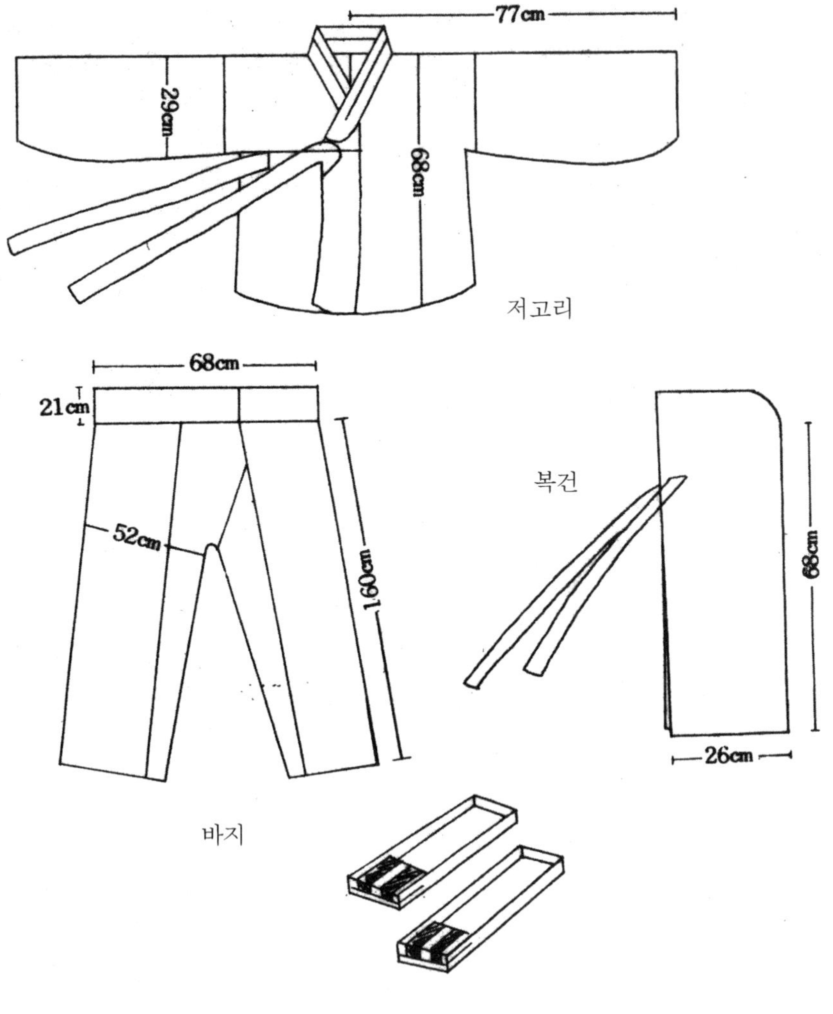

12. 설전(設奠)

설전은 상을 당하고 처음 지내는 제사이다.

주과포혜(酒果脯醯)를 왼쪽에, 포 오른쪽에 혜로 차린 상을 시신의 동쪽에 놓고 집사가 잔에 술을 부어 시신의 오른쪽에 어깨 부근에 놓고 애곡(哀哭)에 이어서 상주가 이 술을 되받아 입에 물려준다.

상주는 시상(屍床)의 동쪽에 앉아서 북쪽을 향하여 제사지내고, 모든 남자 상제들 중에서 3년 상을 입은 순서대로 앉는다. 같은 성(姓)으로 기년복(朞年服)이나 대공복(大功服), 소공복(小功服) 이하는 입은 차례대로 그 뒤에 모두 서쪽을 향해 앉는다.

주부와 여러 부녀들은 시상 서쪽에 앉는데 같은 성의 부녀들은 역시 복을 입은 차례대로 그 뒤에 동쪽을 향해 앉는다. 첩이나 종은 부녀들 뒤에 서는데 포장을 쳐서 안팎으로 가린다.

다른 성의 남자들은 포장 밖 동쪽에 앉고 부인들은 포장 밖 서쪽에 앉는다. 여인상(女人喪)일 때에는 같은 성의 남자들은 포장 밖 동쪽에 앉고 다른 성의 남자들은 포장 밖의 서쪽에 앉는다.

13. 반함(飯含)

시신의 입안에 구슬〔無孔珠〕과 쌀을 물리는 것을 말하는데, 상주는 곡을 하며 왼쪽 소매를 벗어 오른편 허리에 꽂고 무공주(구멍이 뚫리지 않은 구슬) 세 개를 담은 그릇을 받들고 깨끗이 씻은 생쌀을 담은 그릇에 버드나무 수저를 꽂아 들고 시신 앞에 들어가서 명건으로 얼굴을 덮고 시신의 동쪽 발치부터 서쪽으로 올라와 동쪽을 향해 앉는다. 시신을 덮은 명건을 들고 버드나무 수저로 쌀을 조금 떠서 입안 오른쪽에 넣고 무공주도 함께 넣는데 왼쪽과 가운데도 같은 방법으로 한다. 다음에 햇솜을 명주에 싸서 턱 아래를 채우고 복건(幅巾)을 채운 뒤, 충이(充耳)로 좌우의 귀를 막고 명목을 덮고, 신을 신기고 심의(深衣)를 거두어 여미되 옷깃은 산 사람과 반대로 오른편으로 여민 뒤 조대(絛帶), 대대(大帶)를 동심결(同心結)로 매고 악수(握手)를 맨다.

이것으로 염습례는 마친 것이다. 시신은 다시 이불을 덮어 시상에 모신다.

염습을 끝내고 나면 사용했던 모든 기물(器物)은 태울 것은 태우고 땅에 묻을 것은 묻는다. 그리고 화롯불을 피우고, 영좌(靈座)를 꾸미고, 혼백을 만들고, 명정(銘旌)을 만들어 세운다. 이 절차가 끝나고 나면 가족, 친척, 친구가 들어가 곡을 해도 된다.

14. 혼백(魂帛)

1자 2치의 흰 명주나 모시를 접어 만들고 위에 3푼 넓이의 백지를 두르고 윗부분에 '上'자를 쓴 다음 혼백상자에 세운다. 혼백상자는 백색으로 만들되 뚜껑 앞에 '前'자를 쓰고 가운데에 손잡이를 달아 여닫기에 편하도록 한다.

혼백은 신을 의빙(依憑)하게 하는 것이며 시체를 가린 병풍 밖에 등메를 깐 다음 교의(交椅)를 놓고, 복의(復衣)를 백지에 싸서 교의 위에 놓고 그 위에 혼백상자를 서쪽을 향하여 봉안하고 흰 명주보를 덮는다. 교의 앞에는 제상을 놓고 위에 촛대 한 쌍을 놓는다. 그 앞에는 향상(香床)을 놓는다.

혼백은 다음과 같이 접는다.

혼백

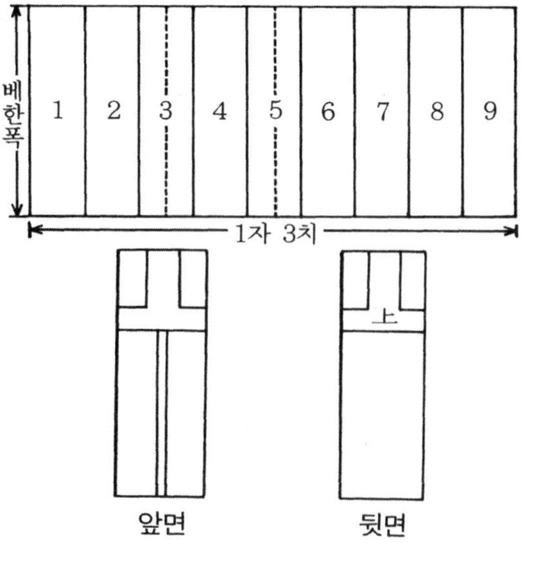

앞면 뒷면

*그림의 번호 1을 2와 맞닿게 접는다.

*그림 3을 반으로 나누되 3이 보이게 접어 1의 뒷면으로 가게 접는다.

*번호4를 접되 4가 보이게 하고 2의 뒷면에 가게 접는다.

*번호 5의 중간을 접되 5가 속으로 들어가게 접어서 1의 뒷면에 가서 3과 마주되게 접으면 번호 5는 보이지 않는다.

*번호 6과 4가 서로 맞닿게 접으면 6은 보이지 않게 된다.

*번호 7을 접어서 번호 6의 뒷면에 붙이면 7이 보이게 된다.

*번호 8을 7과 맞닿게 접는다.

*번호 4와 6의 사이를 벌리고 가로의 윗변을 한 치(寸)로 접어 4와 6에 붙게 안으로 접는다.

*번호 7과 8의 사이를 벌리고 가로의 아랫변을 한 치(寸)로 접어 7과 8이 붙게 안으로 접고 벌리기 이전대로 접는다.

*번호 9를 접되 번호 4의 아랫변과 윗변의 접은 것을 싸서 꽂으면 된다.

*그림과 같이 백지로 표시하되 번호 8의 뒷면이 앞으로 가게 한다.

15. 소렴(小殮)

사망한 이튿날 아침에 행하는데, 집안이나 지방에 따라 방법이 조금씩 다르지만, 일반적으로는 다음과 같다. 먼저 수의를 준비한 후 새로 주과포혜(酒果脯醯)로 상을 차려 제(祭)를 올리고 나서 소렴을 시작한다. 깨끗한 돗자리를 깔아 놓고 장포(長布)를 편 다음 그 위에 지금(地衾:시신을 쌀 겹이불)을 펴놓고 수의를 입히기 쉽게 하기 위해서 미리 겉옷 속에 속옷을 끼워서 펴 놓는다.

시신을 옮겨 놓고 베개를 받쳐 준다. 수의는 아랫도리를 먼저 입힌 다음 윗도리를 입힌다. 옷깃은 왼쪽에서 오른쪽으로 여미고, 고름은 감기만 할 뿐 매듭은 짓지 않는다. 손을 악수(握手)로 싸매고, 두 귀와 콧구멍은 깨끗한 솜으로 틀어

막는다. 그리고 혹시 시신에 아물지 않은 상처구멍이 있으면 깨끗한 솜으로 막아 준다. 눈은 명목(瞑目)으로 싸맨 다음 머리는 두건(頭巾)·복건·망건(網巾)으로 싼다.

두 손은 배 위에 모으고 이불로 시신을 고르게 싼 다음 장포의 긴 쪽 양쪽 끝을 세 갈래로 찢어서 서로 잡아당겨 맨다. 가로로는 일곱 가닥으로 째고 각 가닥을 다시 각각 세 쪽으로 짼 다음 발쪽에서부터 머리 쪽으로 올라가면서 양쪽 가닥을 꼭꼭 동여맨다. 이때 양쪽 다리 사이나 팔·목·어깨 사이 등에 옷이나 창호지 또는 황토를 싼 창호지 등을 끼워 넣어 시신을 반듯하게 한다.

남녀 상복

상장과 짚신

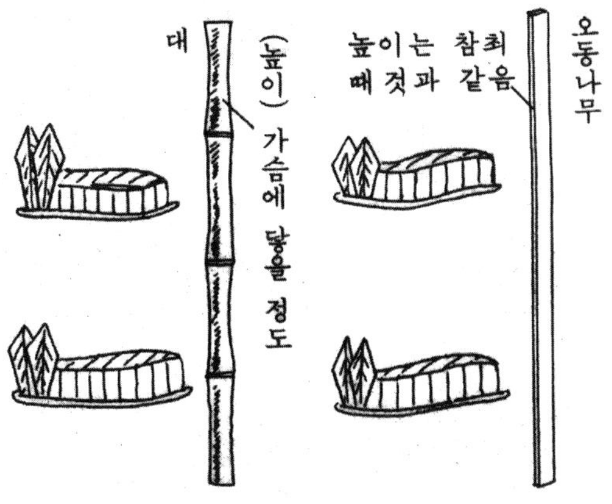

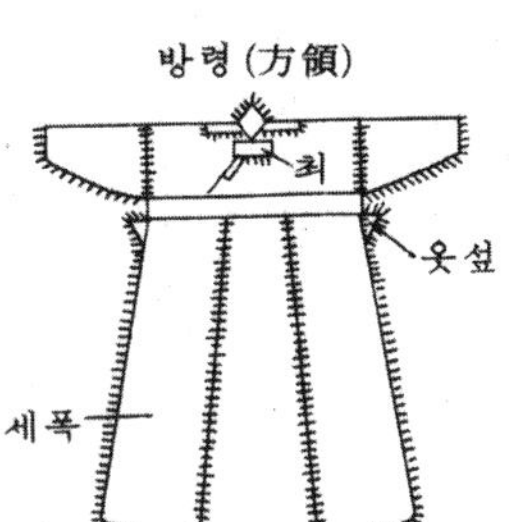

참최

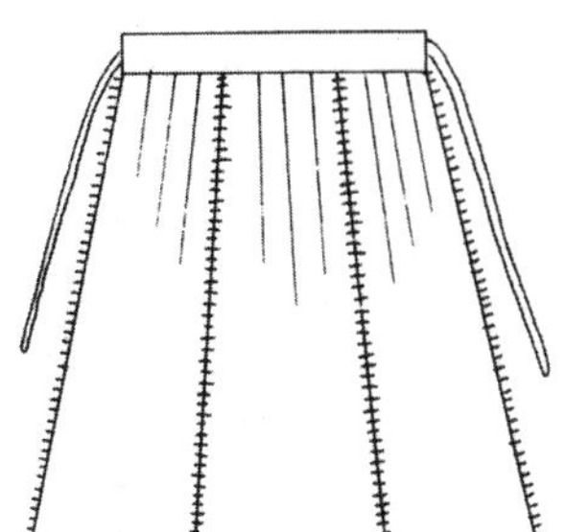
참최치마

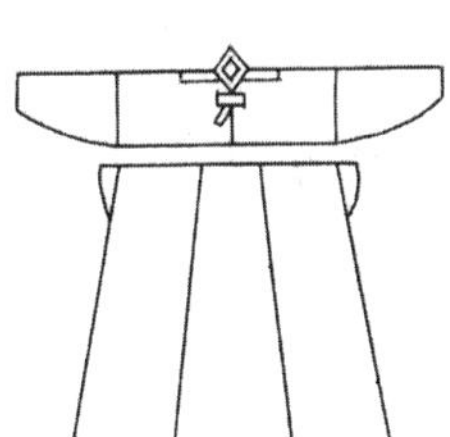
자최

이렇게 하여 일곱 가닥을 묶으면 매듭은 일직선으로 모두 21개가 생기게 된다. 이렇게 묶는 이유는 나중에 관 속에서 시신이 썩어서도 흔들리지 않게 하기 위해서다. 수의를 입히는 동안 상제들은 곡을 하지 않는다.

남자로서 참최(斬衰)자는 웃옷의 한쪽 어깨를 드러내고 머리를 삼끈으로 묶는다. 자최(齋衰) 이하로 같은 5대조인 자는 모두 다른 방에서 머리만 묶으며 부인은 복머리를 한다.

참최란 5복(服)의 하나로서 거친 삼베로 옷을 짓고 아랫단을 꿰매지 않은 상복(喪服)이다. 이것은 외간상(外艱喪) 즉 아버지의 상(喪)에 입는 옷이다. 자최란 역시 5복의 하나로 삼베로 만들고 아랫단을 꿰맨 것이다. 이것은 어머니 상에 입는다.

5복이란 상복을 입는 다섯 등급으로 참최 3년, 자최 1년, 대공(大功) 9개월, 소공(小功) 5개월, 시마(緦麻) 3개월이다.

16. 대렴(大殮)

소렴을 한 이튿날 시신을 입관하는 의식으로, 먼저 관을 들어다가 시상 서쪽에 놓고 관 밑바닥에 볏짚을 태운 재나 숯가루를 고르게 깔고 백지를 빈틈없이 덮는다. 그 위에 칠성판을 깔고 지금(地錦)을 깐다. 다음으로 대렴포(大殮布) 30자에 횡포(가로매) 두 매를 놓고, 맬 폭의 양쪽 끝을 반씩 쪼개면 좌우가 각 여섯 쪽이 된다. 그 다음 장포(長布) 한 폭을 놓고 양끝을 셋으로 쪼갠 후 그 위에 대렴금(大殮錦)을 펴놓고 소렴한 시신을 그 위에 모신다.

다음은 먼저 발을 여미고 난 후 머리를 여민다. 왼쪽, 오른쪽 순으로 여민 후 다시 장포를 세 매로 묶고 횡포를 매는데 좌우로 다섯 쪽만 묶고 한쪽은 제쳐놓아 모두 다섯 매로 묶은 뒤 시신을 들어서 관 속에 기울지 않게 넣는다.

이때 다섯 주머니에 담은 머리털, 손톱, 발톱을 관 아래위에 넣는다. 또 그 밖에

빈 곳에는 망인의 옷을 뭉쳐서 채운다. 다음은 천금(天衾)을 관 속에 덮고 상주, 상제, 복인들은 애통하게 통곡한다. 이때 천개(관 뚜껑)를 덮고, 은정(나무못)을 박고, 명정을 관 동쪽에 세우고 장지로 관을 싸서 노끈 50발로 내결관(內結棺)한다. 다시 초석(짚자리)으로 싸고, 백지를 감은 가느다란 동아줄로 외결관(外結棺 : 관의 밖을 묶는 것.)하고 다시 천금(관을 덮는 홑이불로 위쪽은 검은색, 아래쪽은 흰색)으로 관을 덮는다.

① 영좌(靈座)

대렴이 끝나면 시신을 휘장이나 병풍으로 막고 그 앞에 향상(香床)을 놓고 향로(香爐), 향합(香盒), 사기 그릇, 촛대 한 쌍, 고인이 평소에 쓰던 물건을 놓는다. 이것을 영좌라 하여 죽은 이의 혼이 나와 앉는 자리라 한다.

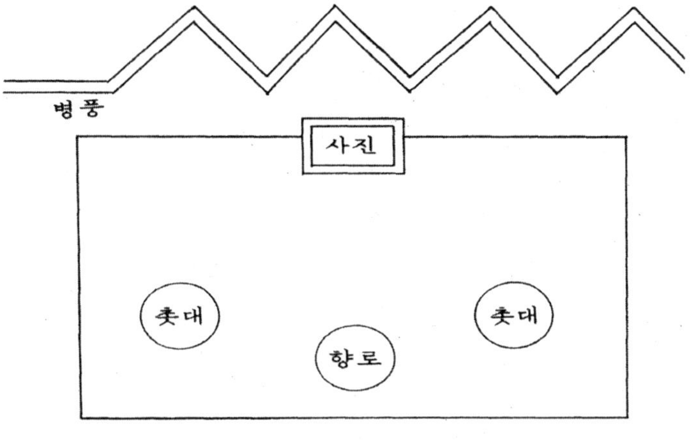

영좌

② 명정(銘旌)

명정은 고인의 명패로 보통 폭 1.5척, 길이 6척 정도의 붉은색 비단에 흰 글자로 쓴다. 죽은 이의 관 앞에 세워 놓으며, 운구(運柩)시에도 앞에 걸고 가며 하관할 때 관 위에 덮고 묻는다.

〈명정 서식의 예〉

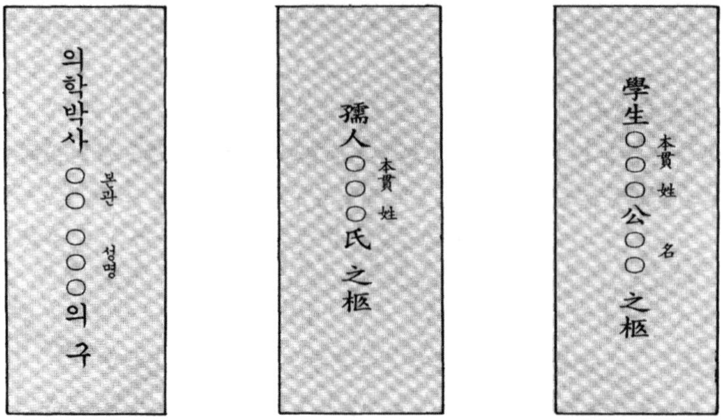

학위 또는 아호 여자 남자

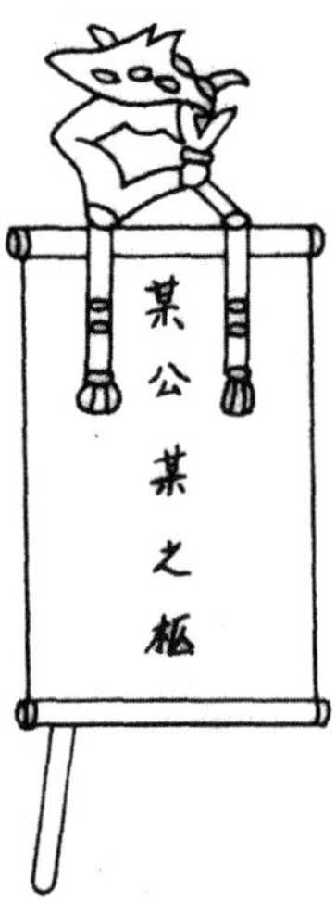

명정

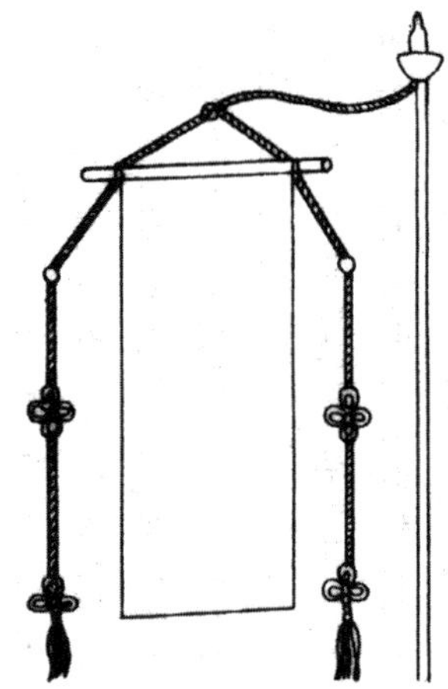

공포

③ 공포(功布)

공포는 상여의 길잡이로서 길의 높고 낮음, 좌우 갈림길을 알리는 것이다.

17. 성복례(成服禮)

성복은 복제에 따라 상주들이 상복을 입는 절차를 말한다. 상복을 입고 나면 성복제를 지낸다. 성복제는 각각 기복 차림으로 집사가 잔을 올리고 항렬 연장자순으로 복을 입는다. 상주의 옷은 오복도의 다섯 가지 양식에 의거해 지어 입는다. 굴건, 두건은 상주의 것은 질이 나쁜 삼베로, 백관의 것은 고운 베, 광목, 옥양목 등으로 접는다. 가마라는 것이 있는데, 이는 제자나 친구가 두건에다 가느다란 삼끈으로 테두리를 두른 것을 말한다. 상장(喪杖 : 상이 났을 때 상주가 짚는 지팡이)은 부친상일 때와 모친상일 때가 서로 다르다. 부친상에는 대나무, 모친상에는 버드나무를 짚는다. 이유는 아버지는 핏줄이므로 숨쉬기 좋으라고 대나무를 쓰고, 어머니는 자손이 번창하라는 뜻으로 버드나무를 쓴다는 것이다. 어느 지팡이를 짚든 뿌리 쪽이 위로 향하게 한다.

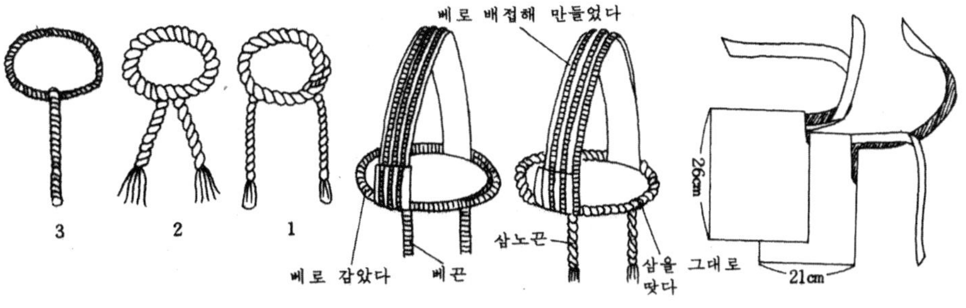

1. 머리띠 2. 3. 허리띠

삼띠〔麻帶〕 자최 굴건 참최 굴건 행전

성복례는 대렴을 한 이튿날, 즉 사망한 지 4일째 되는 날 아침 날이 밝아 올 때 영좌 앞에 혼백을 탁자에 모신다. 제물을 갖춰 상을 차리고 오복의 모든 상제들은 차례대로 잔을 올리고 곡하며 재배한다. 남자는 영구의 동쪽, 여자는 서쪽에서 서로 마주 서며, 손들은 차례로 손윗사람들 앞에 꿇어앉아 조곡(朝哭)하며 절한다.

상복은 머리를 걷어매고 통건을 썼던 것을 다 버리고 상관(喪冠)을 쓰되 효건(孝巾)으로 받들고 그 위에 수질(首絰 : 머리에 매는 끈)을 맨다. 치마를 입고 요질(腰絰 : 허리에 두르는 끈)을 띠고 짚신을 신고 장기(杖朞) 이상의복인은 지팡이를 짚는다. 부인도 역시 치마, 수질, 요질, 짚신, 지팡이를 착용한다. 장기란 지팡이를 짚고 1년 복을 입는 것을 말하는 것이다.

성복할 때는 반드시 조곡(朝哭)하며 조곡한 뒤에는 절을 하지 않는다.

참최는 갓을 꿰매지 않고 자최는 갓을 꿰맨다. 모든 상복은 베로 만들고 수질과 요질은 삼끈을 꼬아서 만든다. 장기는 참최에는 대나무, 자최에는 오동나무로 만들어 쓴다.

상복 입을 사람이 어린이일 경우에는 건과 수질만 쓰지 않는다. 옛날에는 장기를 짚지 않는다 하였으나 가례(家禮)에 따라 3년 상을 입는 자는 지팡이를 짚는다. 시자(侍者)의 복(服)은 중단(中單)에 건(巾)만 쓰고 첩이나 비녀(婢女)는 배자(背子)에 대나무 비녀를 꽂는다.

18. 복제(服制)

복제는 복을 입는 기간을 말하는 것으로 참최 3년, 자최 3년, 장기 5개월, 부장기 3개월, 대공 9개월, 소공 5개월, 시마 3개월이다.

① 참최(斬衰)

아들이 아버지의 상을 당해 입는 복이다. 마음이 베이는 것 같다 하여 베를 그대로 잘라서 상복을 지어 입는다.

적손(摘孫)이 그 아버지가 사망하여서 조부, 증조부, 고조부를 위해 승중(承重)하는 자와 또 아버지가 적자(嫡子)를 위하여 입는 복도 같으나, 비록 승중을 했어도 3년 복을 입지 못하는 세 가지 경우가 있다.

*적손일지라도 폐질(廢疾)이 있어 사당에 제사 지내는 일을 못 하는 자.

*서손(庶孫)이 뒤를 잇는 경우.

*서자(庶子)로 대를 잇는 경우.

이상은 정복(正服)을 말한 것이다. 의복(義服)으로는 며느리가 시어머니를 위해서와, 남편이 승중했을 때 따라서 입는 복들도 이와 같다.

아들이 그 아버지의 복을 입다가 소상(小祥) 전에 죽으면 다시 그 죽은 이의 아들이 소상 때부터 복을 받아 입는다. 이것을 대복(代服)이라하는데 초상에 하루라도 상주가 없을 수 없으니 아버지가 병들었거나 상기(喪期)를 채우지 못하고 죽었을 때 그 아들이 아버지를 대신하여 복을 입는 것이다.

참최의 상복은 삼승(三升)베로 만든다

② 자최(齊衰)

아들이 어머니의 상에 입는 복이다. 상복은 참최의 옷과 같으나 다만 베가 조금 곱고 도련을 해서 짓는다.

아버지가 생존하고 어머니가 사망하였을 때, 출가한 딸과 서자, 적손이나 그 아버지가 죽었을 때, 조모, 증조모, 고조모를 위해 승중한 자, 어머니가 적자를 위해서 3년 상을 입지 않는다.

의복(義服)으로는 며느리가 시어머니를 남편의 승중에 따라서 입는 복, 남편의 계모가 장자(長子)를, 첩이 남편의 장자를 위해서도 3년 상을 입지 않는다.

아버지가 사망한 지 3년 안에 어머니가 사망하였을 때는 기년(朞年)만 복을 입는다.

③ 장기(杖朞)

적손이 조부가 살아 계시고 조모가 돌아가셨을 때나 그 아버지가 죽고 어머니가 개가했다가 사망한 경우에 입는 복이다. 승중했을 때는 증조모, 고조모의 경우도 같다. 또 아버지가 죽었을 때 어머니를 위해서도 같다. 계모, 적모에게도 의복(義眼)으로 이와 같다. 며느리도 시아버지가 있을 때 시어머니를 위해서는 같다.

3년 복은 윤달을, 기년은 1년을 상징하였고, 9개월은 물건이 3시(時)에 이루어진 것을 상징하였고, 5개월은 5행(行)설에서 상징하였고, 3개월은 1년 4시(時) 중에서 1시를 상징한 것이다.

④ 부장기(不杖朞)

조부모, 백숙부모, 형제, 중자(衆子 : 맏아들 이외의 모든 아들)를 위해서 입는 복이다. 5개월 복은 증조부의 복이요, 3개월 복은 고조부의 복이다.

아들, 고모, 누이가 시집가지 않은 경우, 시집을 갔어도 남편이나 자식이 없는 경우, 여자로서 남편의 형제의 아들, 첩일 경우 큰 부인, 첩이남편의 중자를, 시부모가 적부(摘婦)를 위해서 입는 경우도 같다.

⑤ 대공(大功)

종형제, 종자매, 중손(衆孫) 등 4촌간에 입는 복이다. 대공, 소공에서 말하는 공은 삼베의 거친 정도를 뜻한다.

⑥ 소공(小功)

종조부, 종조고(從祖姑), 형제의 손자, 종형제의 아들, 재종형제(再從兄弟), 생질 등 6촌간에 입는 복이다. 의복으로 종조모, 남편 형제의 손자, 남편의 종형제의 아들, 형제의 부인, 남편의 형제, 동서와 시누이 경우도 소공복을 입는다.

⑦ 시마(緦麻)

8촌간에 입는 복으로 종증조부(從曾祖父), 종증조모, 증조의 형제자매 형제의 증손, 종조부모, 종형제의 자매, 외손, 내외종형제를 위해 입는 상복이다. 의복으로 남편의 형제의 증손, 남편의 종형제의 손자, 남편의 종형제의 아들, 서모, 유모, 사위, 장인, 장모의 경우도 같다.

요사(夭死 : 일찍 또는 재앙으로 죽는 것.)한 모든 사람을 위한복은 차례로 등급을 낮춘다. 남자로서 남에게 양자간 사람과, 시집간 여자가 그 생가의 부모나 친정 부모를 위해 입는 복은 모두 한 등급을 낮춘다. 생가의 부모나 친정 부모가 입어주는 복도 역시 같다.

요사한 나이에 따라 구분하면 다음과 같다.

① 나이 8세에서 11세에 사망한 사람은 하상(下殤).

② 12세에서 15세에 사망한 사람은 중상(中殤).

③ 16세에서 19세에 사망한 사람은 장상(長殤).

8세 미만에 죽는 경우에는 복이 없는 상으로 곡만 하며, 난 지 3세 미만에 죽으면 곡도 하지 않는다. 남녀가 혼례를 치렀을 때는 모두 상(殤)이라 할 수 없다.

그러나 혈육의 정은 어른이나 아이나 다를 바 없어 상복이라는 것이 생긴 것이라고 할 수 있다.

⑧ 심상(心喪)

상복을 입지 않고 마음으로 슬퍼하는 것이니 스승에게 하는 것이 원칙이며 마음속으로 3년의 복을 입는 것이다.

아버지가 생존해 있고 어머니가 사망했을 때, 적모, 계모, 출가한 생모, 재가한 어머니, 부모가 있는데 자기를 길러준 양부모가 사망 했을 때, 적손이 조부가 있는 조모, 증조모, 고조모가 사망했을 때, 남에게 양자간 자가 그의 생부모, 시아버지가 생존해 있는데 시어머니가 사망한 경우의 며느리, 첩의 아들의 아내가 남편의 적모(摘母)가 사망했을 경우에도 같다.

⑨ 문상(聞喪)

객지에 있는 나가 있는 사람이 부모의 상을 전해 듣고 돌아오는 것으로 부음(訃音)을 듣는 즉시 곡을 해야 하며, 사자(使者 : 부고를 전하는 인편)에게 절하고 흰 옷으로 갈아입은 다음 집으로 돌아와서 시신 앞에 나아가 상복으로 갈아입고 곡한다. 그리고 4일 만에 성복한다. 상중에 돌아갈 수 없는 경우라면 영위(靈位)는 만들지만 제물은 올리지 못하며 이때에 성복한다.

이미 장례가 끝난 뒤에 집에 도착하게 되면 먼저 묘소로 가서 곡하고 절한다. 도중에 아직 성복을 하지 못했을 때는 묘소 앞에서 변복(變服)을 하고 집에 가서는 영좌 앞에 나아가 곡하고 절한다.

자최 이하의 부인이 사정이 있어 집에 돌아오지 못했을 때는 머무는 장소에서 영위를 만들어 3일 동안 곡하고, 4일이 되는 날에 성복한다. 매달 초하루마다 영위를 만들어놓고 곡을 하고, 복 입은 달수가 차면 다음날 초하루에 영위를 만들어 곡하고 나서 복을 벗는다. 이것은 초상에 참례하지 못한 경우이며 상가에 갈 수만 있다면 영좌에 가서 곡하고 복을 벗어야 한다.

19. 조석전(朝夕奠)과 상식(上食)

아침에는 조전(朝奠), 식사 시간에는 상식, 저녁에는 석전(夕奠)을 올리는데 전을 올릴 때는 곡(夕哭)을 한다. 그 외에도 곡은 수시로 하고 초하룻날 조전은 제물 올릴 때 모든 반찬을 올린다.

새로운 음식이 마련되면 천신(薦新 : 새로 올리는 것)한다. 전이 끝나면 술과 과일만 남기고 다른 음식은 모두 치운다.

상식은 조전 의식처럼 술을 잔에 따르고 밥그릇 뚜껑을 열고 수저를 바르게 한다. 조금 있다가 대신 숭늉을 올리고 잠시 후에 상을 치운다.

석전도 조전과 같다. 석곡을 할 때는 혼백을 받들어 영좌에 모시고 상주 이하 모두가 슬프게 곡을 한다. 새 음식을 천신하는 것은 오곡 중 어느 것이나 새로운 것은 반드시 해야 한다. 3년 안에 천신하는 것은 오곡일 경우는 밥을 지어 상식으로 올리고 다른 음식은 상식 때 함께 올린다.

20 조상(弔喪)과 문상(問喪)

조상(弔喪)에서의 조는 '슬프다.'는 것을 의미하고, 상은 '잃다, 없어지다'를 의미한다. 죽음을 슬퍼한다는 말로 죽은 사람에게 그 죽음이 애통해서 인사한다는 의미인 것이다.

문상(問喪)은 '죽음을 묻는다.'는 의미로 상주에게 상을 당한 것을 위로한다는 뜻인 것이다.

조상은 원칙적으로 성복한 후에 한다. 가까운 친척, 친한 친구는 성복하기 전에는 상주에게만 인사하고 빈소에는 절을 하지 않는다. 성복한 후라도 죽은 사람과 생시에 대면이 없었거나 또 조상하는 이가 여자인 경우에는 빈소에는 절하지 않고 상주에게만 인사한다. 영위를 보는 것은 상복을 입을 수 있는 사람만이다. 상주에 대한 인사는 장사 치르는 것에 대한 이야기 정도로 그친다.

① 조문하는 시기

과거에는 까다로웠지만 오늘날은 시간에 구애받지 않고 빈소에 조상하고상주에게 문상해도 된다.

② 조문하는 대상

죽은 사람이 여자인 내간상이나, 남자인 외간상에 관계없이 빈소에 조상한 후에 상주에게 문상한다.

③ 조문객이 조심해야 할 점

옷차림은 소박하게 하고 붉은색 계통은 피한다. 또 장신구는 가급적 착용하지 않는 것이 좋다.

흉사 시 절할 때의 공수법은 남자의 경우는 오른손, 여자의 경우는 왼손이 위로

가도록 하고 모아 잡는다.

상가에서는 죽은 사람의 음덕이나 효성들을 화제로 삼고, 좋지 않았던 일이나 흉, 잡담 등은 하지 말아야 한다.

근엄하고 애도하는 몸가짐으로 행동해야 한다.

④ 상가와 상주가 조심해야 할 점

손님 대접에 소홀히 해서는 안 된다.

상주들은 조문객을 전송하기 위해 빈소를 떠나서는 안 된다.

남자 조문객은 남자 상주, 여자 조문객은 여자 상주에게 안내한다.

⑤ 조상하는 법

조객이 호상에게 성명을 통하고 들어가면 상주가 일어나 곡을 한다. 조객은 영구를 향해 곡을 하고 두 번 절한 다음(여자는 세 번) 다시 상주에게 절하고 인사한다. 조객이 손윗사람이면 상주가 먼저 절한다. 죽은 이가 손아랫사람이면 곡만 하고 절은 하지 않는다. 조상할 때는 누구나 소박한 차림을 하고 양복일 경우에는 가급적 검정색을 입는다. 조위품은 향, 차, 양초, 술, 과실 등이다. 부의(賻儀)는 돈이나 비단으로 하고 이름을 밝힌다.

최근에는 곡을 하지 않고 세 번 분향을 하고 잠시 묵념을 하고 절하는 것으로 대신하기도 한다.

⑥ 곡하는 법

상주는 "아이고, 아이고..." 하면서 몹시 슬프게 통곡하고, 조객들은 "어이, 어이..." 하면서 슬프게 곡한다.

⑦ 문상하는 방법

조상하는 이가 호상에게 통성명을 하면 불을 밝힌 뒤 자리를 깔고 상주 이하 상제 일동이 자리에 나가 영좌 동남쪽에 서서 곡을 하면서 기다린다. 조상하는 이가 빈소에 들어가 상주에게 읍하면서 "이게 웬일입니까?", "얼마나 상심되십니까?" 등의 인사를 한 뒤에 부조 물품이나 부의금을 올리고 호상의 안내로 영좌 앞에 나아가 조상한다.

⑧ 부의(賻儀)와 부조(賻助)

부의를 전할 때는 백지에 단자(單字)를 써서 봉투에 넣어 보낸다. 단자를 쓰지 않을 때는 봉투 표면에 물목을 기록한다. 부의금은 상주에게 주는 것이 아니라 호상소에 전달하는 것이며 호상소에서는 조위록에 조문객의 이름과 부의금을 적어 관리한다.

〈부의 봉투 쓰기〉

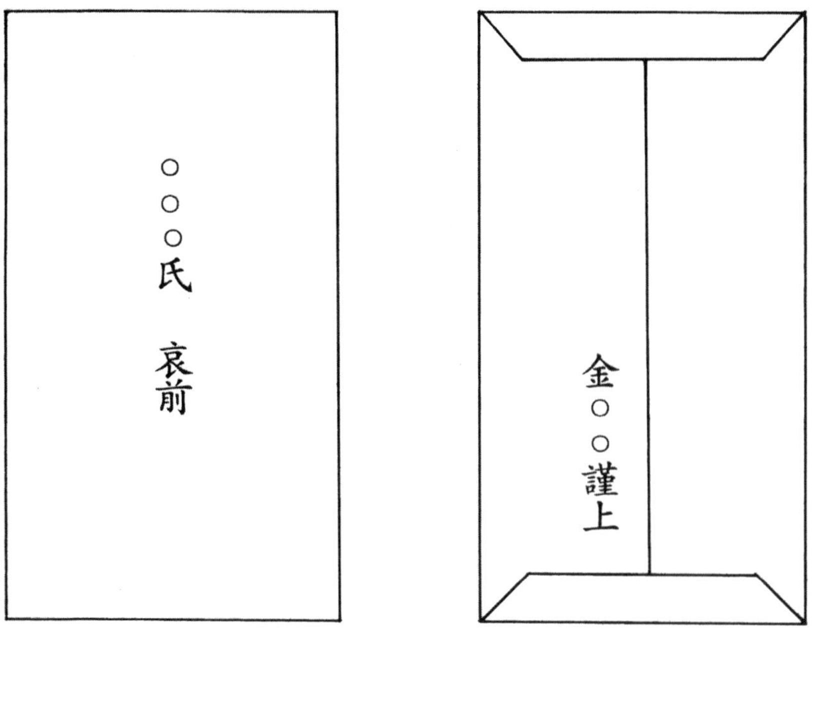

〈조장 예문〉

엄친께서(또는 자당)별세하셨다니 참
으로 슬픈 일이오며 부득이한 사정으로
곧 가서 조상하지 못하고 서장으로 삼가
조의를 표합니다.
년 월 일
○○○근조
○○○귀하

謹弔
○○後人 ○○○喪事
年 月 日
(弔慰者 姓名) 再拜

〈단자 예문〉

삼가 조의를 표합니다.
일금 원
년 월 일
○○○드림
○○○선생 댁
호상소 귀중

賻儀
一金 원
年 月 日
○○○謹上
○○○宅
護喪所 入納

21. 치장(治葬)

묘지를 조성하는 것으로 호상은 미리 상주와 의논해 장지를 선정해야 한다.

① 택지(擇地)

산역(山役)을 하기 위해 먼저 산에 온 사람은 정한 장소에 말뚝을 박든지 금을 그어 표시를 해놓는다.

명당(名堂)을 택한다고 묘지 조경이라든지 매장, 성묘 등에 불편한 곳을 고르는 것보다는 배수가 잘 되고 볕이 잘 들며 왕래하기에 편한 곳을 고르는 것이 더 좋은 묘지를 택하는 것이라고 할 수 있다.

명당을 택한다는 것이 그곳에 묻힐 조상을 기리는 것보다는 자손을 위한 목적이 더 크므로 효도라고 할 수 없다.

② 고사(告祀)

매장을 시작할 때 지내는 것이 사토제(祠土祭)이다. 묘지 자리의 네 군데 모서리를 파고 후토(后土) 즉 토지신(土地神)에게 고한다. 축관은 집사를 데리고 표목(말뚝) 중간에 남쪽으로 향하게 해서 신위(神位)를 마련한다. 술을 따르고 포와 과일을 진설한 다음 지낸다. 상주는 참례하지 않는다.

> 今已得地於 ○○郡 ○○面 ○○里 坐之原將以
> ○月○日 襄奉敢告

지금 ㅇㅇ군 ㅇㅇ면 ㅇㅇ리에 땅을 얻어 ㅇ월 ㅇ일에 장사지내겠기에 아룁니다.

③ 토지신에게 고하는 축문

維歲次干支 某月干支朔 某日干支

某官姓名(官職이 없으면 幼學某라고 쓴다.) 敢昭告于

土地神 今爲 某官姓名 營建宅兆 神其保佑

俾無後艱 謹以 淸酌脯果 祗薦于神 尙饗

ㅇㅇ년 ㅇ월 ㅇ일 ㅇㅇㅇ는 감히 토지신에게 고합니다. 이제 ㅇㅇㅇ의 묘를 마련하오니 뒤에 어려움이 없도록 도와주시고 청주와 포과를 올리오니 흠향하소서.

④ 동강선영축문(同岡先塋祝文)

선조의 묘 부근에 분묘를 쓸 때 선조의 묘에 올리는 축문.

維歲次干支 某月干支朔 某日干支

孤子某(奉祀者名) 敢昭告于

顯考某官府君之墓 今爲 某官府君 營建宅兆于

某所 謹以 酒果用伸 虔告謹告

ㅇㅇ년 ㅇ월 ㅇ일 ㅇㅇㅇ는 감히 고합니다. 이제 아버님의 묘를 ㅇㅇㅇ의 묘가 계신 곳에 모시게 되었사옵기에 삼가 주과로 경건하게 고하나이다.

⑤ 광중(壙中)

광중이란 시신을 묻을 구덩이를 말하는데, 깊이 1.5m정도로 파고 석회에 모래를 섞어 관이 들어갈 크기로 외곽을 만든다.

내외분을 합장할 때는 서편을 위로 삼아서 남자의 자리를 서편으로 한다. 원래 예법에 품(品) 자 모양으로는 묘를 쓰지 못하므로 계배(繼配)는 다른 곳에 묘를 써야 한다.

〈합장 때에 고하는 고사〉

維細次干支 幾月干支朔 幾日干支

孤哀子某 敢昭告于

先妣見背 日月不居 葬期已居 將以某月某日

祔于墓左 昊天罔極 謹以酒果 用伸虔告謹告

ㅇㅇ년 ㅇ월 ㅇ일 ㅇㅇㅇ는 고애자는 감히 현고 ㅇㅇ벼슬한 어른의 묘에 고합니다. 장사 날이 되었으므로 장차 ㅇㅇ달 ㅇㅇ날 묘 왼쪽에 모시겠습니다. 삼가 주과를 펴놓고 아뢰는 바입니다.

22. 천구(遷柩)

천구란 글자대로 영구를 옮긴다는 뜻이며 발인하기 하루 전날 조전(朝奠) 때 천구함을 고한다.

今以吉辰 遷柩敢告

관을 옮김에 고하나이다.

고사를 끝내고 나면 영구를 받들어 사당에 고하고 마루에 옮겨 대곡(代哭)을 시킨다.

복을 입을 사람들은 모두 상복을 입고 자리에 나가 곡을 한다. 조전을 올릴 때는 축관이 술을 따르고 북쪽을 향해 무릎 꿇고 엎드려 축을 읽은 뒤 일어나면 상주 이하 모두 슬프게 곡하고 두 번 절한다.

영구를 옮길 때는 부인들은 나서지 않고 상주 이하 모두가 서서 지켜본다.

축관이 혼백을 받들고 앞서서 사당 앞에 고하면 집사는 제물을 가져다 진설한다. 다음에 명정을 따라 일꾼들이 영구를 들어 모시는데 상주 이하 모두 곡하면서 그 뒤를 따른다. 이때는 혼백이 영구를 대신해도 된다. 이런 경우에는 제물이 먼저 가고 명정이 다음, 혼백이 그 뒤를 따른다. 사당 앞에 다다르면 북쪽을 향하여 혼백을 자리 위에 놓는다.

다시 영구를 마루로 옮길 때는 집사가 마루에 장막을 친다. 영구를 자리 위에 모실 때 머리를 남쪽으로 두게 한다. 영좌를 마련하고 영구 앞에 제상을 준비하고 상주 이하 모두가 제자리에 가서 앉아 곡한다. 그리고 제물을 진설했다가 해가 진 뒤에 조전(祖奠)을 올린다.

조전(祖奠)은 조전(朝奠)과 같은 방법으로 지내는데, 저녁상식을 지낸 후에 지내지만 저녁상식과 함께 겸해서 지내기도 한다.

〈조전축(祖奠祝)〉

永遷之禮 令辰不留 今奉柩車 式遵朝道

영원히 가시는 예입니다. 명을 받은지라 더 머물지 못하고 운구를 받들겠사오니 아침 길을 인도하소서.

23. 발인(發靷)

영구가 상가를 떠나 장지로 출발하는 것을 발인 또는 출상이라 한다. 발인 시에는 반드시 발인제를 지낸다. 발인제 때 관의 위치는 천구하여 관을 상여 앞에 두고 발인제를 지내는 경우 영구를 상여 위에 올려 모셔 놓은 다음 발인제를 지내는 경우가 있다. 발인제는 간단하게 제물을 차리고 발인축을 읽고, 맏상주는 두 번 큰 절〔단작이배〕을 한다. 발인제를 지내고 상여꾼들이 상여를 처음 들어올렸을 때 망자의 집 쪽으로 향하여 세 차례 상여를 올렸다 내렸다 하는데, 이는 망자가 집을 보고 마지막 하직 인사를 하는 것이라 한다. 상두꾼은 보통 남자들이지만 상여가 나갈 때 상여의 뒤쪽에 광목을 길게 늘어뜨려 부인들이 이것을 잡고 따라 가기도 하는데, 이를 '설매' 또는 '배줄'이라 하고 혼이 저승 갈 때 타고 가라는 뜻이다.

옛날에는 대여(大輿)를 썼는데 가난한 사람은 어려운 일이므로 상여를 쓰는 풍속이 생겼다. 삽(翣)은 원래 깃털로 만든 부채 모양이었으나 후세에 와서는 네모진 꽃 화포(畵布)에 길이 다섯 자의 자루를 달고 긴 털을 장식한다. 대부(大夫)는 불삽(보물삽)을 쓰고 사(士)는 운삽(운아삽)을 쓴다. 신주는 밤나무로 만들고 궤는 검은 옻칠을 한다. 다음날 날이 밝으면 영구를 상여에 옮겨 모시고 견전(遣奠)

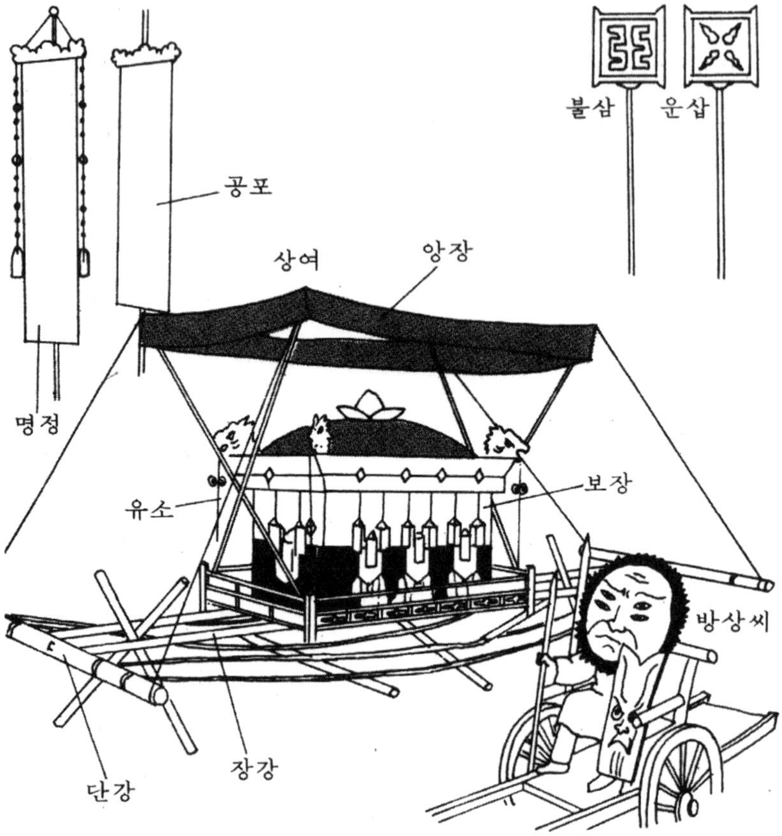

을 지낸다. 다시 말해서 집사가 조전지낸 것을 치우면 축관이 북쪽을 향하여 무릎을 꿇고 고사를 읽는 것이다. 이때 일꾼들이 영구를 옮겨 상여에 싣고 새끼로 단단히 맨다. 상주는 곡을 하면서 영구를 따라 내려가 영구 싣는 것을 지켜보고 부인들은 장막 안쪽에서 곡한다. 상여 앞에는 공포(功布)를 세우고 곁에는 운삽을 세운다. 묘지에서 창을 들고 사방을 지키는 사람을 방상(方相) 또는 방상(防喪)이라고 한다. 공포는 영구 위의 먼지를 털어내는데도 쓰는 것으로 흰 무명 세 자로 만들고 명정처럼 대나무에 매단다. 그 뒤로 만장이 줄을 지어 따른다.

***만장(輓章)**

만장은 죽은 사람을 애도하며 글을 지어 보내는 것으로 만사(輓詞)라고도 한다. 첫 머리에 근조(謹弔)라 쓰고 본문을 쓴 다음에 자기의 본관, 후인(後人) 성명 '哭再拜'라고 쓴다.

〈친구에 대한 만장의 예〉

慟哭君靈淚不輕 如何先我上帝京
遙憶瀟湘寒夜月 忍何隻雁咽鳴聲

그대의 영혼 앞에 통곡하니 눈물이 그치줄 모르네, 어찌하여 나보다도 먼저 저승길을 앞섰단 말인가. 아득한 소상강 고요한 달밤에 짝 잃은 외기러기의 슬피 우는 소리를 어찌 들으리.

〈일반적인 만장의 예〉

證場人生 一夢場 奈何敢忍 送斯行
父老孩提 永訣地 薤歌呼哭 總悽憶

인간 세상이 꿈같다 하지만 그대 저승길 가는 것을 어떻게 참을 수 있으리오. 상여 소리 울음소리 처량하오.

상여 뒤를 따라가는 사람이 별로 없는 벽촌의 쓸쓸한 장례식에도 몇 장의 만장이 바람에 휘날릴 때 그것을 보고 지나가는 이의 발걸음을 멈추게 하는 것은 우리의 아름다운 풍습이라고 할 수 있다.

24. 견전(遣奠)

견전이란 영구가 떠날 때 지내는 제사인데, 영구를 상여에 옮기고 조전(朝業) 때와 같이 제수를 차리고 축관이 술을 따라 올리고 무릎을 꿇고 축문을 읽고 나면 상주 이하는 모두 곡하고 두 번 절한다. 제사가 끝나면 집사 중에 포를 거두어 상여에 넣는 사람도 있다. 예법에는 없는 것이지만 효심에서 나온 것이다.

〈견전축문(遣奠祝文)〉

靈輀旣駕 往卽幽宅 載陳遣禮 永訣終天

상여를 매게 되었으니 다음은 바로 무덤입니다. 보내는 예를 베풀고 영원히 이별을 고합니다.

25. 운구(運柩)

발인 후 상여를 장지로 운반 이동하는 것을 운구 또는 운상이라 하거나 '행상 나간다.'고 한다. 운구를 담당하는 일꾼은 '상두꾼'이라 하며, 상여 노래의 앞소리를 하는 사람을 '선소리꾼'이라 한다. 운상 때는 맨 앞에서부터 명정, 영여, 만장, 운삽, 상여, 상주, 백관, 조문객의 차례로 줄을 잇는다. 노제를 안 지낼 수도 있지만, 운구 도중에 보통 한 차례를 지낸다. 노제는 주로 죽은 사람의 친구들이 주제관이 되어 지내므로 원하는 우인들이 많은 경우는 두서너 차례 지내기도 한다. 노제의 장소는 마을 어귀, 골목 어귀, 삼거리 등 죽은 사람의 추억이 깃든 장소를 지날 때 지내는데, 친구들이 망자와 마지막 하직인사로 지내는 것으로 망자와의 이별을 섭섭하게 여겨 행하는 제사이다.

노제는 운구 도중 적당한 장소에 장막, 혹은 병풍 등으로 제청을 꾸미고 상여 앞에서 상주 이하 복인들이 늘어서면 조전자가 분향, 헌작하고 꿇어앉아서 제문을 읽으면 모두 재배한다.

영구가 떠나는데 장지가 멀거나 병으로 갈 수 없을 경우에는 상주나 여러 사람들은 검소한 수레를 타고 가다가 묘소 앞 삼백 보쯤에서 내린다. 수레 대신 여윈 말을 타기도 했다.

〈노제 축문〉

維歲次干支 某月干支朔 某日干支

幼學某(嘲奠者姓名) 敢昭告于

顯考某官府君(某封某氏)之柩 尚饗

ㅇㅇㅇ는 감히 아무 ㅇㅇㅇ공의 관에 고하나이다. 흠향하소서.

조객들이 마을 밖에서 돌아갈 때는 영구를 머물게 한 뒤에 상주 이하 모두가 곡을 하고 조객들은 영구를 향해서 곡을 하고 두 번 절을 하고 돌아간다.

영구가 묘소에 이르기 전에 먼저 영악(靈幄)을 마련하고 조객들을 머물게 한다. 이때 방상(方相)이 앞서 묘소에 도착해서 창으로 광중(鑛中)의 네 모퉁이를 친 뒤에 상여가 도착하면 축관이 혼백을 받들어 영좌에 모신다. 신주상자는 혼백 뒤에 모신다. 이때 올리는 제물은 술, 실과, 포, 식혜로 한다. 견전에서 남은 포는 이때에 치운다.

영구가 도착하면 집사가 먼저 광중 남쪽에 돗자리를 깐다. 영구를 이 자리 위에 머리를 북쪽으로 향하게 해서 모신다. 축관은 공포를 가져다가 영구의 먼지를 털어낸다. 집사는 대나무는 버리고 명정을 영구 위에 놓는다.

곡을 할 때 상주와 남자들은 광중의 동쪽에 서서 서쪽을 향하고 주부와 여인들은 광중 서쪽의 장막 안에 서서 동쪽을 향한다.

운삽

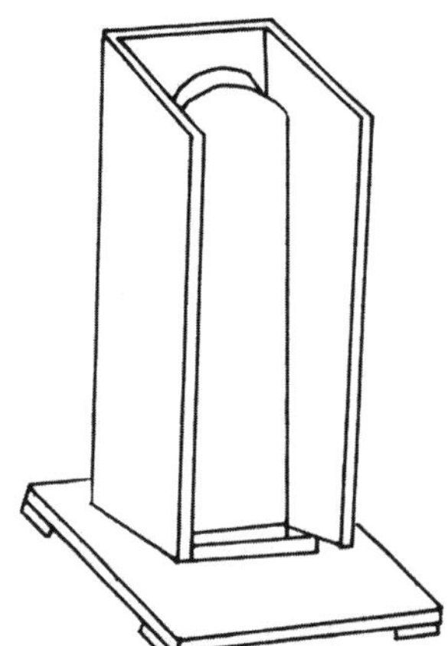

신주

26. 하관(下棺)과 성분(成墳)

상여가 장지에 도착하기 전에 장지에서 일하는 일꾼을 '산역꾼'이라 한다. 산역꾼과 지관은 장지 근처의 바위나 개울가에 가서 술, 과일, 어포를 차려 놓고 '오늘이산에 손님이 들어오니 산신께서는 손님을 잘 보살펴 달라.'고 빌면서 산신제를 지낸다. 그리고 묘를 쓸 자리에 명태를 막대기나, 삽에 묶어 꽂아 세우고, 그 주위에 술을 뿌리고 개토제를 지낸다. 묘 자리를 조성하기 위해 구덩이를 팔 때는 묘 자리의 상, 중, 하에 술을 붓고, 술을 부은 자리에 괭이로 각기 흙을 파기 시작한다. 이 파는 것을 '천광 낸다.' 또는 '굿 낸다.'고 한다. 하관은 천광이 끝나면 지관이 잡아준 하관 시간에 맞추어 상제들이 관을 운반해 와서 베 끈을 잡고 천천히 하관한다. 하관할 때 상주는 곡을 하지 않는다. 하관은 시신의 머리는 북쪽으로 발은 남쪽으로 향하게 하여 하관한다. 하관 때 시신을 관에서 끄집어내어 다시 묻는 '동천개'는 쓰지 않고 관과 함께 묻는데, 이때 지관이 하관하는 것을 보면 해롭다고 하관을 보지 못하게 한다.

하관할 때 상주 형제들은 곡을 그치고 관이 비뚤어지지 않나 다른 물건이 떨어져 묻히지 않나 살펴야 한다.

하관하는 데는 먼저 가느다란 나무 둘을 회를 깐 바닥 위에 놓고 기다란 나무 두 개를 광중 위에 가로 놓고 영구 위에 있는 명정과 구의(柩衣)를 벗기고 그 가로지른 나무 위에 올려놓는다. 다시 무명 두 가닥으로 관 밑바닥을 머리쪽과 발쪽에서 떠서 들고 장목을 치운 다음 서서히 내려 보낸다. 바닥 위의 나무에 관이 놓일 때 바르게 놓이는가를 살피고 나무토막을 치우고 광중으로 내려보낸다. 이것이 끝나면 흰 솜으로 관을 깨끗이 씻은 다음 구의와 명정을 관에 반듯하게 덮는다. 삽(翣)은 광중 양쪽에 기대어 둔다.

집사가 현훈(玄纁 : 폐백으로 쓰는 것으로 파란빛과 붉은빛의 비단을 동심결로 묶은 것)을 가져다가 상주에게 주면 상주는 이것을 받아서 축관에게 준다. 축관은 이것을 받들고 들어가 관의 동쪽, 즉 죽은 사람의 왼편에 바친다. 또는 현은 동쪽 위에 훈은 서쪽 아래에 올리기도 한다. 상주가 두 번 절하고 이마를 조아리고 나면 모든 사람이 슬피 곡을 한다.

석회를 처음 넣을 때는 관 위에 횡판(橫板)을 대서 회가 관에 바로 닿지 않게 한다. 백회로 관 위를 채운 뒤에 지석대 위에 글씨를 쓰는 사람도 있다. 그리고 상주는 두루마기나 옷자락에 깨끗한 흙을 담아 관의 상하 좌우에 "취토! 취토! 취토!" 하고 외치며 흙을 던진다. 흙을 채울 때는 한 자쯤 채우고 다진다. 그 위에 지석을 묻고 성분한다.

발인 날이 말일인 경우 쥐띠인 사람과 죽은 이와 상극의 띠를 가진 이가 하관을 보면 죽은 사람이나 산사람 모두에게 해롭다고 하여 보지 않는다. 상주도 마찬가지다.

하관이 끝나면 지관은 관을 바로 잡고 평평한지 여부를 살펴 이상이 없으면 흙 덮기에 들어가는데 이를 '복토한다.'고 한다. 그리고 봉분이 완전히 성분되었을 때 주과포를 차려 평토제를 지낸다.

평토제를 지내고 나면, 집사는 영좌(혼령을 안치하는 장소)를 철거하고 상주는 영여에 혼백을 모시고 왔던 길로 되돌아 집으로 오거나, 상여가 왔던 길과는 다른 길로 되돌아온다(다른 길로 와야 귀신이 못 따라 온다고 함).

되돌아올 때 상주들은 영여를 뒤따르는데 이를 반혼이라 한다. 집에 돌아오면 안 상주들이 곡을 하면서 혼백을 맞이한다. 혼백은 빈소에 모셔진다. 그러면 망자에게 반혼을 고하는 제를 지내는데 이를 반혼제라 한다. 앞에 주과포혜를 진설하고, 술을 치고, 축을 읽고 상주들이 두 번 절한다.

영좌를 장지에서 반혼하여 와서 혼백을 다시 모시고 난 후부터 담제를 지내기 전까지 지내는 각종 제사를 묶어 흉제라 한다. 기제사 지내기 전의 각종 제사는 담제를 지냄으로써 보통 끝이 난다.

분묘 복판에 중심을 잡고 직경 16, 17척, 합장일 때는 20여 척이 되도록 원을 그려 성분터를 잡는다. 후일 비석, 석상(石床), 망주석(望柱石)을 묘 앞에 세우기도 하고 석상 북쪽에 혼유석(義遊石)을 세우고, 남쪽에 향안석(香案石)을 세우기도 한다.

〈하관할 때 읽는 축문〉

維歲次(干支) (某)月 (干支朔) (某)日(干支)
幼學(某) 敢昭告于
土地之神 今爲(某官) 窆茲幽宅 神其保佑 俾無
後艱 謹以 淸酌脯醯(果) 祗薦于神 尙饗

ㅇㅇ년 ㅇ월 ㅇ일 ㅇㅇㅇ는 감히 고합니다. 이제 ㅇㅇㅇ의 묘를 마련하니 신께서 도우셔서 후에 어려움이 없게 해주시기 바라며 청주와 포과를 올리니 흠향하옵소서.

① 지석(誌石)

훗날 묘의 징표로서 돌, 회벽돌, 오지, 사기그릇 등에 글을 새겨서 묻는 것이다.

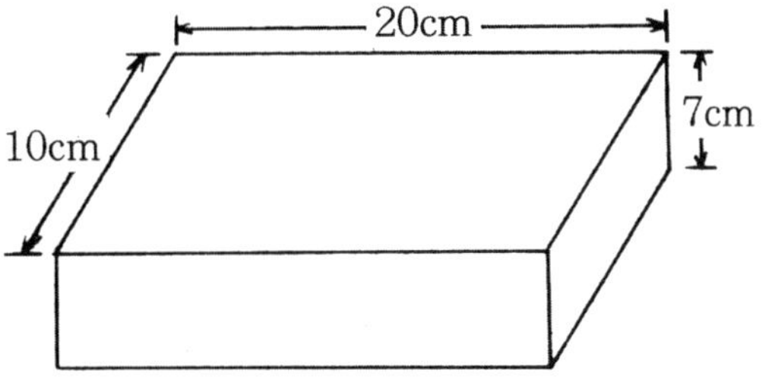

〈지석의 크기〉

② 신주(神主)

신주는 나무로 만든 죽은 사람의 위패(位牌)를 말한다.

신주에 글을 쓸 때는 집사가 벼루, 붓을 준비하였다가 글씨를 잘 쓰는 사람에게 시켜서 손을 씻고 쓰게 하고, 축관이 신주를 받들어 영좌에 모시고 혼백은 상자에 넣어서 그 뒤에 놓는다. 이어서 향을 피우고 술을 따른 후 무릎을 꿇고 축을 읽으면 상주 이하 모두가 두 번 절하고 통곡한다.

〈신주에 글을 쓸 때 읽는 축문(平土後題主祭祀)〉

維歲次(干支) 某月(干支朔)某日(干支) 孤子
(母喪에는 哀子)某 敢昭告于
顯考(某官)府君 形歸窀穸 神返室堂 神主未成
伏惟尊靈 魂箱猶存 仍舊是依

ㅇㅇ년 ㅇ월 ㅇ일 외로운 아들 아무개는 고하나이다. 현고 ㅇㅇ 벼슬한 어른께서 형체는 공중으로 돌아가셨으나 신혼은 집으로 돌아가옵소서. 신주를 이미 이루었으니 엎드려 생각하건대 높으신 영혼은 옛것을 버리시고 새것을 좋아하시어 여기 기대고 의지하소서.

27. 반곡(返哭)

상주 일행이 장지에서 무거운 발걸음으로 집으로 돌아가면서 곡하는 것이 반곡이다. 반곡(反哭)은 반혼(返魂), 반우(反虞)라고도 한다. 곡비(哭婢)가 앞서가며 다음에 행자(行者)가 따르고 그 뒤에 요여(腰轝)가 가며 상제들은 그 뒤를 따른다. 본가에 도착할 때는 망문(望門), 즉 곡을 한 뒤에 신주를 영좌에 모시고 혼백은 신주 뒤에 둔다. 주인 이하는 대청에서 회곡(會哭)하고 다시 영좌에 나아가 곡하며 집에 있던 사람들은 두 번 절한다.

조상 온 사람이 있으면 처음에 하던 것과 같이 절을 한다.

이때 소공 이하 대공까지의 복인으로서 따로 사는 사람은 제 집으로 돌아가도 된다. 그리고 돌아가는 길에 조상하는 사람이 있을지라도 길에서 하게 하지 말고 집에 돌아온 뒤에 한다.

28. 상중(喪中)의 제례(祭禮)

사람이 죽으면 상주가 상복을 벗을 때까지 죽은 이를 제사지내는 것을 상중제례라고 한다. 장례를 치른 날부터 시작해서 상복을 벗고, 모신 신주의 위패를 고쳐 쓸 때까지의 제례를 말한다. 상중제례는 초우, 제우, 삼우, 부제, 소상, 대상, 담제, 길제의 아홉 번이 있다.

① 초우(初虞)

반혼한 혼백을 빈소에 모시며 제사를 지내는데 이를 초우제라 한다. 초우제와 반혼제를 함께 하는 경우가 많으며 초우제는 장례 당일에 지내야 한다. 초우제를 지내고 나면 상주 이하 상제들은 비로소 목욕을 할 수 있지만 빗질은 하지 못한다.

집이 멀 경우에는 중간에서 자는 집에서라도 지낸다.

초우에서부터는 정식 제사로 지낸다. 서쪽 뜰 서남쪽 위에 세숫대야와 수건을 준비하고 대야는 탁자 위에 놓고 수건은 줄을 매어 걸어놓는다. 술병은 영좌 동남쪽에 탁자를 놓고 그 동쪽에 둔다. 술잔, 받침도 그 위에 놓고 퇴주그릇도 놓는다. 화로를 영좌 서남쪽에 놓고 그 서쪽 탁자에는 축판을 놓고 향로에 불을 담아놓고 모사와 띠도 조금 묶어놓는다. 날이 어두우면 촛불을 켜고 제물은 조전과 같다. 제물 외에 채소, 과일은 영좌 앞쪽으로 놓고 수저는 그 안쪽 중앙에 놓는다. 술잔은 그 서쪽, 술은 병에 채워놓는다. 상주와 상제들은 방 밖에 지팡이를 짚고 서며 그밖에 제사에 참여한 사람들은 영좌 앞에 가서 곡한다. 이들은 모두 북쪽을 향하고 복의 차례로 선다.

【강신(降神)】 사람이 죽으면 혼은 하늘로 올라가고 백은 땅으로 내린다 하므로 축관은 곡을 멈추게 하고 상주는 서쪽 뜰로 내려가 손을 씻고 영좌 앞으로 나가 분향하고 두 번 절한다. 집사도 모두 손을 씻고 한사람은 술병을 들고 상주의 오른편에 서고 또 한 사람은 탁자 위에 있던 잔반을 들고 상주의 왼편에 선다. 상주와 집사가 모두 꿇어앉아 집사가 술을 따르면 상주는 이것을 받아 띠 위에 붓고 빈 잔

반(盞盤)을 집사에게 준다. 집사는 이것을 받아 탁자 위 제자리에 놓는다. 상주는 엎드렸다가 일어나 조금 뒤로 물러나 두 번 절하고 본래의 자리로 간다. 강신이 끝나면 축관이 제물을 올리는데 집사가 이를 돕는다. 소반 위에 생선, 고기, 간(肝), 국수, 밥, 국을 받들어 가져다가 영좌 앞에 진설하고 축관과 집사는 제자리로 돌아간다.

【초헌(初獻)】 신위(神位)에게 처음으로 잔을 올리는 것이 초헌이다. 상주가 영좌 앞으로 나가면 집사가 영좌 앞에 있는 잔을 상주에게 주고 술을 따른다. 상주는 이것을 받아서 모사(茅沙) 위에 세 번 따르고 집사에게 준 다음 엎드렸다가 일어선다. 집사는 잔을 받아서 다시 영좌 앞에 놓고 집사는 메 뚜껑을 열어놓는다.

상주 이하 모두 무릎을 꿇고 엎드리면 축관이 축판(祝板)을 들고 상주 왼쪽으로 나와 무릎을 꿇고 축문을 읽는다. 축관이 축문을 다 읽고 나면 상주는 곡하고 두 번 절한 뒤에 다시 제자리로 와서 곡한다. 다른 사람들도 일제히 곡을 하다가 조금 후에 그친다. 이때 집사는 빈 그릇에 술을 따르고 빈 잔반을 본래의 자리에 놓는다.

〈초헌축문〉

維歲次(干支) (某)月(干支朔) (某)日 (干支)

孤子(母喪에는 哀子) 敢昭告于

顯考學生府君日月不居 奄及初虞(再虞 또는

三虞) 夙興夜處 哀慕不寧 謹以(妻엔 玆以)淸酌庶羞

哀薦(妻엔 陳此) 祫事(再虞엔 虞事 三虞엔 成事) 尙饗

아버님이 돌아가시고 벌써 초우가 되었습니다. 밤낮으로 슬프고 사무쳐서 견딜 수가 없습니다. 삼가 청주와 음식으로 제사 드리니 흠향하소서.

【아헌(亞獻)】 아헌은 초헌에 이어 두번째로 잔을 올리는 것이다. 아헌은 주부나 차자(次子)가 하는데 절차는 초헌 때와 같고 축문은 읽지 않는다. 만일 장자가 사망하여 장손자가 승중하였을 경우 주부 대신 손부가 한다.

【종헌(終獻)】 아헌 다음에 올리는 종헌은 상주 다음으로 가까운 사람이 하는데 남녀 어느 쪽이든 무방하다. 절차도 아헌 때와 같고 조금 부족하게 따른 술잔은 유식을 위해 그대로 둔다. 다음 절차는 유식(侑食)이다.

【유식(侑食)】 글 뜻은 웃어른을 모시고 식사를 한다는 뜻이지만, 슬퍼만 하지 말고 식사를 하자는 뜻이다.

집사가 다른 술잔에 술을 따라 종헌 시 올린 잔에 첨작해서 붓는다. 다음에 숟가락을 밥그릇 복판에 꽂고 서쪽에 있는 젓가락을 그릇 위에 반듯하게 놓는다.

이때 상주 이하 모두 밖으로 나가고 축관이 합문(闔門)을 한다.

【합문(闔門)】 사당에서 제를 지내는 경우에 해당한다. 첨작이 끝나면 합문한다. 축관이 사당 문을 닫으면 상주 이하 문 밖에서 서쪽을 향하고 그 외 사람들은 그 뒤에 선다. 주부 이하 여자들은 남자들 반대편에서 그처럼 하고 이런 자세로 식사하는 시간만큼 기다린다. 소위 응감(應感)하라는 뜻이다. 축관이 문을 열면 상주 이하 본래의 자리로 가서 곡을 하면서 계문사신(啓門辭神)한다.

【계문사신(啓門辭神)】 문을 열고 신을 작별하여 가게 한다는 것으로, 축관이 문 북쪽에 가서 기침을 세 번 하고 문을 열면 상주 이하 모두 제자리에 서고 집

사는 국을 거두고 대신 냉수를 그 자리에 놓고 삼초반(밥을 세 번 떠서 물에 마는 것) 한 다음 축관이 상주 오른쪽에 서서 서쪽을 향하여 이성(利成)을 고한다.

【이성(利成)】 신위에게 음식 올리는 일이 끝났음을 말하는 것으로, 집사는 수저를 대접에 내려놓고 밥그릇 뚜껑을 덮고 자신의 자리로 간다. 상주 이하 모두 곡하면서 두 번 절하고 축관은 축문을 불사르고 모두가 밖으로 나가면 집사가 제물을 치운다.

만일 초우를 낮에 지냈으면 저녁에 상식을 다시 올린다. 이렇게 하는 것은 상식과 우제는 다른 제사이기 때문이다. 제사가 끝나면 축관은 혼백을 가져다가 집사와 함께 깨끗한 곳에 묻는다. 발인할 때는 신주가 혼백 뒤에 있고 반혼할 때는 혼백이 신주 뒤에 있으니 그 뜻이 나타난다. 그러므로 혼백을 묘소 근처에 묻는 것은 잘못이다.

이때부터 조석으로 전은 올리지 않는다.

② 재우(再虞)

초우를 지낸 다음 첫 유일(柔日)이 되어 지낸다.

원래는 초우제를 지내고 난 다음날, 또는 그 하루 거른 다음날 아침에 지내는 것이었지만 보통은 초우제 지낸 다음날 아침에 지낸다.

조석전을 올리지 않더라도 슬픈 마음이 나면 언제라도 곡을 하는 것이 또한 예의이다.

유일이란 을(乙), 정(丁), 신(辛), 계(癸)의 간지에 해당하는 날이다. 제사 지내는 법은 초우와 같다.

하루 전에 제기를 깨끗이 닦고 음식을 마련한다. 동이 틀 때 일찍 일어나서 채소, 과일, 술, 반찬을 진설하고 날이 밝으려고 할 때 제사를 지낸다.

③ 삼우(三虞)

삼우는 재우를 지내고 다시 강일(剛日)을 골라서 지낸다.

삼우제를 지내고 나서 상주는 묘지에 갈 수 있다. 상주는 간단한 묘제를 올리고 성분이 잘 되었는지 묘역이 잘 조성되어 있는지를 직접 살피고 잔손질을 한다.

최근에는 상기를 단축할 경우 삼오날(삼우제날) 가서 봉분 옆에 흙을 파고 혼백을 묻는다. 이를 매혼이라 한다.

강일은 갑(甲), 병(丙), 경(庚), 임(壬)의 간지에 해당하는 날이다. 제사 지내는 법은 재우와 같다.

④ 졸곡(卒哭)

삼우제를 지내고 3개월 후 날을 잡아 졸곡제를 지낸다.

최근에는 상기가 짧을 경우 삼우제가 끝난 뒤 첫 강일에 지내기도 한다. 졸곡제를 지내고 나서 상주는 아침저녁으로 조석을 올릴 때만 곡을 하고, 평시에는 빈소에서 곡을 하지 않는다. 졸곡제 전에는 축문에 상주를 "疏子○○"라 쓰지만 졸곡 후에는 "孝子○○"라고 쓴다.

요즘 풍속에는 귀천이 없이 모두 석 달 만에 지내지만, 고례에 의하면 대부(大夫)만이 석 달 만에 지내고 사(士)는 한 달을 넘어서 지낸다.

졸곡 하루 전에 그릇과 음식을 준비하고 동이 틀 때 일찍 일어나서 채소, 과일, 술, 반찬을 진설한다. 축관이 오면 상주 이하 모두가 들어가 곡하고 강신한다. 상주와 주부가 반찬을 올리고 초헌, 아헌, 종헌을 마치고 유식, 합문, 계문사신을 행한다.

이때부터 조석에 슬픈 마음이 나도 곡하지 않는 것이다. 그리고 상주 형제들은 채소와 밥을 먹고 물을 마신다. 과일은 먹지 않는다. 제사지내는 법은 모두 우제와 동일하다.

〈졸곡축문(卒哭祝文)〉

維歲次(干支) (某月干支朔) (某日干支)
孤子(某) 敢昭告于
顯考(某官)府君 日月不居 奄及卒哭 夙興夜處
哀慕不寧 謹以淸酌 庶羞哀薦 成事 尙饗

ㅇㅇ날 ㅇㅇ는 아버님께 고하나이다. 아버님 돌아가시고 벌써 졸곡이 되었습니다. 밤낮으로 슬프고 사무쳐서 편할 수 없사옵니다. 삼가 청주와 음식을 올리오니 흠향하소서.

⑤ 부제(祔祭)

졸곡제 다음에 지내는 제사로 신주를 조상 신주 옆에 붙여 모시는 제사이다. 사당이 있는 경우 망위의 신주를 모셔가서 이미 봉안되어 있는 선망신위들과 존비, 위차에 맞게 자리매김하여 제사를 모신다. 철상 후 빈소로 신주를 다시 모셔온다.

이 제사도 졸곡과 같이 차리지만 사당에 지내는 것만이 다르다. 사당이 비좁으면 마루에서 지내기도 한다. 조고(祖考), 조비(祖妣)의 자리는 한가운데에 마련하여 남쪽을 향하게 하고 아버지의 자리는 그 동남쪽에 마련하여 서쪽을 향하게 한다. 어머니가 죽은 때에 조고의 자리는 마련하지 않는다. 술병을 탁자 위에 준비하고 다른 탁자에 화로를 준비한다. 모든 음식 준비는 졸곡 때와 같이 하여 세 분의 몫으로 나누고 어머니 초상에는 할머니, 어머니의 두 몫으로 나누어 놓는다.

목욕하고 빗질도 하고 동이 틀 때 하는 절차는 졸곡 때와 같다. 상주 이하가 영좌 앞에서 곡한다. 먼저 조고의 신주를 받들어 내다가 영좌에 놓고 여집사가 조비의 신주를 받들어 내다가 그 동쪽에 놓는다.

이 절차가 끝나면 상주 이하가 다시 영좌에 나아가 곡하고 축관은 신주함을 받들고 사당으로 들어간다. 이때 모두가 차례대로 따른다. 새 신주를 모실 때는 향을 피우지 않는다. 어머님의 초상일 때 참신(參神)하고 강신(降神)한다. 참신이란 자리에 있는 모두가 두 번씩 절하여 조고(祖考)와 조비(祖跳)께 뵙는 것을 말한다.

이때 축관이 제물을 올리고 나면 초헌하고 축문을 읽는다. 다시 아헌, 종헌이 끝나면 역시 자리에 놓고 새 신주로 모신다. 초헌이 끝나면 축관은 동쪽을 향하여 꿇어 엎드려 축문을 읽는다.

축문을 다 읽고 일어나면 상주는 두 번 절한다. 다음으로 축관은 새 신주 앞에 가서 다시 남향하여 엎드려서 축문을 읽는다. 다 읽고 일어나면 주인은 두 번 절한다. 이때는 아무도 곡을 하지 않는다.

이 의식이 끝나면 차례대로 서서 참신하고 강신한다.

〈신주를 모실 때 읽는 축문〉

今以

顯考(某官) 府君 遠諱之辰 敢請 神主出就 正寢

돌아가신 날이 옴에 신주가 나오셔서 정침(正寢)에 나아가시기를 감히 청하나이다.

〈새 신주를 모실 때 읽는 축문〉

維歲次 (干支) (某) 月(干支朔) (某) 日 (干支)

孝子(某) 謹以 清酌庶羞 哀薦祔事于

顯考 (某官) 府君 適于 顯曾祖考 (某官) 府君尚饗

【지방(紙榜)】 지방은 백지 또는 두꺼운 흰 종이에 쓰는데 크기는 폭 두 치, 길이 일곱 치 정도에 해서(楷書)로 중심에 가늘게 써서 제사 지낼 때면 교의 위에 세운다.

⑥ 소상(小祥)

사망 후 1년 만에 지내는 제사로 제사 방식은 우제와 비슷하다. 먼 친척도 오고 문상객(주로 초상 때 조문오지 못한 사람)도 많이 오므로 음식을 많이 장만해 대접한다. 소상을 치르고 나면 일반적으로 바깥 상주와 안 상주는 요질과 수질을 착용하지 않는다.

옛날에는 날을 받아서 소상을 지냈지만 지금은 첫 기일에 지낸다.

기년복만 입는 사람은 길복(吉服)으로 갈아입는다. 그러나 기년복을 입은 사람이라도 소상을 지내는 달이 다 가기 전에는 비단이나 색깔이 찬란한 옷은 입지 않는다.

제사를 지내기 시작하면 강신하기 전에 상제들은 연복으로 갈아입고 기년복을 입는 사람들은 길복을 입고 곡한다. 강신에서 사신(辭神)까지의 의식은 졸곡 때와 같다.

소상이 지난 후는 삭망(朔望)에만 곡을 한다. 상주가 순서에 따라 분향, 헌작하고 재배하면 모든 참석자도 곡하고 재배한다. 상주는 상식하고 또 곡하고 조객이 오면 위문을 받는다.

상식에 진설했던 제수는 자정 전에 집사가 치우고 다시 새로운 제수를 차리고 제사를 지낸다.

자정이 되어 제사를 지내려 할 때 상주 이하 모든 복인들이 자리에 선 후 집사가 상주 이하 복인들에게 세수와 양치질을 지시한 다음 강복을 하되 상주는 수질, 부판, 짧은 치마를 입으며, 복인들도 복의를 벗은 후에야 상주가 영위 앞에 나아가 강신을 하는 것이다.

〈소상 축문〉

維歲次 (干支) 某月干支朔 某日干支
孤子某(母喪에는 哀子) 敢昭告于
顯考 (某官) 府君 日月不居 奄及小祥 夙興夜處
哀慕不寧 謹以 淸酌庶羞 哀薦常事 尙饗

ㅇㅇ해 ㅇ달 ㅇ날 아들(ㅇㅇ)은 고하나이다. 아버님 돌아가신 날이 다시 돌아오니 영원토록 애모하는 마음을 이기지 못하여 삼가 청주와 음식을 올리오니 흠향하옵소서.

⑦ 대상(大祥)

사망 후 2년 만에 지내는 제사로 소상과 같은 방식으로 지낸다. 소상 때보다 문상을 많이 오는 큰 행사이다. 보통 대상이 끝나면 사당이 있는 경우 신주는 사당에 안치하고 영좌는 철거한다. 담제를 따로 지내지 않는 경우는 이날 바로 탈상하고 상기를 끝내기도 한다.

〈대상 때 읽는 축문〉

維歲次干支 某月干支朔 某日干支
孤子某(또는 哀子……) 敢昭告于
顯考某官府君 日月不居 奄及大祥 夙興夜處
哀慕不寧 謹以 淸酌庶羞 哀薦常事 尙饗

ㅇㅇ는 감히 아버님께 고합니다. 날이면 날마다 슬프고 사모함에 편할 수가 없사

옵니다. 삼가 청주와 음식을 올리니 흠향하시옵소서.

남편이 지내는 아내의 대상은 13개월 만에 지내며 이것이 첫 제사가 된다.

소상과 같이 하루 전에 목욕하고 제기를 닦고 제수를 준비한다. 연복을 마련하고 날이 밝을 무렵에 제사를 드리는 것은 소상 때와 같다. 제사가 끝나면 축관이 신주를 받들고 사당으로 가서 모신다. 이때 상주 이하 모두가 곡하며 따라가다가 문을 열고 신주를 자리에 모시면 모두 두 번 절하고, 축관이 문을 닫으면 모두 물러나온다.

이것으로 3년 상은 모두 끝나며 상복, 상장(喪杖)은 태워버리고, 상복은 묘지기나 가난한 사람에게 주기도 한다.

이날부터는 3년간 먹지 못하던 고기나 젓갈을 먹기도 하는데 이것은 다음 담제(禫祭)를 지낸 후라야 옳다고 할 수 있다.

⑧ 담제(禫祭)와 길제(吉祭)

대상 후 두 달째 되는 날을 잡아 제사를 지내고 이날 탈상을 하는 것이 원칙이며 요즘은 지내지 않는다. 담제 때 탈상하고 나서 사당 고사를 한 번 더 지내는데 이를 길제(吉祭)라 한다. 지금은 이 길제도 사라졌다. 이후의 제사는 기제사로서 이는 제례(祭禮)에 포함시키고 상례에는 포함시키지 않는다.

담제는 대상에서 한 달이 지나 두 번째 달에 지내는 제사로 삼년상을 마치므로 자손 된 마음이 다소 담담하다는 뜻이다.

담제 날짜는 그 전달 하순에 날을 정하는데 丁, 亥일로 한다. 그러나 초상이 두 번 있어서 나중의 상중에는 먼저의 담제를 지내지 못한다. 또 나중의 담제도지내지 않는다.

담제 일을 정할 때는 탁자를 사당 문 밖에 놓고서 향을 피우고 상주 이하 모든 자손들이 모여서 날짜를 고른다. 여기에서 날짜가 정해지면 상주는 사당에 들어가 감실 앞에서 두 번 절하고 그 자리에 있던 사람들도 모두 두 번 절한다. 상주가 향을 피우고 축관이 명사(命辭)를 가지고 주인 왼편에 꿇어앉아 읽고 나면 상주는 두 번 절하고 자기 자리로 간다. 이때 다른 사람들도 모두 두 번 절한 후에 축관이 문을 닫고 물러난다.

제사 지내는 절차는 신위를 영좌가 있던 곳에 모시고 그 밖의 절차 는 대상의 의식과 같다. 다만 삼헌하는 동안만 곡을 하지 않고 사신(辭神)할 때만 곡을 한다. 축관이 신주를 받들어 사당에 다시 모실 때도 곡을 하지 않는다. 그러나 고인을 그리는 마음이야 어찌하랴. 항상 애도의 심정에서 해마다 찾아오는 기일과 절기에 제사를 지내게 되는 관습이 제례이다

제사가 끝나면 비로소 술을 마시는데 먼저 식혜를 마시고 고기를 먹기에 앞서 건육을 먹는 것이 좋다.

이로써 망인에 대한 상례를 다한 것이니 탈상(脫喪)한 것이며, 생전에 아무리 효도했다 해도 상제는 죄인이라 자처하다가 일반인이 되었다하여 길제(吉祭)라고 한다.

길제는 담제 다음날에 상순 중 丁, 亥일로 택일하여 선조에게 고사를 하고 선친이 비로소 제사에 참례하는 제사로써 오대조고, 비는 제사를 마치고 묘사(墓祀)에 옮겨지는 절차의 제사이기도하다.

29. 이장(移葬 = 改葬)

풍수설에 의해 하는 것보다 도심지의 확장으로 하는 수가 많다, 새 묘지를 선정하고 옛 묘소에 이르러 토지신에게 제사를 드리는데 이때의 의식은 일반 제사와 같다. 즉 제수를 진설하고 술을 올리고 두 번 절한 다음 축문을 읽는다.

토신제를 지내고 나면 묘소 앞에 제상을 차리고 초상 때와 마찬가지로 다시 제사를 지낸다.

〈묘를 파기 전에 읽는 축문〉

維歲次 (干支) (某月干支朔) (某日干支)
(某) 親(某官某) 敢昭告于
顯 (某) 親 (某官)府君 葬于玆地 歲月滋久
體魄不寧 今將改葬 伏惟尊靈 不震不驚

이곳에 장사 지낸 지 오래 되어서 몸과 혼백이 편치 못할까 염려되어 다른 곳으로 옮기고자 하오니 놀라지 마시옵소서.

제사가 끝나면 분묘를 파기 시작한다. 묘의 서쪽부터 괭이로 한번 찍고 "파묘!" 하면서 사방을 찍은 다음 흙을 파낸다. 관을 들어낼 때는 흩어지지 않도록 조심하고 준비한 칠성판에 놓을 때 긴 감포(베, 무명으로 시체를 싸 감는 것.)로 칠성판과 함께 머리 쪽에서부터 감아 내려간다.

칠성판에는 못으로 북두칠성을 그려놓는다 시체를 새 묘지에 옮겨놓으면 역시 토신제를 올려야 하며 그 의식은 처음과 같다.

〈이장 때 토지신께 올리는 축문〉

維歲次 (干支某月干支朔 某日干支 某) 敢昭告于
土地神 今爲(某官) 府君宅兆不利 將改葬于此
神其保佑 俾無後艱 謹以 淸酌脯果 祗薦于神 尚饗

○○○는 토지신께 고하나이다. 이제 ○○○의 무덤이 불리하여 여기에 개장하겠으니 신께서는 보호해주시고 후환이 없게 하소서. 삼가 주과포로서 천신하오니 흠향하소서.

30. 상식(上食)과 조석곡(朝夕哭)

성복 후에는 조석으로 상식을 올리고 곡을 한다. 상식은 식사와 함께 올린다. 메(밥), 갱(국), 찬(반찬), 다(숭늉) 등이다. 탁자에 상식품을 진설하고 메그릇 뚜껑을 연 다음 숟가락을 꽂고 젓가락을 수저그릇 위에 가지런히 올려놓는다.

곡을 한 다음 갱을 물리고 숭늉을 올리고 나서 메를 세 숟가락 떠서 숭늉에 말고 조금 있다가 상을 치운다. 그러나 잔반과 잔은 그대로 둔다.

31. 치상(治喪) 뒤의 인사

장례식이 끝나면 일을 봐주던 사람들이 돌아가게 되는데 이때 상주와 상제들은 각각 인사를 잊으면 안 된다. 경우에 따라서 수고해준 사람들에게 사례를 해야 할 것이다.

〈답조장(答弔狀)〉

부친(또는 모친) 상중에 정중하신 위문과 부의를 보내 주셔서 감사하옵니다. 염려하여 주신 덕택으로 장례를 무사히 마쳤사오니 삼가 감사의 인사를 올립니다.

년 월 일

○○○ 재배

○○○ 귀하

〈사례장(謝禮狀)〉

稽顙再拜言

今般 先考喪事時에는 公私多忙하신 중 鄭重하신 弔問과 厚賻를 伏蒙하와 無事히 葬禮를 畢하였사옵기 宜當 進拜致謝할 것이오나 荒迷中 于先 紙上으로 人事 말씀을 올리나이다.

年　　月　　日

孤哀子 ○○○

이런 인사는 대개 주부들이 잘 알아서 하겠지만, 상주도 인사말을 잊어서는 안 된다. 돌아갈 때 미처 인사하지 못했다면 후에 찾아뵙고 인사해야 하며, 먼 곳에 있는 분이나 조장(弔狀)을 보내온 분에게는 답장〔答弔狀〕을 해야 한다.

차차 안정이 되면 망인의 유품을 정리하고 유언에 따라 가족회의를 열어 해야 할 일, 재산 상속 기타를 의논해야 한다.

3. 현대(現代)의 상례(喪禮)

현대 상례는 주거 문화의 변화에 따라 아파트 생활이 보편화 되어 상례를 가정에서 행하기는 실제로 어려운 경우가 많다. 이에 따라 병원 영안실이나 장례 예식장을 통한 상례가 대부분이다. 따라서 전통적인 상례의 모습은 찾아보기 힘들고, 특히 외래 종교의 유입으로 다양한 종교적 상례 의식이 행하여지고 있다. 전통 상례에서도 유교에 의한 예법이 중시되었다고는 하나, 장례 절차에 있어서는 우리의 토속 신앙(土俗信仰)과 불교 의식이 많이 가미되었던 것이 사실이다. 이와 같이 예나 현대나 상례 절차는 그때의 상황에 따라 변모하기 마련이다. 그러

므로 어떤 의식 절차가 맞다고 말하기는 어렵다

상례를 치르는 데에 있어서 가장 우선되는 것은 마음으로부터 나오는 진정한 슬픔이라는 것을 잊어서는 안 된다. 예를 행함에 있어 마음보다 의식절차에만 치우친다면 예라 할 수 없고, 그렇다고 비통함을 핑계로 예를 가볍게 여긴다면 사람의 도리가 아닐 것이다. 까닭에 상례는 마땅히 슬픔과 예가 함께 갖추어져야 비로소 그 의의를 다했다고 할 수 있을 것이다.

1. 상례의 변천

전통 상례에서는 사람이 죽으면 매장하기까지의 기간을 7월장(葬), 5월장, 3월장, 유월장(踰月葬)이라고 해서 짧아도 30일 이상이었지만, 최근에는 3년 상은 거의 없고 백일(百日)에 탈상(脫喪)을 하는 것이 대부분이며, 오늘날은 일반적으로 3일장을 치르고 있다. 따라서 그 절차도 고례(古禮)를 그대로 따라서 할 필요가 없다.

고례에는 임시 묘소라고 할 수 있는 초빈(草殯)을 설치하고 모셨다가 다시장례를 치렀으나 오늘날은 즉시 매장해서 묘지를 조성한다. 또 예전에는 대여(大輿)라고 해서 상여를 썼으며 많은 인력이 필요했으나 요즈음은 장의차(葬儀車)를 이용하므로 아무리 먼 거리라도 쉽고 빠르게 옮길 수 있다. 또 상제들이 입는 상복의 옷감이나 짓는 방법이 각각 달라서 복잡했으나 요즈음은 옛날과 같은 재질을 구하기도 어려울 뿐만 아니라보다 간편한 것을 추구하는 추세로 많이 달라졌다.

즉 살아 있는 사람 위주로 상례를 치르는 경향이 바뀐 것이다.

2. 유언(遺言)

임종이 가까워지면 가족들은 침착하고 조용하게 자손, 가족, 친지들에게 남기고 싶은 말, 재산, 사업의 처리 등을 대답하기 쉽도록 묻고 그 대답을 기록, 또는 녹음을 하는 것이 유언이다.

유언은 여러 사람이 지켜보는 가운데서 다른 사람이 대리로 받아쓰는 것이 정확한 법이다.

【법에서 인정하는 유언】 망자가 재산을 남기고 죽을 경우 그 재산이 누구에게 돌아갈 것인가에 대해서는 생전에 유언이 남아 있다면 그 내용에 따르겠지만, 유언이 없을 때는 법률의 규정에 따라 상속받게 된다. 흔히 유언은 '죽을 때 마지막으로 남기는 말'이라고 생각하기 쉬우나 법적으로는 일정한 방식에 따라 행해진 것에 한하여 그 효력을 인정한다.

첫째, 자필(自筆)로 쓰는 방식으로, 유언자가 유언의 내용과 작성 날짜(년, 월, 일), 주소, 이름을 직접 쓰고 도장을 찍어야 한다.

유언장을 고쳐 쓸 경우에는 삽입, 삭제, 변경 사실을 따로 쓰고 도장을 찍어야 한다. 본인이 직접 써야 하므로 다른 사람에게 대신 쓰게 하거나 프린트된 것 등은 인정되지 않는다.

둘째, 녹음해두는 방식. 유언자가 유언의 내용과 이름, 녹음한 날짜를 말하여 녹음하고 증인이 유언의 확증과 증인 자신의 이름을 녹음해야 한다.

셋째, 공정증서(公正證書)를 작성하는 방식으로 두 명의 증인이 참여한 가운데 공증인 앞에서 유언의 내용을 말하면 공증인이 이를 받아쓰고 낭독하여 유언자와 증인이 그 정확함을 승인한 후 각자 서명, 날인하는 방법이다.

넷째, 비밀증서(秘密證書)에 의한 유언방식이다. 유언자가 유언서(본인의 이름을 기재한 것)를 작성하여 봉투에 넣어 봉인을 찍은 뒤 두 명 이상의 증인에게 제출하여 자기 유언서임을 표시한 후, 그 봉투 겉면에 유언자 본인과 증인이 각각 서명 날인하고 증인에게 제출한 날짜를 쓴 뒤 5일 이내에 공증인이나 법원서기에게 제출하여 봉인 위에 확정일자인을 받아야 한다.

마지막으로 구수증서(口授證書)에 의한 방식으로 질병 기타 급박한 사정으로 위와 같은 방식의 유언을 할 수 없을 때 유언자가 두 명 이상의 증인이 참여한 가운데 유언을 하면 그 중 한 사람이 이를 받아쓰고 낭독하여 유언자와 증인이 그 정확함을 승인한 후 각자 서명, 날인하는 것이다. 이 경우에는 증인이나 이해관계인이 급박한 사유가 소멸되는 날로부터 7일 이내에 법원에 검인신청을 해야 한다.

이상의 다섯 가지 방식 이외의 유언은 법이 인정하지 않는다. 그리고 미성년자, 금치산자, 한정치산자 또는 유언에 의하여 이익을 받을 자나 그 배우자, 직계 혈족은 유언의 증인이 될 수 없다.

3 임종(臨終)

소생할 가망이 없는 병자를 정침(正寢)에 옮긴다. 가령 사랑방에서 병들어 죽게 되었으면 그 집 안방이 정침이 된다.

숨지는 순간이므로 집 안팎을 깨끗하게 치우고 정침에 병자의 머리를 동쪽으로 향하게 해서 방 북쪽에 눕힌다. 옷을 벗겨 새 옷으로 갈아입히고, 가족들도 옷을 갈아입고 조용히 운명을 기다린다.

남편은 부인이 있는 데서 부인은 남편이 있는 데서 숨지게 하지 않는다는 풍습이 있으나 고루한 사상이라 생각되고, 식구들이 모인 가운데 편안히 운명하게 하는 것이 좋다.

4. 사망진단(死亡診斷)

임종하면 즉시 의사에게 사망을 확인하게 하고 사망진단서를 발급받는다. 이것은 사망신고나 매장, 또 화장 수속에 필요한 것이다.

5. 수시(收屍)

병자가 운명하면 지체하지 말고 깨끗한 백지나 솜으로 코와 귀를 막고, 눈을 감기고, 입을 다물게 한 뒤 머리를 높게 하여 고이고 손발을 바르게 놓는다. 다음에 홑이불로 덮은 다음 시상(屍床)으로 옮겨 병풍이나 장막으로 가린다. 그 앞에 고인의 사진을 모시고 촛불을 밝힌 후 향을 피운다.

6. 상제(喪制)

죽은 사람의 배우자와 직계 비속(자녀, 손자, 손녀)은 상제가 된다.

상주(喪主)는 장자가 되고, 장자가 없는 경우에는 장손이 상주가 된다. 장자나 장손이 없을 때는 차자나 차손이 상주가 된다. 자손이 없는 경우에는 가장 가까운 친척이 상례를 주관한다.

복인(服人)의 범위는 죽은 이의 8촌 이내 친족으로 한다.

7. 호상(護喪)

상중에는 호상소를 마련하고 복을 입은 근친이 아닌 친족이나 친지 중에서 상례에 밝고 경험이 있는 사람을 택해서 상주를 대표하여 장례의 절차, 진행, 부고, 사망신고, 매장(화장)의 허가, 신청 등 모든 일을 처리하게 한다. 그리고 서기를 두어 조객의 내왕, 부의록, 경비 출납 등을 기록하도록 한다.

8. 발상(發喪)

수시가 끝나고 나면 가족 모두 검소한 옷으로 갈아입고 슬퍼한다. 맨발이나 머리 푸는 것 등은 하지 않고 곡을 하는 것도 삼간다.

발상은 초상(初喪)을 알리는 것으로 근래에는 장의사(장례의 절차와 필요한 물품을 상비하고 영업하는 업소)가 있어서 검은색 줄을 친 장막, '謹弔'라고 쓴 등, '忌中'이라고 쓴 벽보를 대문에 붙여 초상을 알린다.

9. 장례식의 방법과 절차

① 가족장은 죽은 사람의 사회적 직위나 위치에 맞는 장례식을 정하고 단체장은 해당 단체 기관과 상의하도록 한다.

② 매장인지 화장인지를 정하고 매장일 때에는 묘지 장소, 화장할 때에는 화장장을 결정한다.

③ 출상 시기와 영결식 장소를 정한다.

④ 장례식을 전통식으로 할 것인가, 현대식으로 할 것인가, 아니면 종교식으로 할 것인가를 결정한다.

⑤ 부고를 알릴 범위와 방법을 정한다.

10. 부고

부고는 상이 났음을 알리는 통지서로서 가까이 사는 일가친척에게는 말로 전하고 나머지는 호상의 지시에 따른다.

장례식 일정과 장지가 결정되면 호상은 알려야 될 사람들에게는 빠짐없이 부고를 내야 한다. 요즘에는 개별 부고는 하지 않고 신문에 게재하거나 아는 사람끼리 연락을 취한다.

부고에 복인들의 이름을 쓸 때는 주상의 이름을 먼저 쓰고 다음에 미망인, 다른 아들, 며느리, 딸, 손자의 순으로 쓴다.

訃　告

○○(喪主名)大人　○○(本貫)　○公○○(亡人姓名)以 老患 陰○月○日○時○分 於 自宅 別世 茲以訃告

永訣式　○月○日○時
永訣式場　○○洞○番地(自宅)
發　靷　○月○日○時
葬　地　○○郡 ○○面 ○○里(先塋下)

年　月　日
嗣子　○○
次子　○○
孫　○○
壻　○○○
讓喪　○○○

○○의 아버님 ○○○께서 노환으로 ○월 ○일 ○시에 별세하셔서 다음과 같이 장례를 모시게 되었기에 이에 아뢰나이다.

영결식 일시 : ○월 ○일 ○ 오전 ○시
영결식장 :
장　지 :

1994년 ○월 ○일
호상 ○○○ 아뢰

○○○ 귀하

11. 염습(殮襲)

준비가 되는 대로 염습하는 것이 원칙이다.

염습의 절차와 준비물은 전통 예법과 같다.

시체를 씻은 물, 수건, 고인이 입었던 옷 등은 불살라 땅에 묻는 것이 위생적이라고 할 수 있겠다.

수의는 입히기 쉽게 속옷과 겉옷을 겹쳐서 입히며, 아래부터 위의 차례로 입힌다. 옷고름은 매지 않고, 단추도 꿰지 않으며 옷깃은 산 사람과 반대로 여민다.

12. 입관(入棺)

소렴 대렴이 끝나고 나면 입관을 하게 되는데, 염습을 한 후에 바로 입관하는 것이 좋다. 입관할 때에는 관의 벽과 시신 사이의 공간을 깨끗한 백지나 마포로 채워 시체가 관 속에서 흔들리지 않게 한 후에 홑이불로 덮고, 관 뚜껑을 덮은 후 은정(隱釘=나무로 만든 못)을 박는다. 그리고 관상명정(棺上銘旌)을 쓴 다음에 장지(壯紙)로 싸고 노끈으로 묶는다.

13. 영좌(靈座)

입관 후에는 병풍이나 포장으로 가리고, 영좌를 마련해서 고인의 사진을 모시고 촛불을 밝히고 향을 피운다.

영좌의 오른편에는 명정을 만들어 세운다.

영좌 앞에 탁자를 놓고 술잔과 과일을 차려놓고 조석으로 평상시와 같이 분향하고 고인이 애용하던 물건도 차려놓는다.

14. 명정(銘旌)

명정은 죽은 사람의 관직이나 성씨 등을 기록하여 상여 앞에 들고 가는 깃발을 말하는데 영좌의 오른쪽(서쪽)에 세워두어도 되고 병풍이 있으면 병풍에 걸쳐두어도 된다.

명정은 양끝에 가는 대나무를 대고 꿰매서 접히지 않게 한 뒤에 흰 가루를 아교에 개어서 세로로 쓴다.

*벼슬 없는 남자(예전)

學生全州李公之柩

*벼슬 없는 사람의 부인(예전)

孺人密陽朴氏地柩

*벼슬했었던 남자(현재)

教長全州李公哲昊之柩

*벼슬했었던 사람의 부인(현재)

夫人安東金氏楊順之柩

아무리 낮은 관직이라도 반드시 쓰도록 하고, 관직에 있던 남자의 부인을 유인(需人)이라고 쓰는 것은 잘못이다. 또한 이름을 분명히 쓰는 것이 좋다.

15. 상복(喪服)

상복은 한복일 경우 백색이나 흑색으로 하고, 양복은 흑색으로 하되 왼쪽 가슴에 상장(喪章)이나 흰 꽃을 단다. 부득이한 경우에는 평상복으로 해도 된다. 상장의 감은 베로 하고 상복이 백색이면 흑색 상장, 상복이 흑색이면 백색 상장을 하는 것이 합리적이다.

상복을 입는 기간은 장례가 끝나는 날까지로 하고 상장을 다는 기간은 탈상까지로 한다. 굴건제복(屈巾祭服·전통 예법의 제복)의 착용은 일체 금한다.(가정의례준칙 제4조 1항)

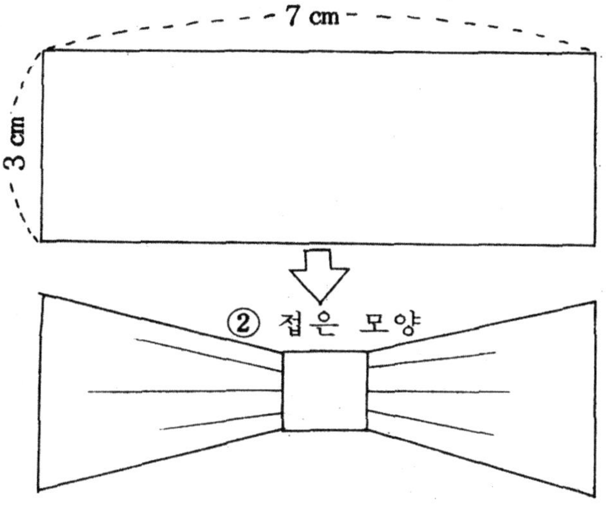

상장의 크기와 모양

16. 성복례(成服禮)

상주와 주부를 비롯한 복인들이 각각 상복을 입고 서로 복인이 된 것에 대해 인사하는 절차로 이 절차가 끝난 후라야 문상객을 받을 수 있다.

예전에는 대렴을 한 다음날 성복례를 했으므로 사망한 지 나흘째 되는 날이었지만, 요즘은 3일장이기 때문에 입관을 하면 즉시 성복례를 한다.

17. 조문(弔問)

가정의례준칙에 주류 및 음식물의 접대는 금지되어 있으며 조화(弔花)도 보내지 못하도록 되어 있으나 실제로는 사문화(死文化)되어서 지켜지지 않고 있다. 예부터 가까운 사람들이 죽음을 슬퍼하여 상가를 찾아가 영좌 문상을 하는 것은 금할 수 없는 미풍양속으로 전해왔기 때문이다.

18. 조사(弔詞)

고인을 슬퍼하며 쓰는 글이 조사다.

전통 상례의 만장에 해당되는 것인데 시를 짓는 사람도 있다. 본인이 직접 장례식에 참석하여 낭독하기도 하고, 신문, 잡지 등에 게재하기도 한다. 또 먼 곳에서 우편 등으로 보내기도 한다.

사람의 죽음에는 천명을 다한 사람, 요절(夭折), 전사(戰死), 순직(殉職), 비명횡사(非命橫死) 등 여러 가지가 있을 것이므로 그 죽음의 처지에 따라서 슬픔도 다르고 위로하는 말도 다를 것이므로 경우에 따라 애도를 표해야 한다.

19. 만장(輓章)

만장이란 고인의 죽음을 슬퍼하며 지은 글을 비단이나 종이에 써서 기를 만들어 상여 뒤를 따르게 하는 것인데 가정의례준칙에 금지 사항으로 되어 있다. (가정의례준칙 제14조 제1항 5)

20. 장일(葬日)과 장지(葬地)

장일은 부득이한 경우를 제외하고는 사망한 날로부터 3일이 되는 날로 한다. (가정의례준칙 제10조)

옛날부터 전해온 관습으로는 우수(짝수)를 쓰지 않고 기수(홀수)를 써서 3일장, 5일장, 7일장으로 하여 왔고 또는 일진이 중상일(重喪日)인 경우를 피하여 장일을 정했다. 또 가세, 신분, 계급에 따라 장일을 결정했다. 요즘도 지방에서는 이에 준하여 장례를 치르기도 하지만 대부분이 3일장을 지내고 있고, 장사는 매장이나 화장으로 한다.

장지는 일반적으로 공동묘지를 이용하지만, 경제적으로 여유가 있는 집안에서는 가족 묘지나 선산으로 모시기도 한다. 그러나 부유층의 일부에서 호화 분묘 문제로 물의를 일으키는 일은 없어야겠다.

합장을 하는 경우에는 좌남여우(左男女右)로 한다.

21. 천광(穿壙)

묘 자리를 파는 일이 천광이다.

깊이 1.5m정도로 미리 파 준비해야 하는데, 이때 일꾼들이 땅에 술을 뿌리며 토지신을 달래는 의례를 말로 하기도 하지만, 대부분 술, 과일, 어포, 식혜 등으로 제상을 차려 개토고사(開土告辭)를 읽는 것이 관례다.

묘소의 왼편에 남향으로 제상을 차려놓고 고사 올리는 사람이 신위 앞에 북향하여 분향하고 두 번 절하고 나서 술을 부어 개토고사를 읽은 뒤 두 번 절한다. 그리고 선산에 장사하려면 먼저 선영(先塋)에게 고사 지내되 제일 가까운 분에게 제를 올린다.

維歲次○(太歲) ○月○(月建) 朔日○(日辰)
幼學○○○(고사하는 사람의 이름) 敢昭告于
土地神 今爲○○○(고인의 직함, 성명)
營建宅兆 神其保佑 俾無後艱 謹以 青酌脯果
祇薦于神 尙饗

○○년 ○월 ○일 아무개는 토지신에게 감히 고합니다. 이제 아무개의 묘를 마련하오니 신께서 어려움 없이 도와주시기 바라옵고 밝은 술과 포과를 올리오니 흠향하소서.

22.횡대(橫帶)와 지석(誌石)

횡대는 나무판 또는 대나무로 만들어 관에 회가 닿지 않게 하는 것이고, 지석은 돌이나 회벽돌, 사발, 질그릇에 글을 쓰거나 새겨서 훗날에 묘를 표징하기 위한 것이다.

돌이나 벽돌의 경우에는 위쪽에 '○○○○○(본관 성명)의 묘', 앞쪽에 '생년월일, 사망 연월일, 배우자 성명', 뒤쪽에 상주의 이름, 밑에는 고인의 약력을 먹 글씨로 양각 또는 음각한다.

사발이나 질그릇의 경우는 안쪽에 본관, 성명을 먹으로 기록하고 불에 쪼여 말린 다음 재를 채워 엎어 묻는다.

23. 발인제(發靷祭) = 영결식(永訣式)(가정의711준칙 제 83)

발인제는 영구가 상가 또는 장례식장을 떠나기 직전에 영구와 영위를 작별하는 의식으로 상가 또는 장례식장에서 행한다.

발인제에는 영구를 모시고 그 옆에 명정을 세우며 제상에는 사진 또는 위패를 모시고, 촛대, 향로 및 향합을 준비한다.

***발인제의 식순**

○ 개식

○ 주상, 상제들의 분향

○ 고인의 약력 소개

○ 조객 분향

○ 폐식

발인제는 영결식이라고도 하며 죽은 사람과의 마지막 작별을 하는 의식으로 특별한 장소에서 하기도 한다. 죽은 이가 널리 이름이 알려져 있으면 영결식을 거행하는 것이 좋다.

개식은 호상이나 친지 중에서 주관하며 향을 피우고 잔을 올린 후 상제들이 일제히 재배한다. 의식이 끝나면 상가나 장례식장을 출발한다.

이 의식이 진행되는 가운데 고인과 가까운 친지 한두 사람이 조사(弔詞)를 낭독하여도 무방하다.

24. 운구(運柩)(가정의례준칙 제15조)

운구란 글자의 뜻 그대로 관을 나르는 것이며, 영구차로 한다. 특별한 경우에는 상여로 하는데 사치스런 장식을 해서는 안 된다.

운구의 행렬 순서는 사진, 명정, 영구, 상제 및 조객의 순으로 한다.

상여로 운구하던 절차의 노제(路祭), 반우제(返虞祭), 삼우제(三虞祭)는 가정의례준칙에는 지내지 않는 것으로 되어 있으나 잘 지켜지지 않고 있다. 노제란 장지에까지 이르는 도중에 고인의 친구, 친척이 지내는 의식이다.

25. 하관(下棺)과 성분(成墳)

영구가 장지에 도착하면 묘역(墓域)을 다시 살펴보고 하관을 한다.

먼저 명정을 풀어 관 위에 덮고 상제들이 관 양쪽에 마주 서서 두 번 절한다.

하관할 시간을 맞추어 결관(結棺)을 풀고 영구를 반듯하게 한다. 천개(天蓋) 즉, 회(灰) 등을 덮고 평토(平土)한다. 평토가 끝나면 준비한 지석(誌石)을 오른편 아래쪽에 묻고 성분한다.

하관할 때 산폐(山幣:폐백)를 드리기도 하는데 이것은 현(玄 : 파란실), 훈(纁: 붉은실)을 상주가 집사에게 주면 집사가 현은 관의 동쪽 위에, 훈은 서쪽 아래쪽에 놓고 상주가 재배하는 것이다.

26. 위령제(慰靈祭)

① 위령제 [가정및례준칙 제9조]

위령제는 성분을 끝낸 후 그 무덤 앞으로 영좌(靈座)를 옮기고 간소한 제수를 차려놓고 분향, 잔 올리기 축문 읽기, 배례(拜禮)의 순으로 진행한다.

화장하는 경우의 위령제는 화장이 끝난 후 영좌를 유골 함으로 대신하고 매장의 경우에 같은 절차로 행한다.

〈축문의 보기 1〉

년 월 일

아들(또는 손자) ○○은

아버님(또는 할아버님) 영전에 삼가 고하나이다. 오늘 이곳에 유택을 마련하였사오니 고이 잠드시고 길이 명복을 누리옵소서.(어머니, 할머니 경우도 이에 준한다.)

〈축문의 보기 2〉

년 월 일

남편(또는 아내) ○○은 당신의 영 앞에 고합니다.

이곳에 유택을 마련하였으니 고이 잠드시고 길이 명복을 누리소서.

② 반우(返虞)

집으로 돌아올 때 혼백을 모셔온다는 뜻의 반우는 신주(神主)를 영여(靈輿)에 모시고 집사가 분향하여 술을 부어놓으면 상제들은 오른편에 꿇어앉아 반혼고사(返魂告辭)를 읽은 다음 모두 곡하고 재배한 다음에 집으로 돌아온다.

〈반혼고사(返魂告辭)〉

維歲次○(太歲) ○月○(月建) 朔○日○(日辰)

○○○(告辭者名) 敢昭告于

顯○(祭位)○○○(官名姓名) 形歸窀穸

神返室堂 神主未成 權奉紙榜 伏惟尊靈

지방이 아니고 사진을 모셨을 경우에는 권봉(사진)이라 쓴다.

27. 첫 성묘(省墓)

첫 성묘는 장례를 지낸 지 3일 만에 간다.

예전 관습으로는 성묘가기 전에 먼저 우제를 지냈다. 우제는 혼백을 편안히 모신다는 뜻의 제사이며 초우(初虞)는 묘소에서 돌아온 그날 저녁에 영좌에 혼백을 모시고 제례로 지낸다.

재우제(再虞祭)는 장사 지낸 그 이튿날 지내는 것이고, 삼우제는 재우를 지낸 다음날 식전에 지내는 것이다

28. 탈상(脫喪)

부모, 조부모, 배우자의 상기(喪期)는 사망한 날로부터 백일까지이고 기타의 경우에는 장일(葬日)까지로 한다.

상기 중에 신위를 모셔두는 궤연(几筵)은 설치하지 않으며 탈상제는 기제(忌祭)에 준한다.

예전의 관습으로는 초상난 날로부터 만 2년 동안 복을 입으면서 매월 초하루와 보름날 아침에 상식(上食)하고 명절에 차례를 지내며 소상(小祥)과 대상(大祥)의 제례를 지낸 후 맨 마지막에 올리는 절차이다.

이것으로 한 사람의 죽음에 따른 상례의 절차는 모두 끝나고, 망자는 유족이나 친지들의 기억 속에 남아 해마다 돌아오는 기일(忌日)에 고인을 추모하게 하는 예를 지내는 것이다.

〈축문의 보기 1〉

아들(또는 손자) ○○은 아버님 영전에 삼가 고하나이다. 세월은 덧없이 흘러 어느덧 상기를 마치게 되었사오니 애모하는 마음 더욱 간절하옵니다. 이에 간소한 제수를 드리오니 강림하시오 흠향하시옵소서.

3. 기독교에서의 장례(葬禮)

1. 일반 장례식

① 영결식

*개식사(開式辭) : 주례 목사

*찬송 : 주례 목사가 선택한다.

*기도 : 고인의 명복을 빌며 유족들을 위로한다.

*성경 봉독 : 주로 고린도후서 5장 1절, 또는 디모데전서 6장 7절을 낭독한다.

*시편낭독 : 주로 시편 90편을 읽는다.

*신약 낭독 : 주로 요한복음 14장 1절부터 3절 또는 데살로니가전서 4장 13절부터 18절을 낭독한다.

*기도

*약력 보고

*주기도문

*출관(出棺)

② 하관식

*기도 : 주례 목사

*성경 봉독 : 고린도전서 15장 51절부터 58절까지 낭독.

*선고 : 참석자 중 한 사람이 흙을 집어 관에 던지고, 목사는 하나님께로부터 왔다가 다시 돌아감을 선언.

*기도 : 주례 목사의 명복을 비는 기도.

*주기도문

*축도(祝禱)

2. 아동의 장례식

① 영결식

*식사 : 주례 목사의 개식사

*찬송 : 주례 목사가 선택.

*기도 : 명복을 비는 기도.

*성경 봉독 : 마가복음 10장 17절 낭독.

*위안사 : 주례 목사가 가족들에게 하는 위안의 말.

*기도

*출관

② 하관식

*찬송

*기도

*성경 봉독 : 시23편 1절~5절 또는 요한계시록 22장 1절~5절

*주기도문

*축도 : 주례 목사의 기도.

이상이 기독교식 장례의 대략적인 순서이다.

4. 천주교에서의 장례(葬禮)

천주교에서의 장례는 〈성교예규(聖教禮規)〉에 자세히 풀이가 되어 있다.

운명할 때 하는 성사(聖事)를 종부(終傳)라 하는데, 가급적 병자가 의식이 있을 때 신부를 청하여 종부성사를 받는다

죽은 사람의 얼굴, 눈, 귀, 코, 입, 손, 발을 씻기어 성유(聖油)를 바르고 옷을 갈아입힌다. 상 위에 백지나 백포를 깔고 그 위에 고상(苦像), 촛대 둘, 성수 그릇, 성수채, 맑은 물을 담은 작은 그릇 등을 준비한다.

1. 종부성사

주례 신부가 오면 고해성사(告解聖事)를 하기 위해서 상 위에 있는 촛대에 불을 켜고 다른 사람들은 물러난다. 고해성사가 끝나면 노자성체, 종부성사, 임종 전 대사의 순서로 성사를 진행한다.

2. 임종 전 대사

신부가 없어도 종부성사는 운명할 경우에도 받을 수 있으므로, 가족들은 병자를 위해서 위로와 격려의 말을 하고 감명 깊은 책 등을 읽어준다.

3. 운명

운명 시에는 촛불을 밝히고 임종경을 외거나 성모덕서도문 등을 읽는다. 염경(念經)은 숨이 멈춘 다음에라도 한동안 계속한다. 운명할 때는 될 수 있는 한 운명하는 이의 마음이 불안하지 않게 큰 소리로 울지 않는다.

4. 초상

임종 후에는 시신에 깨끗한 옷을 갈아입힌 뒤 얼굴을 매만져 눈을 감기고 입을 다물게 하고 수족을 바르게 한다. 손은 합장시켜 묶거나 십자고상(十字苦像)을 잡게 하고 한다. 망자의 머리맡에 고상을 모시고 그 좌우에 촛불을 켜고 성수 그릇과 성수를 놓는다. 입관 때까지 이렇게 놔두고, 가족들은 그 옆에 꿇어앉아서 연도(煉禱)를 한다.

5. 연미사

운명을 하면 바로 본당 신께 보고하는 동시에 미사예문을 드려 연미사를 청한다. 장례일과 장례 미사시간을 신부와 의논하여 결정한다.

6. 장례식

장례일이 되면 성당으로 영구를 옮겨 연미사 및 사도예절을 거행한다. 〈성교예규〉에 따라 입관과 출관, 행상하관을 하고 화장은 금한다.

7. 소기(小忌)와 대기(大忌)

장례 후 3일, 7일, 30일에 연미사를 드리고, 소기와 대기 때에 연미사와 가족의 고해, 영성체를 한다.

예전의 교인들은 초상 때나 소기, 대기 때에 재래식 상례 중 신앙의 본질에 어긋나지 않는 범위에서 택하였다.

간소한 음식 대접이라든가, 묘소를 찾아 떼를 입힌다든가, 성묘하는 것 등은 무방한 일이다.

5. 불교에서의 장례(葬禮)

*다비(茶毗)

불교의 의례 규범인 〈석문의범(釋文儀範)〉을 보면 추도 의식의 순서로 장례식을 거행한다고 되어 있다.

불교에서의 다비란 장례를 뜻하는 말이다.

임종에서부터 입관에 이르기까지 일반 장례식과 거의 같고, 영결식을 하는데만 정해진 순서가 있다.

*개식 : 호상이 한다.

*삼귀의례(三歸依禮) : 불(佛), 법(法), 승(僧)의 세 가지 삼보(三寶)에 돌아가 의지한다는 뜻으로 주례승이 불교의식에서 항상 행하는 의례이다.

*약력 보고 : 망인과 생전에 가까웠던 친구가 망인을 추모하는 뜻으로 한다.

*착어(着語) : 부처님의 교법(敎法)의 힘을 입어 주례승이 망인을 안정시키는 말이다.

*창혼(唱魂) : 극락세계에 가서 고이 잠들라는 것으로 주례승이 요령(搖鈴)을 치며 한다.

*헌화(獻花) : 유지나 친지 대표가 한다.

*독경(讀經) : 망인의 혼을 안정시키고, 이 세상의 인연을 잊고 부처님의 세계에 고이 잠들라고 주례승과 참례자 모두가 하는 염불이다

*추도사 : 초상에서는 조사라고 하며 일반 장례에서와 같다.

*소향(燒香) : 일동이 함께 향을 피우며 망인을 추모, 애도한다.

*사홍서원(四弘誓願) : 주례승이 하며 내용은 다음과 같다.

① 중생무변서원도(衆生無邊誓願度) - 중생은 끝이 없으니 제도(濟度)하여 주기를 바라는 것.

② 번뇌무진서원단(煩惱無盡警願斷) - 인간의 번뇌는 다함이 없으니 번뇌를 끊기를 기원함.

③ 법문무량서원학(法問無量誓願學) - 불교의 세계는 무한하니 배우기를 기원하는 것.

④ 불도무상서원성(佛道無上誓願成) - 불도보다 더 훌륭함은 없으니 불도를 이루기를 원한다는 것.

*폐식 선언.

이러한 절차로 행하며 형편에 따라 가감하기도 한다. 그러고 나서 장지로 향한다. 불교에서는 거의가 화장을 하는데 분구(焚口)에 넣고 다 탈 때까지 염불을 계속하며, 다 타고난 뒤에 법주(法主)가 흰 창호지에 유골을 받아서 상제에게 주면 쇄골(鎖骨)한 후에 절에 봉안하여 제사를 지낸다. 그리고 봉안한 절에서 49제, 백일제 내지 3년 상을 치른다. 3년 상이 끝나면 봉안도에 있는 사진을 떼어내는데 이것은 일반의 상례에서 궤연을 철거하는 것이다.

6. 천도교에서의 장례(葬禮)

1. 수시(收屍)

천도교에서는 사람의 죽음을 환원(還元)이라고 한다.

환원하고 곧바로 천도교 의식의 용어로 청수(淸水)를 봉전(奉奠)하고 가족 모두가 심고(心告 : 한울님께 고하는 기도)한 후에 수렴한다.

2. 수조(收弔)

정당(正堂)에 청수탁(淸水卓)을 설치하고 조문하는 사람들이 이 앞에서 심고한 후 상주에게 조의를 표한다.

3. 입관(入棺)

입관에 앞서 명정을 다음과 같이 쓴다.

天道教 神男(또는 女) ○○○**氏之柩**

원직(原職 : 천도교의 직분)이 있는 경우에는 신남(신녀) 대신에 직명과 도당호(道堂號 : 교도의 호명)를 표시한다.

입관을 마친 후 청수를 봉전하고 심고를 한다.

4. 성복식(成服式)

검정색 상복을 입으며 역시 청수를 봉전하고 심고한다.

5. 운구(運柩)

성복식을 끝내고 운구를 하는데 영결식을 자택에서 할 때는 운구식을 생략하며 발인 때에 행한다. 영결식은 자택이나 특정한 장소에서 행하며 그 절차는 다음과 같이 한다.

*개식

*청수봉전

*식사(式辭)

*심고 : 모두 같이 한다.

*주문(呪文) : 3회 병독(竝讀).

*약력 보고

*위령문 낭독

*조사(弔辭) : 내빈 중에서 대표로 낭독한다.

*소향(燒香)

*심고(心告)

*폐식

6. 상기(喪期)와 기도식

상의 기간은 배우자의 부모와 부부인 경우는 150일이며 조부모, 숙부, 형제자매는 49일이다.

위령 기도는 환원일(사망한 날)로부터 7일, 31일, 49일 되는 날 행하며, 그 순서는 다음과 같이 한다.

*재계(齋戒)

*청수봉전

*심고

*주문(呪文)

*심고

*폐식

7. 제복식(除服式)

환원 후 150일 되는 오후 9시에 다음과 같은 순서로 한다.

*재계

*청수봉전

*제복

*식사(式辭)

*심고

*주문

*추도사

*심고

*폐식

【제례(祭禮)】

1. 제례의 뜻

부모의 제일을 기제라고 하는데, 기(忌)의 뜻은 휘(諱)한다는 것으로 그 날을 금기(禁忌)한다는 말이다. 옛날에 군자는 부모의 종신상(終身喪)을 입는다고 하여 제삿날은 더욱 경건하게 하였다고 한다.

제례란 조상의 제사를 모시는데 대한 여러 가지 예를 일컫는 말이다. 뿌리 없는 나무가 없듯이 조상 없는 자손은 있을 수 없다. 나를 낳아 길러주시고 가르쳐주신 선조에 대하여 인륜의 도의로 정성껏 제사를 모시는 것은 자손으로서 당연한 도리인 것이다. 아무리 바쁜 생활에 쫓기는 현대인이지만 일년에 한 번 돌아오는 조상의 기일만이라도 보은감사의 마음을 가지고 예를 지킴이 옳다고 본다.

우리의 제례범절이 그렇게 난해하지 않음에도 불구하고 제대로 지켜지지 않고 있음은 그만큼 오늘을 살아가는 우리들이 제례를 등한히 하고 조상에 대한 자손의 도리를 저버린 결과라고 볼 수 있다. 흔히들 제사를 모실 때는 많은 음식과 제수를 차려 놓아야만 되는 것으로 생각하는데 이것은 크게 잘못된 사고방식으로, 모든 기제사는 본인의 형편에 따라 정갈하게 진설, 정성껏 지내면 된다.

기제사의 봉사는 5대조까지 모시는 것이 일반적인 우리의 풍속이었으나, 옛날 권문명가들은 8대조 봉사까지 하는 경우가 허다했다. 그러나 오늘날의 가정의례 준칙(18조)에 의하면 제주로부터 2대조까지만 기제를 지낼 수 있다.

제사를 드리는 시간은 돌아가신 전(前)날 자정이 지난 새벽 1시경 조용한 때에 엄숙히 드리는 것이 좋다.

제사는 보통 제주의 가정에서 드리며, 대청이나 방 한 곳에 제상을 차린다. 그러나 특별한 지위나 사회적인 기제일 경우에는 다른 장소를 마련하여 행사한다. 제주는 고인의 장자나 또는 장손이 되며, 장자나 장손이 없을 때는 차자 또는 차손이 제사를 주관한다. 상처를 한 경우에는 남편이나 그의 자손이 하고, 자손이 없이

상부한 경우는 아내가 제주가 된다. 참사자는 고인의 직계 자손으로 하되 가까운 친척이나 친지도 참석할 수 있다. 부득이 참사할 수 없는 자손은 자기가 있는 곳에서 묵념으로 고인을 추모하면 된다.

2. 전통의 제례

제례의 근원은 옛날 천재지변, 질병, 사나운 맹수의 공격을 막기 위한 수단에서 비롯된 것이었는데 이것이 유교사상의 영향을 받아 점차적으로 조상에 대한 존경과 애모의 표시로 변천하게 되어 제사를 드리게 되었다고 한다. 조상의 신위를 모시는 사람들은 매월 삭망(초하루, 보름)을 지냈고, 3월 3일에는 중삼절, 동짓날과 납일에는 속절시식(俗節時食)과 춘하추동(春夏秋冬), 중월(仲月)에 올리는 사시제(四時祭)와 사대조(四代祖)까지 올리는 기제사, 한식과 추석에 지내는 묘제, 설날에 지내는 연시제 등 많은 제사를 지내왔다.

우리나라는 수백 년 동안 사대봉사(四代奉祀)라 하여 종가의 장남이 조상의 제사를 지내왔고, 이런 까닭으로 동방예의지국이라 일컬어져 왔다.

1. 사당제(祠堂祭)

사당(祠堂)이란 조상의 신주(神主)를 모셔두고 제사를 드리는 곳으로 가묘(家廟)라고도 하며, 옛날 대부분의 가정에서 정신적 지주 역할을 했다.

그 근원은 문자시대 이전부터 조상의 화상(畵像)을 모신 것으로 시작되었다고 볼 수 있으며, 그러다가 중국 송나라 주자(朱子)가 그림이 변색되면 조상에게 죄송스럽고 조금이라도 다르면 조상이라고 할 수 없다고 주장하면서 문자로 쓴 신주로 바꾸어 지금에 이르고 있다.

하지만 지금도 산신당 등에서는 위패가 아닌 그림을 붙여 놓은 곳이 있다.

사람이 죽으면 상청(喪廳)에 신주를 모시고 제사를 드리다가 탈상이 지나면 상청의 영좌(靈座)를 없애고 사당으로 신위를 모셨다. 그리고 아침, 저녁으로 문안 인사를 드리고 외출할 때나 돌아와서, 또 연중행사나 혼례, 관례 등이 있을 때면 사당에 고했다.

사당은 조상의 신주를 모시는 종가(宗家)에 지었고 동쪽에 위치하도록 했다.

① 사당의 구조

위치는 정침(正寢) 동편에 3칸으로 세우는데 앞에 문을 내고 문 밖에는 섬돌 둘을 만들어 동쪽을 조계(阼階), 서쪽을 서계(西階)라 하여 모두 3계단으로 하였다. 사당 안에는 4감(龕)을 설치하여 4대조를 봉안하는데, 반드시 북단에 남향으로 하고, 서편부터 제1감이 고조고비(高祖考妣), 제2감이 증조고비(曾祖考妣), 제3감이 조고비(祖考妣), 동편인 제4감이 고비(考妣)의 위(位)가 된다.

섬돌 앞에 가족이 차례로 서 있을 수 있는 서립옥(序立屋)의 동쪽에 서쪽 방향으로 주고(廚庫)라는 부엌 창고가 있는데 이곳의 북쪽 한 칸에 유서와 옷을 보관하고, 가운데 칸에는 제기(祭器)를, 나머지 칸에는 제수를 만들고 준비할 때 이용한다. 고조까지 모실 때는 북쪽에 시렁을 매고 4칸의 격판을 세운 다음 서쪽부터 고조부, 고조모, 증조부, 증조모, 조부, 조모, 부, 모를 차례로 모신다. 터가 마땅하지 않으면 거실이나 대청 또는 안방 한쪽에 감실(龕室)을 만들어 신주를 모신 주독(主櫝)을 남쪽으로 향하도록 북쪽 끝에 놓는다.

감 밖에는 휘장을 드리우며 각 위패마다 제사상을 놓고 그 위에 촛대 한 쌍씩을 놓으며, 최존위(最尊位) 앞에는 향상(香床)을 놓되 그 위에 향로는 서쪽, 향합은 동쪽에 놓는다. 사당은 담을 쌓아 가리고 앞에 대문을 만든다. 신주는 가문에 따라서 4대 봉사, 3대 봉사, 2대 봉사를 한다.

② 사당의 현알

*신알례(晨謁禮) : 매일 동틀 무렵에 의관을 갖추고 사당을 찾아뵙는 예이다. 제물은 차리지 않고 분향만 하는데 사당에 들어가 두 섬돌 사이에 있는 곳에서 두 번 절을 한다. 신알례는 상중에는 하지 않고 기일에 하며, 고조의 기일이면 제사 후에 지낸다. 또한 삭망이나 명절에는 하지 않는다.

*출입례(出入禮) : 외출 시나 귀가 시에 사당에 고하는 예이다. 가까운 곳으로 갈 때나 돌아와서는 사당에 들어가서 한 번 바라보는 첨례(瞻禮)를 한다. 밖에서 밤을 지내고 오게 될 경우에는 섬돌 사이의 향탁 앞에서 분향재배하며, 열흘 이상 걸릴 때는 향탁 앞에서 재배하고 분향한 다음 꿇어앉아서 고사를 올리고 다시 재배한다. 한 달 이상 걸리는 외출 시에는 섬돌 밑에서 재배한 후 조계로 올라가 향탁에 꿇어앉아 고사를 올린 후 다시 재배하고 다시 조계로 물러나와 섬돌 밑에서 마지막으로 재배한다. 이때 주인 이외의 사람은 섬돌 밑에서 재배하면 된다.

*참례(參禮) : 신정, 동지, 초하루와 보름날에 지내는 제사이다. 보름날에는 술독만 열어놓고 신주도 꺼내 모시지 않으며 동지에 시제(時祭)를 지내면 사당 참례는 하지 않아도 된다. 신정에는 떡국, 동지 때는 팥죽을 올린다. 제사 전날 집 안팎을 깨끗이 청소하고 목욕재계를 한 후에 부정이 타지 않도록 한다. 모든 제사와 같은 형식으로 행한다.

*천신례(薦新禮) : 철따라 나온 과일이나 곡식, 생선 등으로 마련한 음식을 먼저 사당에 올리는 것이다. 새로 마련한 음식 등은 사당에 먼저 올린 후에 자손이 먹어야 한다.

고사례(告事禮) : 집안에 특별한 일이 있을 때 축문을 지어 고하는 것이다.

2. 제사의 종류

① 대상에 따르는 구분

*기제사(忌祭祀) : 조상이 돌아가신 날마다 제사를 지내며 고조부모까지 드리

는 것이 보통이다.

*세일사(歲一祀) : 기제사를 지내는 조상보다 더 위의 조상에 대해 1년에 한 번씩 지내는 제사이며 음력 10월 중 날을 정해 묘지에서 지낸다.

*시조제(始祖祭) : 각 성씨(姓氏)의 시조되는 분을 제사 지내는 것으로 동지 때 지낸다.

*선조제(先祖祭) : 시조와 기제사를 드리는 조상 이외의 조상에게 지내는 제사로 입춘 때 지낸다.

*이제(禰祭) : 사당에 모신 조상 중에 자기 부모만을 다른 방에 따로 모셔 제사를 지내는데 통상적으로 매년 음력 9월 15일에 지내나 실제 부모님의 생신날에 지내면 좋다.

*상중제례(喪中祭禮) : 자신이 복을 입게 된 죽은 사람의 상사(喪事)와 관련된 조상에게 지내는 제사.

② 장소에 따르는 구분

*사당제(祠堂祭) : 사당에 모신 조상께 드리는 제례.

*정침제(正寢祭) : 기제사나 이제처럼 제사를 드릴 조상의 신주만 다른 방에서 따로 모시고 드리는 제사.

*묘제(墓祭) : 산소에서 차례를 지내는 제사.

③ 날짜에 따르는 구분

*망일제(亡日祭) : 돌아가신 날에 지내는 기제사.

*생일제(生日祭) : 조상이 태어난 날 지내는 이제로 돌아가신 부모의 회갑 때도 드리는 제사.

*택일제(擇日祭) : 날짜를 택해서 지내는 제례.

*명절제(名節祭) : 동지, 입춘, 설날, 한식, 추석에 각 조상께 해당하는 제사를

드리는 것.

3. 제례의 방위와 참사자(參祀者)

① 방위(方位)

신주를 모신 곳을 북쪽으로 생각하면 신위 뒤쪽이 북쪽이고 앞이 남쪽이며, 왼쪽이 동쪽이고 오른쪽이 서쪽이다. 일정한 기준이 없이 좌우를 말할 때는 신위의 좌우를 말한다.

북쪽이 남쪽보다 위이고 중앙이 양끝보다 위다. 살아 있는 사람이나 기물은 동쪽이 위지만 신위는 서쪽이 위다.

또 상에 가까운 쪽이 위이므로 중앙을 중심으로 할 때는 동쪽에 선 사람은 중심인 서쪽이 위이다.

② 참사자(參祀者)

친척, 친지의 제례에 참여하려는 사람은 누구든지 참사할 수 있다. 가능하면 예복을 갖추어 입도록 하고 화려한 차림은 피한다.

남성의 차림은 한복에 도포를 걸치고 행전치고 유건이나 갓을 쓴다. 여성은 일반적으로 옥색 치마저고리를 입지만, 제례복이 마련되어 있으면 당연하게 그 옷을 입는다.

③ 참사자의 위치

자리가 신위에 가까울수록 윗세대이고, 남쪽으로 내려갈수록 아랫세대이다. 남자는 동쪽, 여자는 서쪽에 자리 잡는다. 축문을 읽는 사람은 자기 위치에 있다가 축문을 읽을 때만 주인의 왼쪽인 서쪽에 선다.

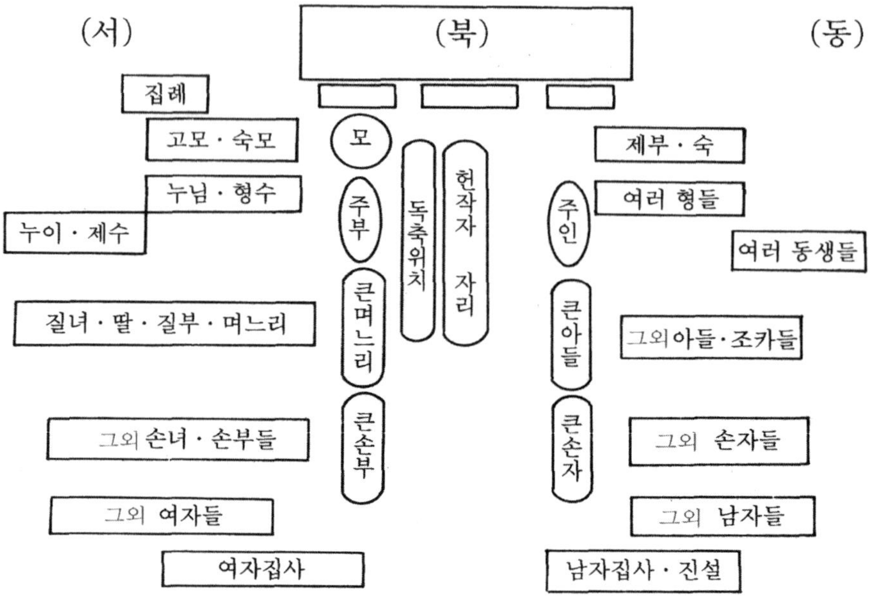

4. 제구(祭具)와 제기(祭器)

① 제구(祭具)

제구란 제례를 올리는데 필요한 기구로 제례 외에는 사용하지 않는 것이 좋다.

*병풍(屛風) : 화려한 그림이나 경사 잔치에 관련된 문구가 있는 것은 피한다.

*교의(交椅) : 신주나 위패를 놓아두는 의자이므로 제상이 높으면 교의도 높아야 된다. 그러나 요즘은 제상 위에 신위를 봉안하므로 없어도 된다.

*향안(香案) : 향로, 향합, 모사그릇을 올려놓는 작은 상. 향상(香牀).

*신위판(神位板) :지방(紙榜)을 붙이는데 쓰며 나무로 제작해 제상에 놓거나 액자 모양으로 제작해도 된다.

*제상(祭牀) : 120cm × 80cm 정도의 크기가 적당하다. 일반 교자상으로 대체해도 괜찮다.

*주가(酒架) : 주전자, 현주병 등을 올려놓는 작은 상.

*소탁(小卓) : 신위를 봉안하기 전에 임시 올려놓는 작은 상.

*소반(小盤) : 제사 음식을 나를 때 사용함.

*촛대(燭臺) : 좌우 한 쌍을 준비한다.

*향로(香爐) : 향을 피우는 작은 화로.

*향합(香盒) : 술을 따르는 그릇에 담은 띠의 묶음과 모래를 담는 그릇이다.

*축판(祝板) : 축문을 끼워놓는 데 쓰며 뚜껑이 붙어 있는 판을 말한다. 결재판이나 흰 봉투로 사용해도 된다.

*돗자리 : 보통 하나면 되지만 묘지에서는 넉넉하게 준비해야 한다.

*지필묵연함(紙筆墨硯函) : 축문이나 지방을 쓰는데 필요한 한지, 붓, 먹, 벼루를 담아두는 함.

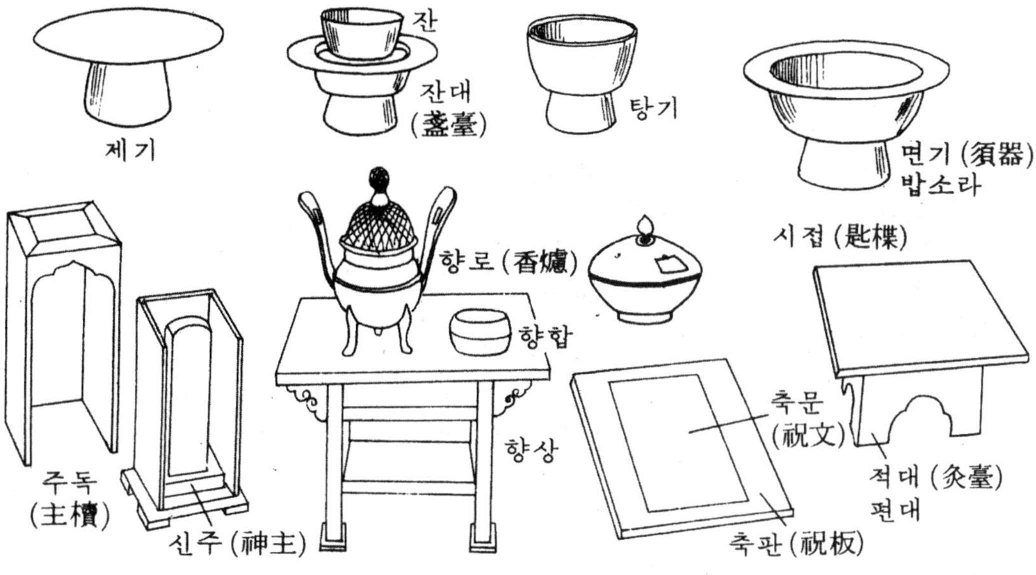

〈제사의 제구 위치〉

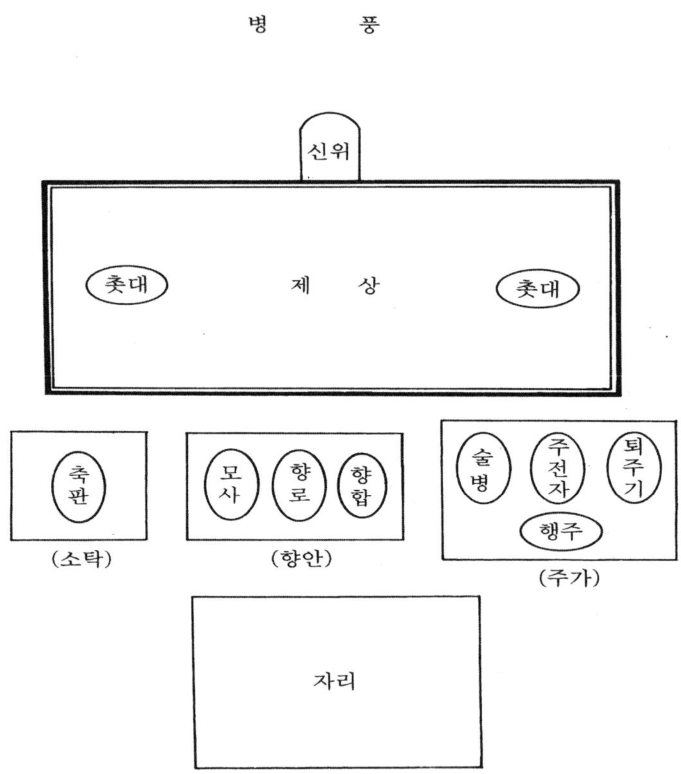

② 제기(祭器)

제기는 주로 목기나 유기를 함께 사용한다.

*시접(匙楪) : 수저를 담는 그릇. 대접과 비슷하다.

*모사기(茅沙器) : 제사에서 혼령을 모실 때 술을 따르는 그릇에 담은 띠의 묶음과 모래를 담는 그릇으로 보시기와 비슷하고 굽이 높다.

*준항(罇缸) : 술을 담는 항아리.

*탕기(湯器) : 국이나 찌개를 담아놓는 작은 그릇.

*병태 : 떡을 담아놓는 것으로 위판이 사각형인 그릇을 말한다.

*두(豆) : 굽이 높고 받침대가 있고 뚜껑이 있는 그릇. 김치와 젓갈을 담는다.

*준작(罇勺) : 술 따르는 그릇과 기구.

*주발(周鉢) : 밥을 담아놓는 그릇. 위가 벌어짐.

*시저(匙箸) : 숟가락과 젓가락.

*조(俎) : 고기를 담아놓는 직사각형 모양의 그릇.

*퇴주기(退酒器) : 제사를 올린 술잔을 물려 담는 그릇.

*변(籩) : 굽을 높게 만들어 과실을 담아놓는 그릇.

*주전자

*술병 : 자기로 만들어진 목이 긴 병이 좋다.

*둥근 접시 : 과일, 나물, 전 등을 담는다.

*사각 접시 : 떡, 적, 포, 조기를 담는 접시는 굽이 높은 것을 사용한다. 떡은 정사각형 접시에 담고 그 밖의 것은 장방형 접시에 담는다.

5. 제수(祭差)의 종류

① 제수의 의미

제수는 한자(漢字)로 제수(祭需)라고 쓸 때는 제사에 소용되는 음식을 만들 재료와 비용을 뜻하고, 제수(祭羞)라고 쓰면 제상에 올릴 수 있게 조리가 끝난 제사 음식을 말한다.

전통의 제수(祭羞)는 오늘날에는 사용하지 않고 실제 제사에만 준비하는 음식도 있는데, 고례에서 사용했기 때문에 올리는 것이다. 예를 들어 초첩(醋楪)은 식초를 한 종지 올리는 것으로, 이것은 건강식품으로 하지 않았었나 생각되며 주가(酒架)에 정화수를 담아 올리는 현주(玄酒)는 술이 생기기 전 정화수로 제사를 지냈던 데서 유래한다고 볼 수 있다.

② **제수의 종류**

*초첩 : 순수한 식초를 종지에 담아 올린다.

*반(飯, 메, 밥) : 제삿밥. 신위 수대로 주발식기에 담아 뚜껑을 덮는다.

*갱(羹, 국) : 제사에 올리는 국. 신위 수대로 대접 또는 주발에 담아 뚜껑을 덮는다. 소고기와 무를 네모로 납작하게 썰어 함께 끓인다. 고춧가루, 마늘, 파 등은 쓰지 않는다.

*면(麵, 국수) : 국수를 삶아 건더기만 건져 그릇에 담아 놓고, 그 위에 계란 노른자 부친 것을 네모나게 썰어 얹기도 한다. 떡을 올리지 않을 때는 면도 올리지 않는다. 면과 떡은 함께 올려지는 것이다. 떡을 신위 수대로 올릴 때는 면도 신위 수대로 올리고, 신위 수에 관계없이 떡을 한 그릇만 올릴 때는 면도 한 그릇만 올리면 되는데 뚜껑을 덮으면 더 좋다. 옛날에는 밥 외에 면도 올렸으나 요즈음은 일반적으로 생략한다.

*편(餠, 떡) : 화려한 색깔을 피한다. 팥을 쓸 때도 껍질을 벗겨 가급적이면 흰 빛깔이 나도록 한다. 시루떡은 네모난 접시에 보기 좋게 괴어놓고 찹쌀가루로 빚어 기름에 튀겨서 꿀이나 조청을 바른 웃기를 얹는다. 그릇 수는 신위 수대로 올리기도 하고, 한 그릇만 올리기도 한다.

*편청 : 떡을 찍어 먹는 꿀이나 조청. 떡 그릇 수에 맞춘다.

*탕(湯) : 탕은 오늘날의 찌개라 할 수 있다. 일반적으로 기제사에는 탕을 세 가지 쓰고, 생일과 같은 큰 제례에는 다섯 가지를 쓴다.

1) 육탕(肉湯) : 소고기의 건더기만 탕기에 담아 뚜껑을 덮는다.

2) 어탕(魚湯) : 생선찌개의 건더기만 탕기에 담아 뚜껑을 덮는다.

3) 계탕(鷄湯) : 봉탕(鳳湯)이라고도 하며, 닭 찌개의 건더기만 탕기에 담아 뚜껑을 덮는다.

고춧가루 등의 조미료는 쓰지 않는다. 탕기에 담은 위에 다시마를 적당한 크기로 썰어 십자형으로 덮기도 한다.

*전(煎) : 기름에 튀기거나 부친 것. 적(炙)과 함께 계산해서 홀수가 되는 그릇수로 올린다. 따라서 전만 올리면 짝수가 된다. 기제사에서는 전이라고 하지만, 세일사 등 큰 제례에서는 간남(看南)이라고 해서 수육, 육회, 어회 등을 모두 접시에 담는다.

*초장(醋醬) : 초간장이나 간장에 초를 타서 육전을 올릴 때 함께 올린다. 어회를 올릴 때는 개자(介子)를 어회와 함께 올린다.

*적(炙) :적은 구운 것으로 제수 중 특식에 속한다. 육적, 어적, 계적〔꿩〕의 세 가지를 올리는데 이유는 술을 올릴 때마다 바꾸어 올리기 때문이다. 망자가 생전에 좋아하던 음식을 올리고 싶다면 적을 대신해서 전통적인 것이 아닌 기호 식품으로 하는 것도 좋다.

*적염(炙鹽) : 적을 찍어 먹는 소금. 접시나 종지에 담아 하나만 준비한다.

*포(脯) : 마른안주. 고기를 말린 육포, 생선의 껍질을 벗겨서 말린 것, 문어나 마른 오징어 등을 네모난 접시에 담는다.

*해(醢) : 생선 젓갈. 대개 소금에 절인 조기를 쓴다. 약식으로 하는 제례인 차례에는 일반적으로 쓰지 않는다.

*혜(醯) :식혜 건더기를 접시에 담고 잣을 얹기도 한다. 식혜는 주로 차례에 생선젓 대신 쓴다.

*숙채(熟菜) :익힌 나물. 한 접시에 고사리, 도라지, 배추나물 등 삼색 나물을 곁들여 담는다.

*침채(沈菜) : 물김치. 희게 담근 나박김치를 보시기에 담아 올린다. 고춧가루로 조미하지 않는다.

*청장(淸醬) : 순수한 간장. 종지에 담아 올린다.

*과실(果實) : 나무에서 따는 생과(生果)와 곡식을 익혀서 만든 다식, 증과 등을 총칭한다. 그릇 수는 음(陰)수인 짝수로 2, 4, 6, 8접시로 올린다. 깨끗이 씻고 손질해서 보기 좋게 쌓아올린다.

*술 : 맑은 술(약주, 청주)을 병에 담고 마개를 막는다. 분량은 신위 수를 곱해서 4잔 정도로 한다.

*현주(玄酒) : 첫새벽에 아무도 뜨지 않은 우물에서 떠온 정화수를 말하며 병에 담아놓는다.

다(茶, 숭늉) : 대접에 두 그릇 준비한다. 일반적으로 일컫는 숭늉이 아니라 맹물에 밥 몇 알을 푼 것이다. 중국에서는 숭늉 대신 엽차를 올렸는데 우리나라에서는 차를 상용하지 않았기 때문에 숭늉을 쓴다.

6. 제수(祭羞)의 진설(陳說)

지방과 가문에 따라 다르며 옛 학자들의 주장도 한결 같지 않다. 다음에 예시한 진설법은 가장 일반화된 것이며 기본적인 제수를 중심으로 한 것이다. 제사음식의 종류에 따라 변경될 수도 있지만 각 열은 통일성이 유지되게 지키는 것이 바람직 할 것으로 본다.

제사를 지내기 하루 전에 몸과 마음을 깨끗이 한다. 깨끗이 쓸고 닦은 다음 제상을 차린다. 제청의 서북쪽 벽 아래에 남향으로 고서비동이 되게 신위를 모신다. 고서비동이란 아버님 신위는 서쪽에, 어머님 신위는 동쪽에 차리는 것으로, 〈가례〉에는 기일에 해당하는 신위만 모시도록 되어 있으나 〈속례〉로는 모시는 조상은 함께 모시는 것이 일반적이다. 제상 앞에 향안을 앞으로 놓고 그 위에 향로, 향합을 놓는다. 모사기는 그 앞에 놓는다. 향안 왼쪽에 축판을, 오른쪽에 술과 퇴주그릇을 놓는다.

① 제상 진설의 기본 원칙

1) 좌서우동 : 신위를 어느 쪽에 모셨든 영위를 모신 쪽이 北이되고 영위를 향해서 우측이 東이며 좌측이 西이다.

2) 어동육서(魚東肉西) : 생선과 고기를 함께 진설할 때는 생선은 東, 고기는 西이다. 따라서 세 가지 탕을 쓸 때는 어탕이 東, 육탕이 西, 계탕은 중앙에 놓이게 된다.

3) 이서위상 : 신위를 향해서 좌측이 항상 상위가 된다. 지방을 붙일 때 考位(아버지)를 왼편 즉 西쪽에 붙이는 이유도 여기에서 비롯된다.

4) 홍동백서(紅東白西) : 붉은색 과실은 동쪽, 흰색 과실은 서쪽에 진설하는 가문도 있다. 따라서 홍동백서로 진설하는 가문은 대추가 가장 우측, 밤이 좌측으로 진설한다.

5) 좌포우혜(左脯右醯) : 포를 좌에, 식혜를 우에 놓는다.

6) 두동미서(頭東尾西) : 생선의 머리가 동쪽 방향으로 꼬리는 서쪽으로 향하도록 한다.

7) 과실 중 복숭아는 제사에 안 쓰며 생선 중에서는 끝 글자가 치자로 된 꽁치, 멸치, 갈치, 삼치 등은 사용하지 않는다.

8) 제사 음식은 짜거나 맵거나 현란한 색깔은 피하는 것을 원칙으로 하고 고춧가루와 마늘은 사용하지 않는다.

9) 설에는 메(밥) 대신 떡국을 놓으며 추석 때는 메 대신 송편을 놓아도 된다.

10) 시저(수저)를 꽂을 때에는 패인 곳을 제주의 동쪽으로 메를 담은 그릇의 한 복판에 꽂는다.

11) 두 분을 모시는 양위 합체 때에는 메(밥)와 갱(국)과 수저를 각각 두벌씩 놓으면 된다.

12) 남좌여우(男左女右)라 하여 남자는 좌측 여자는 우측에 모시는 것을 원칙으로 한다.

13) 조(대추)는 씨가 하나로 나라 임금을 뜻하고 율(밤)은 세 톨로 삼정승, 시(감, 곶감)는 여섯 개로 육방관속, 이(배)는 여덟 개로 8도 관찰사를 뜻함으로 조율시이의 순서가 옳다고 주장하는 학자가 더 많다.

〈한 분 제상 차리기의 예〉

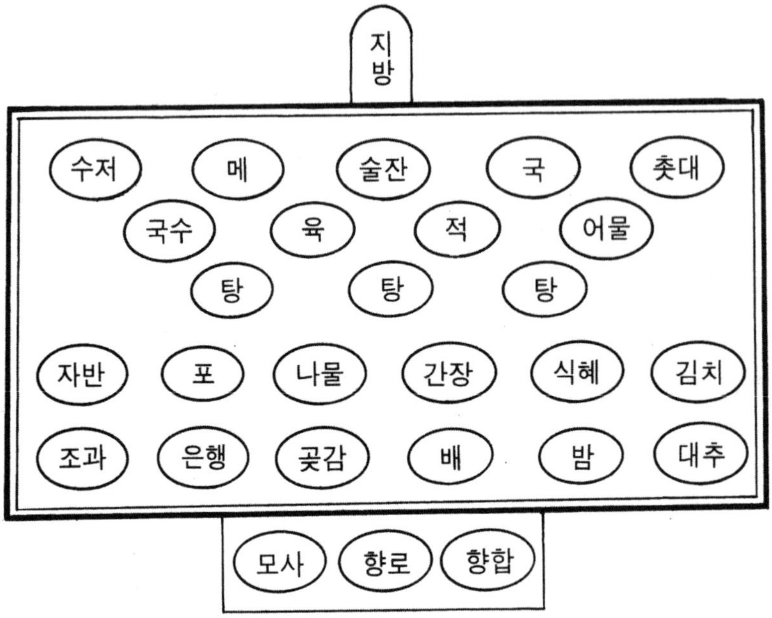

〈두 분 제상 차리기의 예〉

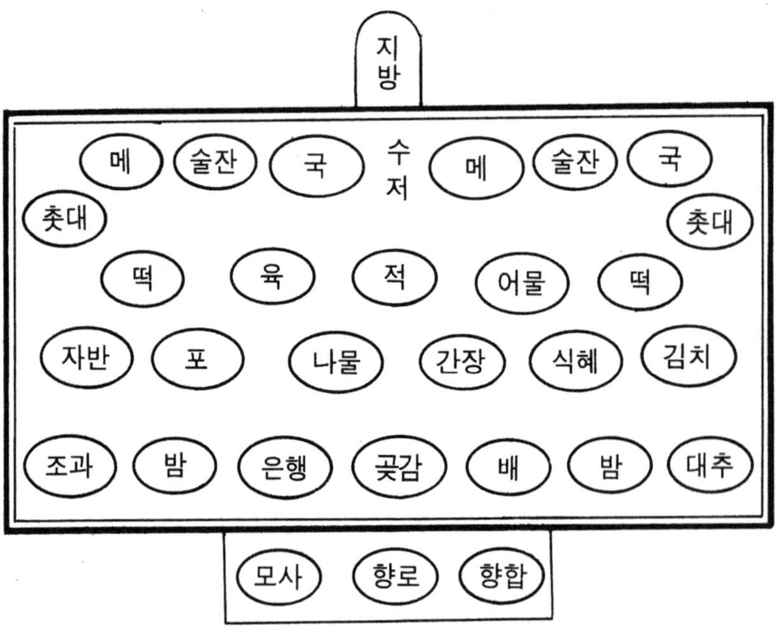

② 진설하는 순서

1)맨 앞줄 : 과실이나 조과(造果)를 진설한다.

① 조율이시 진설법

진설자의 왼편으로부터 조(대추), 율(밤), 이(배), 시(곶감)의 순서로 진설하고 다음에 호두 혹은 망과류(넝쿨과일)를 놓으며, 끝으로 조과류(다식, 산자, 약과)를 진설한다.

② 홍동백서 진설법

붉은색 과일을 동쪽(제관의 우측), 흰색 과일을 서쪽(제관의 좌측)에 진설하고 그 가운데 조과류인 다식, 산자,약과 등을 진설한다.

2) 둘째 줄 : 반찬류를 진설한다.

좌포우혜의 격식에 따라 왼쪽에 북어포, 대구포, 오징어포, 문어포 등을 진설하고 오른쪽에 식혜를 차린다. 그 중간에 나물반찬으로 콩나물, 숙주나물, 무나물 순으로 차리고, 고사리, 도라지나물 등을 쓰기도 하며 청장, 침채는 그 다음에 진설한다.

3) 셋째 줄 : 탕을 진설한다.

어동육서라 하여 물고기 탕은 동쪽(우측), 육류탕은 서쪽(좌측)에 진설하고 그 가운데 채소 두부 등으로 만든 소탕을 진설하되 단탕, 삼탕, 오탕 등은 반드시 홀수(음수)로 쓴다.

4) 넷째 줄 : 적과 전을 진설한다.

① 어동육서 진설법에 의하여 어류를 동쪽에, 육류를 서쪽에 진설하며 그 가운데 두부, 채류를 진설한다.

② 두동미서라 하여 어류의 머리는 동쪽으로, 꼬리는 서쪽으로 향하게 진설한다. 동쪽은 진설자의 우측 서쪽은 좌측을 뜻한다.

5) 다섯째 줄 : 메와 갱을 진설하고 잔을 놓는다.

메(밥)는 오른쪽, 갱(국)은 왼쪽에 올리며, 잔은 메와 갱 사이에 올린다. 시저는 단위제의 경우는 메의 왼쪽에 올리며, 양위 합제의 경우에는 고위(考位)의 갱 옆에 놓는다. 면은 왼쪽 끝에 올리며 편은 오른쪽 끝에 올리고 청(조청, 꿀)은 편의 왼쪽에 차린다.

6) 향안 : 향로와 향합을 올려놓는 상

축판을 향안에 올려놓고 향로와 향합도 같이 올려놓으며 향안 밑에 모사기와 퇴주그릇, 제주 주전자 등을 놓는다.

양위가 모두 별세했을 때의 행사방법은 합설하는 것을 원칙으로 한다.

7. 지방(紙榜)

지방은 종이로 만든 신주로서, 제사를 지내려면 사당에서 신주를 옮겨 모셔야 하는데 신주가 없을 때 대신 지방(紙榜)을 써서 봉안한다. 지방은 정해진 규격이 없이 봉투처럼 접어서 쓰기도 하고 잘라 쓰기도 하는데 전통적으로 깨끗한 한지를 세로 22cm, 가로 6cm 정도의 직사각형으로 만들어 위쪽을 둥글게 자른다. 지방은 붓글씨로 한자로 쓰는 것이 좋다. 쓸 때는 남자 조상일 경우는 왼쪽에 오도록 하고, 비위(妣位)인 여자 조상일 때에는 오른쪽에 오도록 하여 둘을 나란히 쓰고 배위(配位)가 둘이나 세 분이면 처음을 고위(考位)부터 써서 왼쪽에서 오른쪽으로 차례대로 써나간다. 일반적으로 관직이 없을 때에는 '학생'이라고 쓰고, 관직이 있을 때의 비위는 '유인'이라 쓰지 않고 고위의 관직명에 따라 봉한 명칭을 쓰도록 한다. 또한 고위는 성을 쓰지 않지만 비위는 성을 쓴다. 동생과 아들의 경우에는 '학생' 대신 '자사(自士)'나 '수재(秀才)'라고도 쓴다.

〈벼슬을 지내지 않은 경우〉

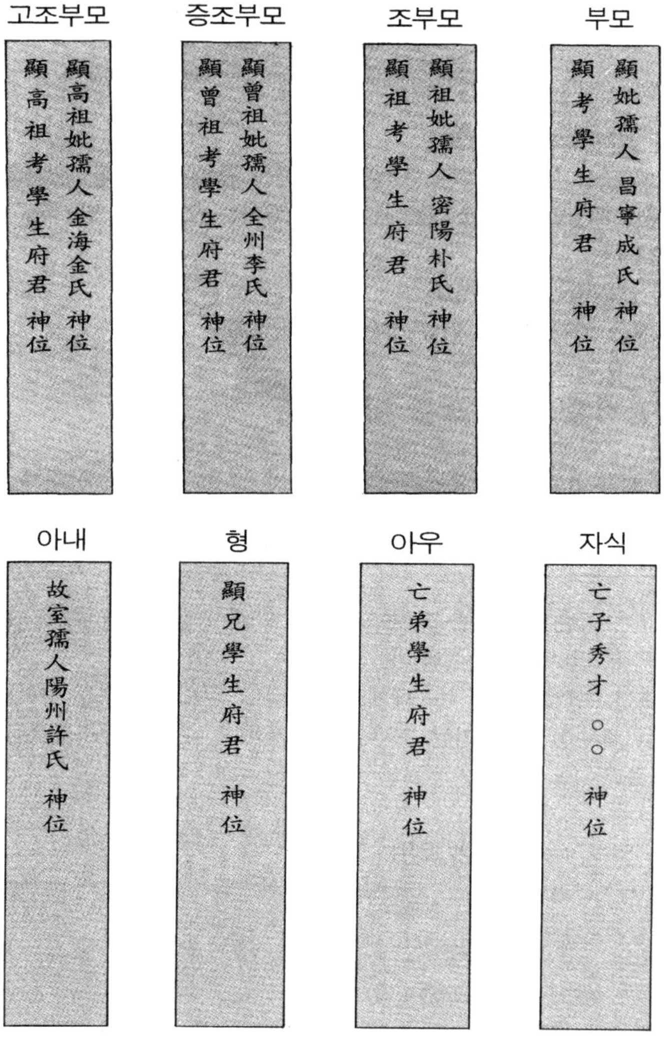

〈벼슬을 지낸 경우〉

고조부모	증조부모	조부모	부모	처
顯高祖妣貞敬夫人安東金氏神位 顯高祖考崇祿大夫議政府左贊成府君神位	顯曾祖妣貞夫人陽川許氏神位 顯曾祖考通政大夫成均館大司成府君神位	顯祖妣淑人慶州金氏神位 顯祖考通訓大夫行果川眩監府君神位	顯妣文學士清州韓氏神位 顯考東洋大學教授府君神位	故室淑人慶州金氏神位

8. 축문(祝文) 쓰는 법

축문은 신명 앞에 고(告)하는 글이며 그 내용은 제사를 받는 신위께서 간소하게 차린 제수나마 흠향하시라고 고(告)하는 뜻이다. 그러므로 한문의 뜻을 해석해 보면 잘 알 수 있다. 요즘은 한글로도 많이 쓰는데 크기는 폭이25㎝ 길이는 36㎝ 정도가 알맞다.

축문의 문구 중 유, 현, 향 세 글자는 다른 글자보다 한 글자 높이 올려서 쓰고 감, 소, 고, 우를 낮추어서 써야 되는 것이 원칙이다.

내용은 '언제, 누가, 누구에게, 무슨 일로, 무엇을'이라는 형식으로 고하고 제사를 받으시라는 순서로 이루어진다. 내용은 한문으로 쓰는 것이 좋다.

〈조부모(祖父母)께 올리는 축문〉

維歲次○○(太歲)○月 ○○(月建)
朔 ○日 ○○(日辰)
孝孫 ○○ (奉祀者名)敢昭告于
顯祖考 ○○(某官)府君 顯祖妣
○○(某封)○○(本貫)○(姓)氏
歲序遷易 顯祖考 諱日復臨 追遠感時
不勝永慕 謹以 清酌庶羞 恭伸奠獻 尙饗

○○년 ○월 ○일 손자 아무개는 감히 고합니다. 해가 바뀌어 할아버지(할머니) 돌아가신 날이 다시 오니 영원토록 사모하는 마음을 이기지 못하여 삼가 청주와 여러 음식으로 공손히 제사 드리오니 흠향하시옵소서.

*증조, 고조 때에도 같이 쓰되 제위와 봉사자의 촌칭만 촌수에 따라 달리 쓴다.

〈부모(父母)께 올리는 축문〉

維歲次○○(太歲)○月 ○○(月建)
朔 ○日 ○○(日辰)
孝子 ○○(奉祀者名) 敢昭告于
顯考○○(某官 또는 학생)附君 顯妣
○○(孺人 또는 某封) ○○(本貫)○(姓)氏
歲序遷易 顯考 學生府君 諱日復臨
追遠感時 昊天罔極 謹以 清酌庶羞
恭伸奠獻 尙饗

〈남편에게 올리는 축문〉

維歲次(太歲)○月 ○○(月建)
朔 ○日 ○○(日辰)
主婦 ○○○(姓名) 敢昭告于
顯辟 ○○(某官)府君 歲序遷易
諱日復臨 追遠感時 不勝感愴 謹以
淸酌庶羞 恭伸奠獻 尙饗

9. 제사 드리는 순서

돌아가신 날, 기일에 드리는 제사를 기제사라고 하는데 일 년에 한 번 지낸다. 제사는 원래 귀신에게 음식과 정성을 바쳐 기쁘게 해서 살아 있는 사람이 복을 받도록 하는 일종의 길례(吉禮)이다.

① 분향강신(焚香降神)

신위께서 강림하시어 음식을 드시도록 청하는 뜻으로 제주를 위시하여 모든 참사자가 신위 앞에 선 다음 제주는 꿇어앉아 분향하고 잔이 차지 않게 따른 술잔을 제주로부터 받아서 모사기에 세 번으로 나누어 부은 후에 빈 잔은 제주에게 건네주고 일어나서 재배한다.

이에 앞서 제주가 신위를 모셔온다고 문 밖에 나갔다가 들어오고, 제사를 마친 후에도 다시 신위를 배웅하여 문 밖까지 나갔다가 들어오는 지방 풍속도 있다.

향을 피우는 것은 위에 계신 신을 모시는 것이고, 술을 따르는 것은 아래에 계신 신을 모시는 것이다.

② 참신(參神)

참신은 강신을 마친 후에 모두가 일제히 신위를 향하여 재배하는 것으로 첫 문안 인사 같은 것이다. 신주를 모시고 올리는 제사인 경우에는 참신을 먼저하고 지방인 경우에는 강신을 먼저 한다.

예전에는 남자는 두 번, 여자는 네 번씩 절을 했는데 이는 남녀 차별이 아니라 음양의 법칙에 의해 그렇게 했다.

③ 진찬(進饌)

갓 준비한 음식을 제상에 올리는 절차이다. 제주와 주부가 대청에 올라가면 집사 한 사람은 쟁반에 어육을 받들고 다른 한 명은쟁반에 국과 밥을 받들어 따른다. 제주는 고위(考位)의 남쪽에 어육과 생선을 올리고, 주부는 밥을 들어 서쪽에 올리고 제자리로 돌아간다.

④ 초헌(初獻)

초헌은 신을 향사하는 의식의 시작으로 반드시 제주가 행하며 올린 후에 축문을 읽는다.

제주는 강신 때와 같이 꿇어앉아 분향한 후 좌집사로부터 받은 잔에 우집사가 술을 가득히 부어주면 오른손으로 잔을 들어 모사에 조금씩 세 번에 기울여 부은 뒤에 양손으로 받들어 집사에게 준다.

집사는 이를 받들어 먼저 고위 앞에 올린다. 다음으로 비위 앞에 올리는 잔은 모사기에 기울이지 아니하고 그대로 받아서 올리고 수저를 고른 후에 재배한다.

합사(合祀)일 경우에는 우선 고위에 올리고 두번째 잔을 받아서 그대로 비위에 올리고 수저를 고른 후 재배한다.

⑤ 독축(讀祝)

축문 읽는 것을 독축이라 하며 초헌 후에 일동이 꿇어앉으면 제주 옆에 앉은 축관이 천천히 크게 축문을 읽는다. 다 읽고나면 일동은 기립하여 재배한다. 독축은 초헌에 한한다.

축문을 읽고 나면 일동은 곡을 하고 조금 있다가 모두 일어나 두 번 절을 한다. 그러나 근래에 들어서는 이웃을 고려해서인지 곡을 생략한다.

⑥ 아헌(亞獻)

두번째 잔을 올리는 것을 아헌이라 하며 주부가 하는 것이 예의지만, 주부가 올리기 어려울 때는 제주의 다음가는 근친자가 초헌과 같이 한다. 주부는 재배가 아닌 사배를 올리는 것이 관례이다.

주부는 계속해서 음식 등을 올릴 준비를 해야 하고 제소에 드나들기 어렵기 때문에 일반적으로는 형제들이 행하는 것이 관례이다

⑦ 종헌(終獻)

아헌자의 다음가는 근친자가 끝으로 올리는 것을 종헌이라 하는데 아헌과 같이 행하며 잔을 받아서 모사기에 세 번 기울였다가 올린다. 집안에 따라서는 저(箸)를 고르기도 한다. 종헌 후에는 술을 퇴주 그릇에 붓지 않고 그냥 놔둔다.

⑧ 첨작(添酌), 유식(侑食)

초헌자가 신위 앞에 꿇어앉아 우집사가 새로운 술잔에 술을 조금 따라주면 받아서 좌집사에게 준다. 좌집사는 이것을 받아, 종헌자가 종헌때 모사에 기울였기 때문에 차지 않은 잔에 세 번으로 나누어 첨작하고 재배한다. 첨작을 유식이라고도

한다.

이어서 제주가 숟가락을 밥그릇 한가운데에 꽂고 손잡이는 서쪽으로 향하게 하며 젓가락을 바르게 놓고 서남에 서서 제주와 함께 재배하고 제자리로 돌아간다.

⑨ 합문(闔門)

합문이란 참사자 일동이 강림하신 신위께서 진설한 제주 음식을 흠향하시도록 한다는 뜻으로 방에서 나온 후 문을 닫는 것을 말하는데 대청에서 제사를 지내는 경우에는 뜰아래로 내려와 조용히 기다린다.

단칸방이나 부득이한 경우에는 제자리에 조용히 엎드려 있다가 몇 분 후에 세 번 기침하고 일어선다. 이때 남자들은 문의 동쪽에 서서 서쪽을 향하고 여자들은 서쪽에 서서 동쪽을 향하고 기다린다.

⑩ 개문(開門)

개문이란 문을 여는 것으로, 합문한 후 제주는 문을 열기 전에 헛기침을 세 번한 후 문을 열고 다같이 들어간다.

⑪ 헌다(獻茶)

숭늉을 갱과 바꾸어 올린 다음 수저로 메를 조금씩 세 번 떠서 말아놓고 저(著)를 고르고 난 후에 참사자 일동은 잠시 읍(揖)한 자세로 있다가 제주의 기침 소리에 따라서 고개를 든다.

⑫ 철시복반(撤匙複飯)

헌다 후에 신위께서 음식을 다 드셨다고 생각되면 숭늉 그릇에 놓인 수저를 거두고 메 그릇에 뚜껑을 덮는다.

⑬ 사신(辭神)

참사자 일동은 두 번 절하고 신주는 본래의 사당으로 모시고, 지방과 축은 불살라 재를 숭늉그릇에 넣는다. 신위와 작별을 뜻하는 것이다.

⑭ 철상(撤床)

모든 제수를 뒤에서부터 물리는 절차이다.

⑮ 음복(飮福)

조상께서 물려주신 복된 음식이라는 뜻으로 제사가 끝나는 대로 참사자와 가족이 모여 함께 식사를 할 뿐만 아니라, 또는 이웃어른을 모셔다가 음식을 대접하기도 하고 나누어주기도 한다.

10. 차례(茶禮)

① 차례의 유래

차례는 간소하게 하는 예이다. 명절 때 조상에게 올리는 제사를 말한다.

사당과 밀접한 관련이 있으며 정월, 동지, 보름, 매월 초하루에 차를 올리는 예라 하여 술잔 대신 차를 올리는 데에서 유래되었다고 본다.

근래에 사당이 거의 사라지게 되어 간단한 차례가 곧 명절 제사로 변천되어 추석과 설만 남게 되었다. 차례는 보통 고조부모까지 4대를 모시는데 명절날 아침 조상의 신주나 지방 혹은 사진을 모시고 장자나 장손의 집에서 지낸다.

② 차례의 절차

명절날 차례가 다른 차례와 다른 점은 헌작(獻酌)은 한 번에 그치고 축문을 읽지 않는다는 점이다.

*신위봉안(神位奉安) : 윗대부터 차례대로 신위를 모시는 것.

*분향(焚香) : 제주가 읍한 자세로 꿇어앉아 세 번 향을 사르고 재배한다.

*강신(降神) : 제주가 읍한 상태로 꿇어앉아 집사가 강신 잔에 술을 따라주면 모사기에 세 번에 나누어 붓고 재배한다.

*참신(參神) : 제주 이하 남자는 2번, 여자는 4번 절한다.

*진찬(進饌) : 갓 준비한 제물을 윗대부터 차례로 올린다.

*헌작(獻酌), 유식(侑食) :제주는 윗대 신위부터 아랫대 신위까지 잔에 차례대로 술을 따른다. 주부가 윗대 신위에서부터 차례대로 숟가락을 올려놓고 젓가락을 고른 후 시접에 걸쳐놓는다.

*낙시저(落匙箸) : 7, 8분 정도 조용하게 서 있다가 주부가 윗대부터 차례대로 숟가락을 내려놓고 젓가락을 내려 시접에 담는다.

*사신(辭神) : 남자 2번, 여자 4번 절을 한다.

*납주(納主) : 본래 위치로 신위를 모시고, 지방을 사용했을 때는 태워서 재를 향로에 담는다.

*철상(撤床) : 제상에서 음식을 뒤에서부터 내린다.

*음복(飮福) : 제사지낸 음식을 나눠 먹으며 조상의 덕을 기린다.

11. 묘제(墓祭)

본래는 3월 상순에 택일하고 지내는 제사이나, 한식날 지내는 수가 많다. 일일이 기제사를 지내기 힘들 때 즉 대(代)가 다했을 때도 이렇게 지내면 된다.

묘제는 조상의 산소에서 지내는 제사를 말하는 것으로 세일제(歲-祭), 묘사(墓祀), 시사(時祀), 시향(時享), 시제(時祭)라고도 한다.

5대조 이상의 선조의 산소에 청명, 한식, 단오, 중양 때에 묘제를 드려왔으나, 근래에는 3월이나 10월에 날을 잡아 해마다 한 번씩 지내는 것으로 바뀌어오고 있다.

① 묘제의 준비

택일은 사시제(四時祭)와 같다. 하루 전에 제물을 준비하는데 묘마다 각각 따로 준비한다. 묘제는 밖에서 지내는 것이므로 차일을 친다. 그 외는 기제사와 같게 준비하면 된다.

묘제에서는 떡과 국수를 따로 쓰는 경우가 많고 탕은 다섯 가지로 하고 어육은 더 많은 종류를 쓴다. 상차림은 6열로 차리는 경우가 많다.

② 묘제의 절차

지방이나 신주가 필요하지 않으므로 참신을 먼저 한다. 그리고 유식, 첨잔, 합문과 개문의 절차가 없고, 삽시정저(揷匙定箸)는 초헌 때만 하고 나머지는 기제사와 같다.

날을 잡으면 목욕재계하고 제수를 준비한다. 또 청소를 하고 돗자리를 깐 후에 음식을 차리는 과정을 거친다. 절차는 다음과 같다.

*참신(參神) : 참사자는 모두 두 번 절함.

*강신(降神) : 초헌자는 향을 세 번 사르고 두 번 절함.

*초헌(初獻) : 첫 잔 술을 올린다.

*독축(讀祝) : 축문을 읽는다.

*아헌(亞獻) : 두 번째 술잔을 올림.

*종헌(終獻) : 마지막 술잔을 올림.

*헌다(獻茶) : 숭늉을 올림.

*사신(辭神) : 참사자 모두 절한다.

*철상(撤床)과 분축(焚祝) : 제수를 거두고 축문을 태움.

*음복(飮福) :자손들이 음식을 나누어 먹는다.

③ 산신제(山神祭)

요즘은 산신제라고 하지만 예전에는 토지신(土地神)에게 제사를 드린다고 해서 후토제(后土祭)라고 했다.

묘제가 끝나면 미리 보아둔 묘의 왼쪽 땅을 고르게 하고 조상의 묘를 무사히 보살펴달라고 제사를 지내는 것이다.

산신제는 토지신에게 올리는 제사라 분향은 하지 않고 강신 잔만 준비해서 지내는데 술, 과실, 포, 등을 준비한다. 술잔과 젓가락은 하나만 준비한다. 근래에는 술을 한 번만 올리는 것이 보편화되었다.

3. 현대의 제례

사람은 누구나 자기를 존재하게 한 근본인 조상에 보답해야 하며(報本之禮), 그것이 곧 효도(孝道)이다. 효도란 부모와 조상을 극진한 정성과 공경으로 섬기는 일인데, 살아계신 동안 지성으로 섬겨야 하며 돌아가신 후에도 잊는다면 도리라 할 수 없다. 조상에 대한 보답은 그러므로 살아계신 동안만 하는 것이 아니고 자기가 살아 있는 한은 멈출 수 없는 것이다. 그러므로 돌아가신 조상을 살아계신 조상 섬기듯이 모시는 것(事死如事生)이 효도이며 이는 제례를 통하여 행해지는 것이다.

조상에 대한 제사는 원시시대부터 지내왔다. 처음에는 조상의 화상을 그려서 지내다가 문자로 위패를 써서 모시고 제사지내게 되었다고 한다. 지금 우리가 행하고 있는 제례는 고려 때부터 정립되었다. 고려말엽에 포은 정몽주(圃隱 鄭夢周)선생이 제정한 제례규정(祭禮規定)에 의하면 3품관 이상은 증조부모까지 3대를 제사지내고, 6품관 이상은 조부모까지 2대를 제사지내며, 7품관 이하 서민들은 부모만 제사지낸다고 했다. 조선조 〈경국대전(經國大典)〉에는 3품관 이상은 고조부까지 4대를 제사지내고, 6품관 이상은 증조부모까지 3대, 7품관 이하 선비들은 조부모까지 2대, 서민들은 부모만 제사지낸다고 했다.

1894년 갑오경장(甲午更張)으로 신분제도가 철폐되면서 누구든지 고조부모까지 4대봉사를 하게 되었다. 4대봉사(四代奉祀)를 하는 이유는 생전에 고조부모의 사랑을 받았으므로 제사지내지 않을 수 없기 때문이다.

외래종교에서는 조상의 위패(제사대상)를 모시고 제사지내거나 돌아가신 조상에게 절하는 것을 우상숭배라 하여 반대하고 있으나, 우리 국민 대부분은 조상을 우상으로 여기면서 어떻게 다른 신(神, 신앙)을 인정할 수 있느냐 하고 따르지 않고 있다. 더구나 도덕 윤리가 무너지고 탈선 청소년 문제 등 각종 사회문제가 심각해짐에 따라 조상을 섬기는 효사상의 중요성과 제례의 필요성이 크게 대두되고 있다.

돌아가신 조상을 살아계신 조상을 섬기듯이 모시려면 조상을 상징하는 표상(表像)이 필요하여 위패(位牌)를 만들었으며, 위패를 모시는 장소를 가묘라 한다. 옛날에는 조상의 표상으로 화상을 그려서 모셨기 때문에 영당(影堂)이라 했는데, 약 8백 년 전부터 글씨로 쓴 신주(神主)를 만들어 사당(祠堂)에 모시게 되었다. 농경(農耕)을 주업으로 정착생활을 할 때는 가묘를 짓고 조상을 모시기가 수월했으나 생활여건의 변화로 지금은 가묘를 짓고 조상을 모시는 가정이 드물다. 항상 모시는 위패가 없으므로 필요시 임시위패를 제작하여 사용하는데, 그것이 지방(紙榜)이다. 그것이 현대에 와서는 사진을 모시는 경우도 있으나 후손들에게 효도사상을 가르치고 계승시키기 위해서는 가묘의 필요성도 요구되고 있다.

"살아 계신 조상은 받들면서 그 조상이 돌아가셨다고 해서 잊어버리고 박하게 한다면 심히 옳지 못한 일이다."라고 정자(程子)는 말하고 있다.

역대 조상의 신위를 사당에 모시는 종가에서는 삭망, 속절시식, 사시제, 기제사, 묘제 등 한 해에 무려 47회의 제사를 지내지 않으면 안 되었다고 한다. 현대는 생활형태가 주로 상공업, 서비스업 등으로 바뀌면서 가족들이 뿔뿔이 흩어져서 산다. 때문에 물질적으로 풍부해지고 교통이 편리해졌다고 하더라도 많은 회수의 제사를 지내기 위해 한자리에 모이는 것은 어렵다.

제사는 조상을 공경하는 마음과 효도하는 마음을 나타내는 의식이므로, 흩어져 있던 가족이 모여 돌아가신 조상의 유덕을 기리고 혈육간의 유대를 돈독히 하며, 자라나는 후손들에게 자신의 근본을 깨닫게 할 수 있는 풍습이므로 그 의미는 존중되어야 한다. 다만 까다로운 격식이나 복잡한 절차, 더러는 사치한 의식을 그대로 고집하는 일은 지양해야 할 것이다.

1973년 5월 대통령령으로 정부는 '가정의례준칙'을 제정하여 국민의 가정의례, 즉 혼례, 상례, 제례 등의 전반에 관한 절차와 내용들을 규정하였다. 이것은 다시 1980년 12월에 '가정의례에 관한 법률'이 제정된 후에 여러 번의 개정을 거쳐 현행 '가정의례준칙'으로 확정되어 오늘날까지 시행되고 있다.

이 장에서는 '가정의례준칙'에 의한 현대의 제례에 대해 설명하기로 한다.

1. 제사의 종류

가정의례준칙에서는 제사의 종류를 기제사, 묘제사, 절제사(원단과 추석)로 한다고 되어 있다. 그밖에 가족, 친지와 더불어 사회적인 유대관계에 있는 여러 사람이 함께 참례하는 추도식과 위령제가 있다.

2. 봉사(奉祀)의 범위

① 기제사는 제주의 조부모, 부모의 2대 봉사를 원칙으로 하되 제주가 승안(承顔)한 조상, 무후(無後)한 조상은 제주 당대에만 모신다.

② 원단(元旦)에는 직계 조상을 대상으로 한다.

③ 묘제사의 봉사는 2대까지로 한다.

④ 추석 또는 중구(重九)는 직계 조상을 모신다.

일부에서는 가정의례준칙에 따라 2대 봉사를 하는 사람도 있지만 아직은 전통의 제례대로 4대 봉사를 하는 사람이 많다.

가정의례준칙에서 절제사의 대상은 직계 조상으로 한다고 하고 대의 수를 명시하지 않은 것은 모순이며, 같은 명절의 차례인데도 불구하고 절제사와 연시제로 구분한 것도 사리에 맞지 않다고 볼 수 있다.

3. 제사의 절차

① 모든 제사는 고인이 생전에 좋아하던 간소한 음식물을 진설한다. 다만, 공화(供花)로써 제물을 대신할 수 있다.

② 모든 제례 절차는 단헌(單獻), 단배(單拜)하고 묵념 후에 다시 단배한다.

③ 제사에는 추도문 또는 축문을 읽는다.

④ 제복은 평상복으로 한다.

⑤ 모든 신주(불천위 포함)는 폐지하고 사진으로 대신한다.

⑥ 참사자는 직계 자손으로 한다.

이상이 가정의례준칙에 의한 제사에 관한 주요 항목인데 이론(異論)이 많다. 제수를 간소하게 하는 것은 좋지만 그것을 일상 때의 반상음식으로 한다는 것은 제사의 엄숙한 풍습을 저버리는 일이라고 주장하는 사람들도 있다. 그 이유는 제사 음식은 일상의 음식에서 유래된 것이기는 하지만, 그것은 일정하게 의식화된 전례(典禮)를 위한 의물(儀物)이므로 일상의 음식과 같게 한다면 산 사람과 죽은 사람의 구분이 없어지게 된다는 것이며, 그렇다면 제사를 지내지 않는 것과 다름없다는 것이다.

또 참사자를 직계 자손으로 한정한다는 것도 옳지 못하다는 사람들이 많다. 제사의 참여는 방계의 친족, 친지 누구든지 자유로워야 하며 제한할 필요가 없다는 것이다. 전해 내려오는 모든 예법이 그것을 허용하고 있는데 가정의례준칙에서만 불필요한 제한을 두는지 알 수 없다는 것이다.

가정의례준칙에 의한 제수 진설도(陳設圖)는 다음과 같다.

한 분을 모실 때

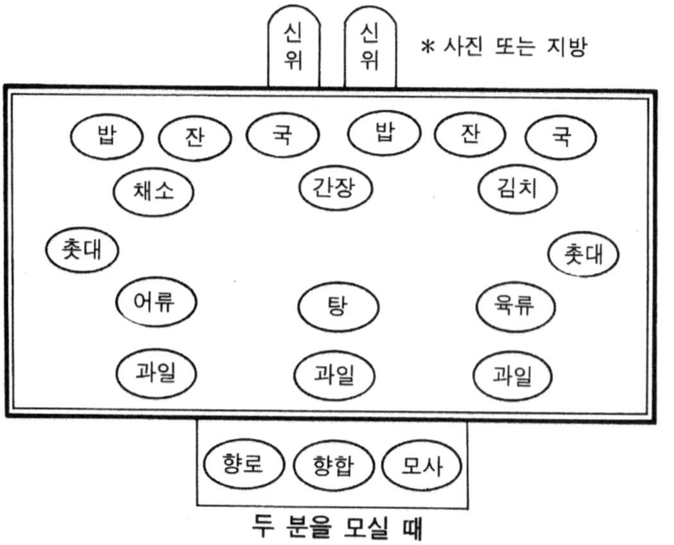

두 분을 모실 때

4. 지방(紙榜)과 축문(祝文)

지방은 기제사와, 설과 추석에 드리는 절사에 필요하다.

지방에 의례적으로 학생부군(學生府君)이라고 쓰는데 이것은 잘못된 것이다. 원래 '학생(學生)'은 조선시대에 과거시험을 준비하는 예비 관원 신분의 사람들을 지칭하던 말이다. 오늘날에도 관직에 있던 사람의 지방에는 당연히 관직명을 쓰고, 사설단체나 기업체 등에서의 직함도 쓰는 것이 좋다. 다만 관직을 쓸 때는 대표적인 직함 하나만을 간략하게 쓰는 것이 좋다.

박사나 석사, 학사와 같은 학위도 쓰는 것이 좋다. 여성의 경우도 관직이나 사회적 직함 또는 학위를 쓰는 것이 좋다.

① 관직을 쓰는 경우

顯祖考國會議員府君神位

顯考大法官府君神位

顯祖考陸軍中將府君神位

顯考原通面長府君神位

② 사회 직함을 쓰는 경우

顯祖考青少年善導委員府君神位

顯考辯護士府君神位

③ 학위 등을 쓰는 경우

顯祖考經濟學博士府君神位

顯考文學碩士府君神位

④ 여성의 경우

顯妣國會議員潘南朴氏神位

顯妣教師坡平尹氏神位

顯妣國民銀行代理全州李氏神位

예란 것은 시대에 따라 변하는 것이므로 여성 직함을 지방이나 축문에 쓰는 일은 문명이 고도로 발전되어 가는 오늘날 자연스러운 현상이라고 볼 수 있다.

⑤ 한글로 쓰는 경우

요즘은 한글로 지방이나 축문을 쓰는 경우도 많다.

한글로 쓸 때는 한자 문구를 그냥 한글로 표기하기도 하고, 그 뜻을 풀이하여 쓰기도 한다.

축문은 가능하면 한문으로 쓰는 것이 좋지만, 부득이한 경우에는 한글로 쓸 수 있다. 이 경우에도 문안은 한문으로 두고 글자만 소리대로 한글로 쓸 수도 있고, 뜻을 한글로 표현하여 쓸 수도 있다. 이런 경우에는 년, 월, 일도 양력을 사용하고 연호도 서력기원을 쓰는 것이 무방하다.

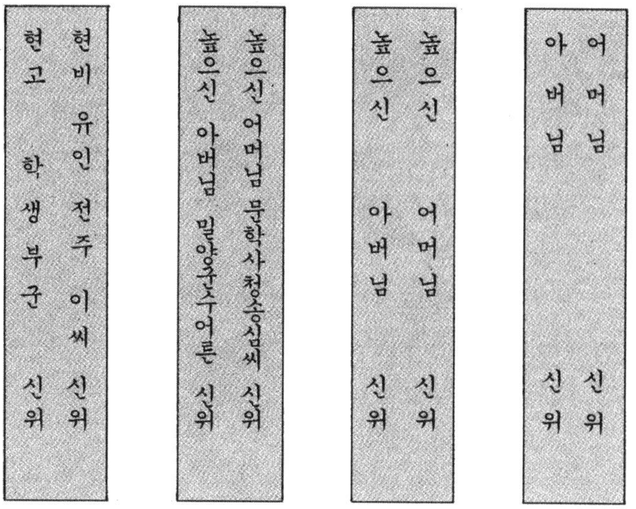

서기 1994년 12월 20일 효자 교장 삼식은 삼가 높으신 아버님 군청장 어른과 높으신 어머님께 말씀드립니다. 세월이 흘러 동지의 때가 되니 계절과 함께 추념하고 감동되어 사모하는 마음을 금할 수 없습니다. 이에 깨끗한 여러 음식을 갖추어 공손히 정기의 제향을 올리오니 흠향하시기 바랍니다.

5. 제삿날과 시간

가정의례준칙에 '기제사의 일시는 기일(忌日)의 일몰 후에 지낸다.'고 되어 있는데 합리적인 생각이다.

예서(禮書)에 기제사는 조상이 돌아가신 날의 먼동이 틀 때 시작해서 밝을 무렵에 끝내는 것으로 정하고 있으나 우리나라에서는 관습적으로 첫 새벽에 지냈다. 그러나 과거의 통행금지 제도, 주거 환경적 요인으로 인해 초저녁 제사를 지내오면서 제삿날에 대한 인식에 차이가 생겼다.

돌아가신 전날이 제사라고 생각해서 실제 돌아가신 전날의 초저녁에 지내야 한다고 하는 말도 있다.

새벽 제사를 지낼 때 돌아가시기 전날을 제삿날이라고 했던 데에서 나온 말인데, 제사 준비는 전날에 했지만 실제 제사를 지낸 시간으로 보면 돌아가신 날의 첫 새벽이다.

그리고 기일(忌日)이란 돌아가신 날이란 뜻이며, 축문에도 휘일부림(諱日復臨)이라고 해서 돌아가신 날이 다시 돌아온다고 했다. 초저녁에 지내려면 돌아가신 날의 일몰부터 자정이 되기 이전에 지내야 한다.

3. 종교에서의 제례

종교를 가진 사람들은 대부분이 제사를 지내지 않으며 각 종교에서 행하는 추도식과 미사로 대신한다.

1. 기독교에서의 추도식

기일이 되면 가족들이 모여 목사의 주관으로 대략 다음 같은 순서로 추도식을 행한다.

*찬송 : '내 평생에 가는 길', '저 높은 곳을 향하여'를 부르는데, 선택은 목사가 알아서 한다.

*기도 : 주례 목사가 하는데 대부분이 유족들은 슬퍼하지만 말고 하늘의 영광을 바라보며 위안과 소망을 갖게 해달라는 내용이다.

*성경 봉독 : 추도식과 관련 있는 성경 구절을 낭독한다.

*찬송

*기념 추도 : 주례 목사가 고인의 행적 또는 유훈을 설교와 겸해 말한다.

*묵도 : 약 3분간 고인의 명복을 비는 묵념을 한다.

*찬송

*주기도문 : 참례자 일동이 함께 주기도문을 외운다.

기독교에서 제사를 지내지 않는 것은 고인을 추모하지 않는다는 것이 아니고, 고인을 신격화(神格化)하여 숭배하지 않는다는 뜻이다.

2. 천주교에서의 추도 미사

천주교에서는 장례를 치른 날로부터 3일, 7일, 30일째 되는 날에 연미사를 드린다.

첫 기일이 되면 연미사를 드리며, 가족이 다같이 고해성사와 성체성사를 받도록 한다. 추도 미사에 참례하는 사람들에게 간단하게 음식을 대접하기도 한다. 고인을 위하여 미사를 드리는 일은 성모께서 부탁하신 일이라 하여 근래에 들어서 특별히 강조하고 있다.

천주교에서는 11월 2일이 일종의 묘제라고 할 수 있는 날인데, 연옥(煉獄)에 있는 모든 영혼을 위하여 올리는 미사로 추사이망첨례(追思已亡瞻禮)라 하여 교우들이 묘지를 찾아가 고인의 영혼을 위하여 기도를 드리는 의식이다. 또 한국 가톨릭 지도서에는 '교우들이 일 년 중 어떤 날을 택하여 묘지를 찾아가 타인들이 성묘하는 날 잔디를 입히거나 잡초를 뽑는 것은 관계없다. 될 수 있는 한 교우들은 추사이망첨례날 묘지를 방문할 것이다.'라고 되어 있다. 특히 교우의 묘지가 있으면 이날 단체로 묘지를 방문하는 것은 좋은 풍속이다. 서양에서는 이날 사이가 안 좋은 사람들도 함께 묘지에 모이고, 특정한 묘지에 관계가 없는 교우들도 모두 모인다.

3. 불교에서의 추도 의식

불교에는 사십구제와 백일제처럼 고인의 명복을 비는 제(齋)가 있고, 소기(小朞)와 대기(大朞)에 제를 올린다.

위패를 절에 모실 경우 불가피한 사정으로 유가족이 참석하지 못해도 절에서 기일과 생일에 맞추어 제를 올려준다. 절차는 다음과 같다.

*개식 : 주례 스님이 선언한다.

*삼귀의례(三歸依禮) : 불법승(佛法僧)의 삼보(三寶)에 인간이 귀의한다는 의식을 거행한다.

*독경 : 일반적으로 반야심경을 읽는다.

*묵도 : 참석한 일동이 입정(入定 : 방에 들어가 앉음)하고 드린다.
*추도문 낭독 : 추도문을 읽을 때 고인 생전에 친했던 사람이 고인의 약력을 소개하기도 한다.
*추도사 낭독 : 고인과 유가족에 대해 위안을 겸한 추도사를 한다.
*감상(感想) : 내빈 중 대표가 나와서 위로의 말을 한다.
*분향(焚香) : 유족이 분향하고 참석자가 차례로 분향한다.
*답사 : 제주가 내빈에 대한 답례의 말을 한다.
*폐식

4. 일반 추도식

제사는 집안 되는 사람들이 모여서 지내지만, 고인이 국가와 사회에 덕망이 높았고 공익에 이바지한 바가 많으면 친척, 친지, 고인을 평소에 따르던 사람들, 단체 등에서 추도식을 갖는다.

추도식에 참석한 사람은 각기 분향 배례하고 유가족에게 인사한 뒤에 물러난다. 참석자는 모두 정중하고 엄숙하게 행동하며 옷차림은 검정색이 좋다.

보통 넓은 장소나 묘소에서 하는데 제사처럼 제물은 차리지 않고 다음과 같은 식순으로 한다.
*개식: 사회자가 선언.
*묵념 :고인을 추모하는 묵념. 묘소일 경우는 배례를 하기도 한다.
*약력 보고 : 고인의 업적을 간추려 보고한다.
*추도사 : 고인을 추모하는 말.
*분향 : 영정에 향을 피우고 배례.
*폐식 : 사회자의 선언으로 추도식을 마친다.

5. 합동 위령제

전쟁이나 큰 사고, 또는 천재지변으로 많은 생명이 희생되었을 때 그 영혼들을 위로하는 제사이다.

위령제를 주관하는 측의 입장에 따라서 일반 의식이나 종교 의식으로 할 수 있다. 식순은 다음과 같다.

*제례 거행 선언

*주악

*일동 경례

*사건의 개략적인 보고

*추모사

*분향과 헌작

*일동 경례

*주악

*예필 선언

위령제에 참석하는 사람의 옷차림은 검정 양복이나 흰색 한복으로 정장하는 것이 예의이다.

위령제나 추모식에서의 분향, 헌작의 절차는 연고자와 대표자 몇 명으로 제한하여 혼잡을 막고 시간을 절약한다.

明心寶鑑

머리말

明心寶鑑은 高麗 忠烈王 때의 문신(文臣) 추적(秋適)이 저술했으며, 원래 繼善, 天命 등 十九편으로 되어 있던 것을 근래에 와서 어떤 학자가 增補, 八反歌, 孝行, 廉義, 勸學 등 5편을 증보하여 내용을 보강함으로써 전 24편으로 되어 있다.

선한 자에게는 복을 내리고 악한 자에게는 재앙을 주는 하늘의 밝은 섭리를 설명하고, 자신의 반성을 통하여 인간 본연의 양심으로 존엄성을 높이고 숭고한 인격을 도야할 것을 일깨워주고 있다.

父子, 君臣, 夫婦, 長幼, 朋友 사이의 인간관계의 질서를 밝히는 삼강오륜(三綱五倫)의 도리를 가르치고, 천명(天命)을 따르면 살고 이를 거슬리면 죽는다고 하는 안분수명(安分守命)을 이치를 권유했다. 또 때를 잃지 말고 부지런히 배워서 학문을 이루고, 큰 사업을 이룩해서 이름을 빛낼 것을 강조하기도 했다.

明心寶鑑에서 말하는 금언(金言)들은 개인의 인격 도야로 시작해서, 한 가정을 원만하게 이루고, 사회에 참여하며, 더 나아가서는 나라를 다스리는 문제에 이르기까지 폭 넓게 그 원칙론을 다루고 있다. 우리는 모두 이것을 숙독하여, 그 진정한 의의(意義)를 깨달아서 심신을 갈고 닦아 뜻을 세우고, 학문을 이루어 사회와 인류문화에 기여함으로써 삶을 풍요롭게 해야 한다. 인생은 고행이란 말이 있고, 또 사회적 동물인 사람을 대하는 것이 가장 힘들다고도 한다. 사회에 나가서 삶을 개척하려면 많은 난관이 앞을 가로막는다. 사람은 그 난관을 극복하며 굳세게 살아 나갈 수 있는 방법을 배워야한다.

과학문명이 고도로 발달되어 가는 오늘날에 明心寶鑑의 금언(金言)들 중에는 시대의 흐름에 맞지 않는 것들이 간혹 있을지 모르겠으나 대부분이 우리가 명심해서 실천해야 할 덕목(德目)들이다. 모두가 이것들을 배우고 깨우쳐서 지혜롭게 살아가는 삶의 지표로 삼아야 한다.

1. 繼善篇(계선편)

子曰 爲善者 天報之以福 爲不善者 天報之以禍
자왈 위선자 천보지이복 위불선자 천보지이화

공자가 말씀하시기를 "착한 일을 하는 사람에게는 하늘이 복을 주고 악한 일을 하는 사람에게는 하늘이 재앙을 주느니라."고 하셨다.

漢昭烈 將終 勅後主曰 勿以善小而不爲 勿以惡小而爲之
한소열 장종 칙후주왈 물이선소이불위 물이악소이위지

한나라의 소열황제가 죽을 때 후주에게 조칙을 내려서 말하기를 "선함이 작다고 해서 아니 하지 말고, 악함이 작다고 해서 해서는 안 된다."고 하셨다.

莊子曰 一日不念善 諸惡皆自起
장자왈 일일불념선 제악개자기

장자가 말하기를 "하루라도 착한 일을 생각지 않으면 모든 악함이 저절로 일어나느니라."고 하셨다.

太公曰 見善如渴 聞惡如聾 又曰 善事須貪 惡事莫樂
태공왈 견선여갈 문악여롱 우왈 선사수탐 악사막락

태공이 말하기를, "착한 일을 보거든 목마를 때 물 본 듯이 주저하지 말며, 악한 것을 듣거든 귀머거리 같이 하라." 또 "착한 일이란 모름지기 탐내야 하며, 악한 일이란 즐겨하지 말라."고 하셨다.

馬援曰 終身行善 善猶不足 一日行惡 惡自有餘
마원왈 종신행선 선유부족, 일일행악 악자유여

마원이 말하기를 "한 평생 착한 일을 행하여도 착한 것은 오히려 부족하고, 단 하루를 악한 일을 행하여도 악은 스스로 남느니라."고 하셨다.

司馬溫公曰 積金以遺子孫 未必子孫能盡守 積書以遺子孫未必
사마온공왈 적금이유자손 미필자손능진수 적서이유자손미필

子孫 能盡讀不如 積陰德於冥冥之中 以爲子孫之計也
자손 능진독불여 적음덕어명명지중 이위자손지계야

사마온공이 말하기를 "돈을 모아 자손에게 넘겨준다 하여도 자손이 반드시 다 지킨다고 볼 수 없으며, 책을 모아서 자손에게 남겨 준다 하여도 자손이 반드시 다 읽는다고 볼 수 없다. 남모르는 가운데 덕을 쌓아서 자손을 위한 계교를 하느니만 같지 못하느니라."고 하셨다.

景行錄曰 恩義廣施 人生何處不相逢 讐怨莫結 路逢狹處難回避
경행록왈 은의광시 인생하처불상봉 수원막결 노봉협처난회피

〈경행록〉에 말하기를 "은혜와 의리를 널리 베풀라. 인생이 어느 곳에서든지 서로 만나지 않으랴? 원수와 원한을 맺지 말라. 길 좁은 곳에서 만나면 피하기 어려우니라."고 하셨다.

莊子曰 於我善者我亦善之 於我惡者我亦善之 我旣於人無惡 人能於我無惡哉
장자왈 어아선자아역선지 어아악자아역선지 아기어인무악 인능어아무악재

장자가 말하기를 "나에게 착한 일을 하는 자에게는 나 또한 착하게 하고, 나에게 악한 일을 하는 자에게도 나는 또 착하게 할 것이다. 내가 이미 남에게 악하게 아니 하였으면 남도 나에게 악하게 할 수 없을 것이다."고 하셨다.

東岳聖帝垂訓曰 一日行善福雖未至禍者遠矣 一日行惡 禍雖未至福者遠矣
동악선제수훈왈 일일행선복수미지화자원의 일일행악 화수미지복자원의

行善之人如春園之草 不見其長日有所增 行惡之人如磨刀之石 不見其損日有所虧
행선지인여춘원지초 불견기장일유소증 행악지인여마도지석 불견기손일유소휴

동악성제가 훈계를 내려 말하기를 "하루 착한 일을 행할지라도 복은 비록 이르지 아니 하나 화는 스스로 멀어진다. 하루 악한 일을 행할지라도 화는 비록 이르지 아니 하나 복은 스스로 멀어진다. 착한 일을 행하는 사람은 봄 동산에 풀과 같아서 그 자라나는 것이 보이지 않으나 날로 더하는 바가 있고, 악을 행하는 사람은 칼을 가는 숫돌과 같아서 갈리어서 닳아 없어지는 것이 보이지 않아도 날로 이지러지는 것과 같으니라."고 하셨다.

子曰 見善如不及 見不善如探湯
자왈 견선여불급 견불선여탐탕

공자가 말하기를 "착한 것을 보거든 미치지 못하는 것과 같이 하고 악한 것을 보거든 끓는 물을 만지는 것과 같이 하라."고 하셨다.

2. 天命篇(천명편)

子曰 順天者存 逆天者亡
자왈 순천자존 역천자망

공자가 말하기를 "하늘을 순종하는 자는 살고, 하늘을 거역하는 자는 망한다."고 하셨다.

康節邵先生曰 天聽寂無音 蒼蒼何處尋 非高亦非遠 都只在人心
강절소선생왈 천청적무음 창창하처심 비고역비원 도지재인심

강절소 선생이 말하기를 "하늘의 들으심이 고요하여 소리가 없으니 푸르고 푸른데 어느 곳에서 찾을 것인가. 높지도 않고 또한 멀지도 않다. 모두가 다만 사람의 마음 속에 있는 것이다."라고 하셨다.

玄帝垂訓曰 人間私語天聽若雷 暗室欺心神目如電
현제수훈왈 인간사어천청약뢰 암실기심신목여전

현제께서 말하기를 "사람들의 사사로운 말도 하늘이 듣는 것은 천둥소리 같고, 어두운 방 속에서 마음을 속여도 신의 눈은 번개와 같다."고 하셨다.

益智書云 惡若滿天必誅之
익지서운 악약만천필주지

익지서에 이르기를 "나쁜 마음이 가득 차면 하늘이 반드시 죽인다."고 했다.

莊子曰 若人作不善得顯名者 人雖不害天必戮之
장자왈 약인작불선득현명자 인수불해천필륙지

장자가 말하기를 "사람이 착하지 못한 일을 해서 이름을 얻은 자는 사람이 해치지 않더라도 하늘이 반드시 죽일 것이다."고 하셨다.

種瓜得瓜 種豆得豆 天網恢恢 疎而不漏
종과득과 종두득두 천망회회 소이불루

오이씨를 심으면 오이를 얻고 콩을 심으면 콩을 얻는다. 하늘의 그물이 넓어서 보이지는 않으나 새지 않는다.

子曰 獲罪於天 無所禱也
자왈 획죄어천 무소도야

공자가 말하기를 "악한 일을 하여 하늘에 죄를 얻으면 빌 곳이 없다."고 하셨다.

3. 順命篇(순명편)

子曰 死生有命 富貴在天
자왈 사생유명 부귀재천

공자가 말하기를 "죽고 사는 것은 명에 있고, 부자가 되고 귀하게 되는 것은 하늘에 있다."고 하셨다.

萬事分已定 浮生空自忙
만사분기정 부생공자망

모든 일은 분수가 이미 정하여져 있는데 세상 사람들이 부질없이 스스로 바쁘게 움직인다.

景行錄云 禍不可倖免 福不可再求
경행록운 화불가행면 복불가재구

경행록에 이르기를 "화는 요행으로는 면하지 못하고 복은 가히 두 번 다시 구하지 못한다."고 하였다.

時來風送藤王閣 運退雷轟薦福碑
시래풍송등왕각 운퇴뢰굉천복비

때가 이르니 바람이 등왕각으로 보내고 운이 없으니 벼락이 천복비를 때렸다.

列子曰 痴聾痼啞家豪富 智慧聰明却受貧, 年月日時該載定 算來由命不由人
열자왈 치롱고아가호부 지혜총명각수빈, 연월일시해재정 산래유명불유인

열자가 말하기를 "어리석고 귀먹고 고질이 있고 벙어리라도 집은 큰 부자요, 지혜 있고 총명하지만 도리어 가난하다. 운수는 해와 달, 날과 시가 분명히 정해져 있으니 계산해보면 부귀는 사람에 있지 않고 명에 있는 것이다."고 하셨다.

4. 孝行篇(효행편)

時曰 父兮生我母兮鞠我 哀哀父母生我劬勞 欲報深恩昊天罔極
시왈 부혜생아모혜국아 애애부모생아구로 욕보심은호천망극

시에 이르기를 "아버지 나를 낳으시고 어머니 나를 기르시니, 아아 애닯다 부모님이시어 나를 낳아 기르시느라고 애쓰고 수고하시었다. 그 은혜를 갚고자 한다면 넓은 하늘도 끝이 없네."라고 하였다.

子曰 孝子之事親也 居則致其敬 養則致其樂 病則致其憂 喪則致其哀 祭則致其嚴
자왈 효자지사친야 거즉치기경 양즉치기락 병즉치기우 상즉치기애 제즉치기엄

공자가 말하기를 "효자가 어머니를 섬기는 것은 거처하심에는 그 공경을 다하고, 봉양함에는 즐거움을 다하며, 병이 드시면 근심을 다하고, 돌아가시면 슬픔을 다하며, 제사지낼 때엔 엄숙함을 다한다."고 하셨다.

子曰 父母在 不遠遊 遊必有方

자왈 부모재 불원유 유필유방

공자가 말하기를 "부모가 살아 계시면 멀리 떨어져 놀지 않으며 노는 곳을 반드시 알려야 하느니라."고 하셨다.

子曰 父母命召 唯而不諾 食在口則吐之

자왈 부모명소 유이불약 식재구즉토지

공자가 말하기를 "부모님이 부르시면 즉시 대답하며 거스르지 말고 음식이 입에 있거든 뱉고 대답해야 한다."라고 하셨다.

太公曰 孝於親子亦孝之 身旣不孝子何孝焉

태공왈 효어친자역효지 신기불효자하효언

태공이 말하기를 "자신이 어버이에게 효도하면 자식이 또한 나에게 효도한다. 자신이 어버이에게 효도를 하지 않는다면 자식이 어찌 나에게 효도하겠는가?"라고 하셨다.

孝順還生孝順子 五逆還生五逆兒 不信但看簷頭水 點點滴滴不差移

효순환생효순자 오역환생오역아 불신단간첨두수 점점적적불차이

효도하고 순종하는 자는 다시 효도하고 순종하는 자식을 낳고, 오역하는 자는 다시 오역하는 자식을 낳을 것이니, 믿어지지 않거든 처마 끝의 물을 보라. 처마 끝에

떨어지는 물방울은 어기고 옮기는 일이 없느니라.

5. 正己篇(정기편)

性理書云 見人之善而尋其之善 見人之惡而尋其之惡 如此方是有益
성리서운 견인지선이심기지선 견인지악이심기지악 여차방시유익

〈성리서〉에 이르기를 "남의 착한 것을 보고서 나의 착한 것을 찾고, 남의 악한 것을 보고서 나의 악한 것을 찾을 것이니 이같이 함으로써 유익함이 있을 것이니라." 고 했다.

景行錄云 大丈夫當容人 無爲人所容
경행록운 대장부당용인 무위인소용

〈경행록〉에 이르기를 "대장부는 마땅히 남을 용서할지언정 남의 용서를 받는 사람이 되지 말 것이니라."고 하였다.

太公曰 勿以貴己而賤人 勿以自大而蔑小 勿以恃勇而輕敵
태공왈 물이귀기이천인 물이자대이멸소 물이지용이경적

태공이 말하기를 "나를 귀하게 여기듯 남을 천하게 여기지 말고 자기가 크다고 해서 남이 작은 것을 업신여기지 말며 용맹을 믿고서 적을 가볍게 여기지 말 것이니라."고 하셨다.

馬援曰 聞人之過失 如聞父母之名 耳可得聞 口不可言也
마원왈 문인지과실 여문부모지명 이가득문 구불가언야

마원이 말하기를 "남의 허물을 듣거든 부모의 이름을 듣는 것 같이 하여 귀로 들을지언정 입으로는 말하지 말 것이니라."고 하셨다.

康節邵先生曰 聞人之謗未嘗怒 聞人之譽未嘗喜 聞人之惡未嘗和
강절소선생왈 문인지방미상노 문인지예미상희 문인지악미상화
聞人之善則就而和之又從而喜之 其時曰 樂見善人樂聞善事 樂道善言
문인지선즉취이화지우종이희지 기시왈 낙견선인낙문선사 낙도선언
樂行善意聞人之惡 如負芒刺聞人之善如佩蘭蕙
낙행선의문인지악 여부망자문인지선여패란혜

강절소선생이 말하기를 "남의 비방을 들어도 성내지 말며 남의 좋은 소문을 들어도 기뻐하지 말라. 남의 악한 것을 듣더라도 이에 동조하지 말며 남의 착한 것을 듣거든 곧 나아가 정답게 하고 또 따라서 기뻐할 것이니라."

시에 이렇게 말했다. "착한 사람 보기를 즐겨하며 착한 일을 듣기를 즐겨하며 착한 말 이르기를 즐겨하며 착한 뜻 행하기를 즐겨하며 남의 악한 것을 듣거든 자기를 몸에 진 것 같이 하고 남의 착한 것을 듣거든 향초를 몸에 지닌 것 같이 하라."고 하셨다.

道吾善者是吾賊 道吾惡者是吾師
도오선자시오적 도오오자시오사

나를 착하다고 말하여 주는 사람은 곧 내게 해로운 사람이요, 나의 나쁜 점을 말하여 주는 사람은 곧 나의 스승이니라.

太公曰 勤爲無價之寶 愼是護身之符
태공왈 근위무가지보 신시호신지부

태공이 말하기를 "부지런히 일하는 것은 더 없는 귀중한 것이 될 것이요. 정성스

럽게 하는 것은 이 몸을 보호하는 부적이니라."고 하셨다.

景行錄曰 保生者寡慾 保身者避名 無慾易無名難

경행록왈 보생자과욕 보신자피명 무욕이무명난

〈경행록〉에 이르기를 "삶을 보전하려는 자는 욕심을 적게 하고 몸을 보전하려는 자는 이름을 피한다. 욕심을 없게 하기는 쉬우나 이름을 없게 하기는 어려우니라." 고 하셨다.

子曰 君子一有三戒 少之時 血氣未定 戒之在色

자왈 군자일유삼계 소지시 혈기미정 계지재색

及其長也 血氣方剛 戒之在鬪 及其老也 血氣旣衰戒之在得

급기장야 형기방강 계지재투 급기노야 혈기기쇠계지재득

공자가 말하기를, "군자는 세 가지 경계할 것이 있으니 연소할 때는 혈기가 정하여지지 않았는지라 경계할 것이 여색에 있고, 몸이 장성함에 이르면 혈기가 바야흐로 강성한지라 경계할 것이 싸움하는데 있으며, 몸이 늙으면 혈기가 이미 쇠한지라 경계할 것은 탐하여 얻으려는데 있느니라."고 하셨다.

孫眞人養生銘云 怒甚偏傷氣思多太損神 神疲心易役氣弱病相因

손진인양생명운 노심편상기사다태손신 신피심이역기약병상인

勿使悲歡極當令飮食均 再三防夜醉第一戒晨嗔

물사비환극당령음식균 재삼방야취제일계신진

손진인의 〈양생명〉에 이르기를 "성내기를 심히 하면 기운을 상하고, 생각이 많으면 크게 정신을 상한다. 정신이 피로하면 마음이 수고로워지기 쉽고, 기운이 약하면 병이 따라 일어난다. 슬퍼하고 기뻐하는 것을 심하게 말 것이며 음식은 마땅히 고르게 먹고 밤에 술 취하지 말며, 첫째로 새벽녘에 성내지 않도록 하라."고 하셨다.

景行錄曰 食淡精神爽 心淸夢寐安
경행록왈 식담정신상 심청몽상안

〈경행록〉에 이르기를 "음식이 깨끗하면 마음이 상쾌하고 마음이 맑으면 잠을 편히 잘 수 있느니라."고 하셨다.

定心應物 雖不讀書 可以爲有德君子
정심응물 수불독서 가이위유덕군자

마음가짐을 착하게 하여 모든 일에 대한다면 비록 글을 읽지 않았더라도 덕이 있는 군자가 될 수 있다.

近思錄云 懲忿如故人 窒慾如防水
근사록운 징분여고인 질욕여방수

〈근사록〉에 이르기를 "분함을 참기를 옛 성인같이 하고, 욕심을 막기를 물을 막듯이 하라."고 하셨다.

夷堅志云 避色如避讐 避風如避箭 莫喫空心茶 小食中夜飯
이견지운 피색여피수 피풍여피전 막끽공심다 소식중야반

〈이견지〉에 말하기를 "여색 피하기를 원수 피하는 것과 같이하고 바람을 피하기를 날아오는 화살 피하는 것 같이 하며 빈속에 차를 마시지 말고 밤중에 밥을 많이 먹지 말라."고 하셨다.

荀子曰 無用之辯 不急之察 棄而勿治
순자왈 무월지변 불급지찰 기이불치

순자가 말하기를 "쓸데없는 말과 급하지 아니한 일은 그만 두고 다스리지 말라."고 하셨다.

子曰 衆好之必察焉 衆惡之必察焉
자왈 중호지필찰언 중오지필찰언

공자가 말하기를 "모든 사람이 좋아 하더라도 반드시 살펴야 하며 모든 사람이 싫어하더라도 반드시 살펴야 하느니라."고 하셨다.

酒中不語眞君子 財上分明大丈夫
주중불어진군자 재상분명대장부

술이 취한 가운데에도 말이 없음은 참다운 군자요, 재물에 대하여 분명함은 대장부이니라.

萬事從寬 其福自厚
만사종관 기복자후

모든 일에 너그러움을 좇으면 그 복이 스스로 두터워 지느니라.

太公曰 慾量他人先須自量 傷人之語還是自傷 含血噴人先汚其口
태공왈 욕량타인선수자량 상인지어환시자상 함혈분인선오기구

태공이 말하기를 "다른 사람을 먼저 알려고 하거든 먼저 스스로를 헤아려 보라. 남을 해치는 말은 도리어 스스로를 해치는 것이니 피를 머금어 남에게 뿜으면 먼저 자기의 입이 더러워 지느니라."고 하셨다.

凡戲無益 惟勤有功
범희무익 유근유공

모든 희롱은 이롭지 못하고 오직 부지런함만이 공이 있느니라.

太公曰 瓜田不納履 李下不正冠
태공왈 과전불납리 이하부정관

태공이 말하기를 "외밭에서는 신을 고쳐 신지 말고, 오얏나무 아래에선 갓을 고쳐 쓰지 말라."고 하셨다.

景行錄曰 心可逸形不可不勞 道可樂心不可不憂 形不勞則怠惰易弊
경행록왈 심가일형불가불로 도가락심불가불우 형불로즉태타이폐
心不憂則荒淫不定故 逸生於勞而常休 樂生於憂而無厭 逸樂者憂勞豈可忘乎
심불우즉황음부정고 일생어로이상휴 낙생어우이무염 일락자우로개가망호

〈경행록〉에 이르기를 "마음은 편할지언정 육신은 수고롭지 않을 수 없고, 도는 즐거울지언정 마음은 걱정하지 않을 수 없다. 육신은 수고롭게 하지 않으면 게을러서 허물어지기 쉽고 마음이 걱정하지 않으면 주색에 빠져서 행동이 일정하지 않다. 그러므로 편안함은 수고로움에서 생기어 항상 기쁠 수 있고 즐거움은 근심하는데서 생기어 싫음이 없으니 편안하고 즐거운 자가 근심과 수고로움을 어찌 잊을 수 있겠는가?"고 하셨다.

耳不聞人之非 目不視人之短 口不言人之過庶幾君子
이불문인지비 목불시인지단 구불언인지과서기군자

귀로 남의 그릇됨을 듣지 말고, 눈으로 남의 모자람을 보지 말고, 입으로 허물을 말하지 않는 것이 군자이니라.

蔡伯皆曰 喜怒在心 言出於口 不可不愼
채백개왈 희노재심 언출어구 불가불신

채백개가 말하기를 "기뻐하고 노여워하는 것은 마음속에 있고, 말은 입 밖으로 나가는 것이니 삼가야 하느니라."고 하셨다.

宰予晝寢 子曰朽木不可雕也 糞土之牆不可汚也
제여주침 자왈후복불가조야 분토지장불가오야

재여가 낮잠을 자거늘 공자가 말하기를 "썩은 나무는 다듬지 못하고, 더러운 흙으로 만든 담장은 손질을 못할 것이니라."고 하셨다.

紫虛元君誠諭心文曰 福生於淸儉德生於卑退 道生於安靜命生於和暢
자허원군성유심문왈 복생어청검덕생어비퇴 도생어안정명생어화창
憂生於多慾禍生於多貪 過生於輕慢罪生於不仁 戒眼莫看他非戒口莫談他短
우생어다욕화생어다탐 과생어경만죄생어불인 계안막간타비계구막담타단
戒心莫自貪嗔戒身莫隨惡伴 無益之言莫妄說 不干己事莫妄爲 尊君王孝父母
계심막자탐진계신막수악반 무익지언막망설불간기사 막망위 존군왕효부모
敬尊長奉有德 別賢愚恕無識物順來而勿拒 物旣去而勿追身未遇而勿望
경존장봉유덕 별현우서무식물순래이물거 물기거이물추신미우이물망
事已過而勿思 聰明多暗昧算計失便宜 損人終自失依勢禍相隨
사기과이물사 총명다암매계산실편의 손인종자실의세화상수
戒之在心守之在氣爲不節而亡家 因不廉而失位勸君自警於
계지재심수지재기위불절이망가 인불렴이실위권군자경어
平生可歎可警而可思 上臨之以天鑑下察之以地祇
평생가탄가경이가사 상림지이천감하찰지이지기
明有三法相繼暗有鬼神相隨 惟正可守心不可欺戒之戒之
명유삼법상계암유귀신상수 유정가수심불가기계지계지

자헌원군의 〈섬유심문〉에서 말하기를 "복은 검소하고 맑은 데서 생기고 덕은 겸손하고 사양하는 데서 생기며, 도는 편안하고 고요한 데서 생기고, 생명은 순수하고

사무치는 곳에서 생긴다. 근심은 욕심이 많은 데서 생기고, 재앙은 탐욕이 많은 데서 생기며, 과실은 경솔하고 교만한 데서 생기고, 죄악은 어질지 못한 데서 생긴다. 눈을 경계하여 다른 사람의 그릇된 것을 보지 말고, 입을 경계하여 다른 사람의 결점을 말하지 말고, 마음을 경계하여 탐내고 성내지 말며, 몸을 경계하여 나쁜 벗을 따르지 말라. 유익하지 않은 말은 함부로 하지 말고 내게 관계없는 일은 함부로 하지 말라. 임금을 우러러 공경하고 부모에게 효도하여 웃어른을 삼가 존경하고 덕이 있는 이를 받들며 어질고 어리석은 것을 분별하고 무식한 자를 꾸짖지 말고 용서하라. 물건이 순리로 오거든 물리치지 말고, 이미 지나갔거든 좇지 말며 몸이 불우에 처했더라도 바라지 말고 일이 이미 지나갔거든 생각하지 말라. 총명한 사람도 어두운 때가 많고 계획을 치밀하게 세워 놓았어도 편의를 잃은 수가 있다. 남을 손상케 하면 마침내 자기도 손실을 입을 것이요 세력에 의존하면 재앙이 따른다. 경계하는 것은 마음에 있고 지키는 것은 기운에 있다. 절약하지 않음으로써 집을 망치고 청렴하지 않음으로써 지위를 잃는다.

그대에게 평생을 두고 스스로 경계할 것을 권고하나니 가히 놀랍게 여겨 생각할지니라. 위에는 하늘의 거울이 있고 아래에는 땅의 신령이 살피고 있다. 밝은 곳에는 세 가지 법이 이어 있고 어두운 곳에는 귀신이 따르고 있다. 오직 바른 것을 지키고 마음은 가히 속이지 못할 것이니 주의하고 주의하라."고 하셨다.

6. 安分篇(안분편)

景行錄云 知足可樂 務貪則憂

경행록운 지족가락 무탐즉우

〈경행록〉에 이르기를 "넉넉함을 알면 가히 즐거울 것이요, 욕심이 많으면 곧 근심이 있느니라."고 하셨다.

知足者貧賤亦樂 不知足者富貴亦憂
지족자빈천역락 부지족자부귀역우

“만족함을 아는 사람은 가난하고 천하여도 즐거울 것이요, 만족함을 모르는 사람은 부하고 귀하여도 역시 근심하느니라.”

濫想徒傷身 妄動反致禍
남상도상신 망동반치화

“쓸데 없는 생각은 오직 정신을 상하게 할 뿐이요, 허망한 행동은 도리어 재앙만 불러 일게 하느니라.”

知足常足終身不辱 知止常止終身無恥
지족상족종신불욕 지지상지종신무치

“넉넉함을 알아 늘 넉넉하면 욕되지 아니하고 그칠 줄 알아 늘 그치면 종신토록 부끄러움이 없느니라.”

書曰 滿招損謙受益
서왈 만초손겸수익

〈서경〉에 말하기를 “가득 차면 덜어 내게 될 것이고 겸손하면 이익을 얻느니라.”고 하셨다.

安分吟曰 安分身無辱知機心自閑 雖居人世上却是出人間
안분음왈 안분신무욕지기심자한 수거인세상각시출인간

〈안분음〉에 말하기를 “편안한 마음으로 분수를 지키면 몸에 욕됨이 없을 것이요,

세상의 돌아가는 형편을 잘 알면 마음이 스스로 한가하나니 비록 인간 세상에 살더라도 도리어 인간 세상에서 벗어나는 것이니라."고 하셨다.

7. 存心篇(존심편)

景行錄云 坐密室如通衢 馭寸心如六馬可免過
경행록운 좌밀실여통구 이촌심여육마가면과

〈경행록〉에 이르기를 "비밀한 방에 앉았어도 마치 네 거리에 앉은 것처럼 하고, 작은 마음을 제어하기로 마치 여섯 필의 말을 부리듯 하면 가히 허물을 면할 수 있느니라."고 하셨다.

擊壤詩云 富貴如將智力求 仲尼年少合封侯 世人不解靑天意 空使身心半夜愁
격양시운 당귀여장지력구 중니연소합봉후 세인불해청천의 공사신심반야수

〈격양시〉에 이르기를 "부귀를 지혜와 힘으로 구할 수 있다면 중니는 젊은 나이에 마땅히 제후에 봉해졌을 것이다. 세상 사람들은 푸른 하늘의 뜻을 알지 못하고 헛되이 몸과 마음으로 하여금 한 밤중에 근심하게 하느니라."고 하셨다.

范忠宣公戒子弟曰 人雖至愚責人則明 雖有聰明恕己則昏 爾曹但當以責人之心
범충선공계자제왈 인수지우책인즉명 수유총명서기즉혼 이조단당이책인지심
責己恕己之心 恕人則不患不到聖賢地位也
책기서기지심 서인즉불환부도성현지위야

범충선공이 자제를 경계하여 말하기를 "자신은 비록 어리석을지라도 남을 책망하는 데는 밝고, 비록 재주가 있다 해도 자기를 용서하는 데는 어둡다. 너희들은 마땅

히 남을 책망하는 마음으로 자기를 책하고, 자기를 용서하는 마음으로 남을 용서한다면 성현의 경지에 이르지 못할 것을 근심할 것이 없느니라."고 하셨다.

子曰 聰明思睿守之以愚 功被天下守之以讓 勇力振世守之以怯 富有四海守之以謙
자왈 총명사예수지이우 공피천하수지이양 용력진세수지이겁 부유사해수지이겸

공자가 말하기를, "총명하고 생각이 뛰어나도 어리석은 체 하여야 하고, 공이 천하를 덮을 만하더라도 겸양하여야 하고, 용맹이 세상에 떨칠지라도 늘 조심하여야 하고, 부유한 것이 사해를 차지했다 하더라도 겸손하여야 하느니라."고 하셨다.

素書云 薄施厚望者不報 貴而忘賤子不久
소서운 박시후망자불보 귀이망천자불구

〈소서〉에 이르기를 "박하게 베풀고 후한 것을 바라는 자에게는 보답이 없고, 몸이 귀하게 되고 나서 천했던 때를 잊는 자는 오래 계속하지 못하느니라."고 하였다.

施恩勿求報 與人勿追悔
시은물구보 여인물추회

"은혜를 베풀거든 그 보답을 바라지 말고, 남에게 주면 후에 뉘우치지 말지니라."

孫思邈曰 膽欲大而心欲小 知欲圓而行欲方
손사막왈 담욕대이심욕소 지욕원이행욕방

손사막이 말하기를 "담력은 크게 가지도록 하되 마음가짐은 섬세해야 하고, 지혜는 원만하도록 하되 행동은 방정하도록 해야 하느니라."고 하셨다.

念念要如臨戰日 心心常似過橋時
염염요여림전일 심심상이과교시

“생각하는 것은 항상 싸움터에 나아갔을 때와 같이 하고 마음은 언제나 다리를 건널 때와 같이 조심해야 하느니라.”

懼法朝朝樂 欺公日日憂
구법조조락 기공일일우

“법을 두려워하면 언제나 즐겁고, 나라 일을 속이면 날마다 근심이 되느니라.”

朱文公曰 守口如甁 防意如城
주문공왈 수구여병 방의여성

주문공이 말하기를 “입을 지키는 것은 병과 같이 하고 뜻을 막기를 성을 지키는 것 같이 하라.”고 하셨다.

心不負人 面無慙色
심불부인 면무참색

“마음이 남을 저버리지 않았으면 얼굴에 부끄러운 빛이 없느니라.”

人無百歲人 枉作千年計
인무백세인 왕작천년계

“사람은 백 살을 사는 사람이 없건만 부질없이 천 년의 계획을 세우느니라.”

寇萊公六悔銘云 官行私曲失時悔 富不儉用貧時悔 藝不少學過時悔
구래공육회명운 관행사곡실시회 부불검용빈시회 예불소학과시회
見事不學用時悔 醉後狂言醒時悔 安不將息病時悔
견사불학용시회 취후광언성시회 안부장식병시회

구래공의 〈육회명〉에 이르기를 "벼슬아치가 사사로운 일을 행하면 벼슬을 잃을 때 뉘우치게 되고, 돈이 많을 때 아끼지 않으면 가난해졌을 때 뉘우치게 되고, 재주를 믿고 어려서 배우지 않으면 시기가 지나서 뉘우치게 되고, 사물을 보고 배우지 않으면 필요할 때 뉘우치게 되고, 취한 뒤에 함부로 말하면 술이 깨어서 뉘우치게 되고, 몸이 건강할 때 조심하지 않으면 병들었을 때 뉘우칠 것이니라."고 하였다.

益智書云 寧無事而家貧 莫有事而家富 寧無事而住茅屋 不有事而住金屋
익지서운　영무사이가빈 막유사이가부　영무사이주모옥 불유사이주금옥
寧無病而食序飯 不有病而服良藥
영무병이식서반　불유병이복양약

〈익지서〉에 이르기를 "차라리 아무런 사고 없이 집이 가난할지라도 사고가 있는 부자 집은 되지 말 일이요, 아무 사고 없이 나쁜 집에서 살지라도 사고가 있으면서 좋은 집에서 살지 말 것이고, 병이 없이 거친 밥을 먹을지라도 병들어 좋은 약을 먹지 는 말 것이니라."고 하였다.

心安茅屋穩 性定菜羹香
심안모옥은　성정채갱향

"마음이 편안하면 초가집도 안온하고, 성품이 안정되게 되면 나물국도 향기로우니라."

景行錄云 責人者不全交 自恕者不改過
경행록운 책인자부전교　자서자불개과

〈경행록〉에 이르기를 "남을 꾸짖는 자는 사귐을 온전히 할 수 없고, 자기를 용서하는 자는 허물을 고치지 못하느니라."고 하였다.

夙興夜寐所思忠孝者 人不知天必知之 飽食煖衣怡然自衛者 身雖安其如子孫何
숙흥야매소사충효자 인부지천필지지 포식난의아연자위자 신수안기여자손하

"아침 일찍 일어나서부터 밤이 깊어 잠들 때까지 늘 충성과 효도를 생각하는 자는 사람은 알지 못하나 하늘이 반드시 알 것이요, 배부르게 먹고 따뜻하게 입고서 안락하게 제 몸만 보호하는 자는 몸은 비록 편안하나 그 자손에게는 어찌 할 것이요?"

以愛妻子之心 事親則曲盡其孝 以保富貴之心 奉君則無往不忠
이애처자지심 사친즉곡진기효 이보부귀지심 봉군즉무왕불충
以責人之心 責己則寡過 以恕己之心 恕人則全交
이책인지심 책기즉과과 이서기지심 서인즉전교

"아내와 자식을 사랑하는 마음으로 어버이를 섬긴다면 그 효도를 극진히 할 수 있을 것이요, 부귀를 보전하려는 마음으로 임금을 받든다면 그 어느 때나 충성이 아니 됨이 없을 것이요, 남을 책망하는 마음으로 자기를 책망한다면 허물이 적을 것이요, 자기를 용서하는 마음으로 남을 용서한다면 사귐을 온전히 할 수 있을 것이니라."

爾謀不藏悔之何及 爾見不長教之何益 利心專則背道 私意確則滅公
이모부장회지하급 이견부장교지하익 이심전즉패도 사의학즉멸공

"네 꾀가 옳지 못하면 후회한들 어찌 미치며, 너의 소견이 훌륭하지 못하면 가르친들 무엇이 이로울 바 있으리, 자기 이익만 생각하면 도에 어그러지고 사사로운 뜻이 굳으면 공을 멸하게 되느니라."

生事事生 省事事省
생사사생 생사사생

"일을 만들면 일이 생기고 일을 덜면 일이 없어지느니라."

8. 戒性篇(계성편)

景行錄云 人性如水水一傾則不可復 性一從則不可反
경행록운 인성여수수일경즉불가복 성일종즉불가반
制水者必以堤防 制性者必以禮法
제수자필이제방 제성자필이예법

〈경행록〉에 이르기를 "사람의 성품은 물과 같아 한 번 기울어지면 가히 돌이킬 수 없고 한 번 놓여지면 바로 잡을 수 없을 것이니, 물을 잡으려면 반드시 둑을 쌓음으로써 되고 성품을 옳게 하려면 반드시 예법을 지켜야하느니라."고 하셨다.

忍一時之忿 免百日之憂
인일시지분 면백일지우

"한 때의 분한 것을 참으면 백 일의 근심을 면할 수 있느니라."

得忍且忍得戒且戒 不忍不戒小事成大
득인자인득계차계 불인불계소사성대

"참고 또 참으며 경계하고 또 경계하라. 그렇지 않으면 작은 일이 크게 되느니라."

愚濁生嗔怒 皆因理不通 休添心上火 只作耳邊風
우탁생진노 개인이불통 휴첨심상화 지작이변풍
長短家家有 炎涼處處同 是非無相實 究竟摠成空
장단가가유 염량처처동 시비무상실 구경총성공

"어리석고 똑똑하지 못한 자가 성을 내는 것은 다 이치를 알지 못하기 때문이다. 마음 위에 화를 더하지 말고 다만 귓전을 스치는 바람결로 여겨라. 장점과 단점은 집집마다 있고 따뜻하고 싸늘한 것은 곳곳이 같으니라. 옳고 그름은 본래 실상이 없어서 마침내는 모두가 다 빈 것이 되느니라."

子張欲行辭於夫子 願賜一言爲修身之美 子曰 百行之本忍之爲上
자장욕행사어부자 원사일언위수신지미 자왈 백행지본인지위상
子張曰 何爲忍之 子曰 天子忍之國無害 諸侯忍成其大 官吏忍之進其位
자장왈 하위인지 자왈 천자인지국무해 제후인지성기대 관리인지진기위
兄弟忍之家富貴 夫妻忍之終其世 朋友忍之名不廢 自身忍之無禍害
형제인지가부귀 부처인지종기세 붕우인지명불폐 자신인지무화해

자장이 떠나고자 공자께 하직을 고하면서 말하기를 "몸을 닦는 가장 아름다운 길을 말씀해 주시기를 원합니다." 공자가 말하기를 "모든 행실의 근본은 참는 것이 그 으뜸이 되느니라." 자장이 말하기를 "어찌 하면 참게 됩니까?" 공자가 말하기를, "천자가 참으면 나라에 해가 없고, 제후가 참으면 큰 나라를 이룩하고, 벼슬아치가 참으면 그 지위가 올라가고, 형제가 참으면 집안이 부귀하고, 부부가 참으면 일생을 해로할 수 있고, 친구끼리 참으면 이름이 깎이지 않고, 자신이 참으면 재앙이 없느니라."고 하셨다.

子張曰 不忍則如何 子曰 天子不忍國空虛 諸侯不忍喪其軀 官吏不忍刑法誅
자장왈 불인즉여하 자왈 천자불인국공허 제후불인상기구 관리불인형법주
兄弟不忍各分居 夫妻不忍令子孤 朋友不忍情意疎 自身不忍患不除
형제불인각분거 부처불인영자고 붕우불인정의소 자신불인환부제
子張曰 善哉善哉難忍難忍 非人不忍不忍非人
자장왈 선재선재난인난인 비인불인불인비인

자장이 물었다. "참지 않으면 어떻게 됩니까?" 공자가 말하기를 "천자가 참지 않으

면 나라가 공허하게 되고, 제후가 참지 않으면 그 몸을 잃어버리고, 벼슬아치가 참지 않으면 형법에 의하여 죽게 되고, 형제가 참지 않으면 각각 헤어져서 따로 살게 되고, 부부가 참지 않으면 자식을 외롭게 하게 되고, 친구끼리 참지 않으면 정과 뜻이 서로 갈리고, 자신이 참지 않으면 근심이 덜어지지 않느니라." 자장이 말하기를 "참으로 좋고도 좋으신 말씀이로다. 아, 참는 것은 참으로 어렵도다. 사람이 아니면 참지 못할 것이요, 참지 못할 것 같으면 사람이 아니로다."고 하셨다.

景行錄云 屈己者能處重 好勝者必遇敵

경행록운 굴기자능처중 호승자필우적

〈경행록〉에 이르기를 "자기를 굽히는 자는 중용한 지위에 처할 수 있으며, 이기기를 좋아하는 자는 적을 만나느니라."고 하셨다.

惡人罵善人善人摠不對 不對心淸閑罵者口熱沸 正如人唾天還從己身墜

악인매선인선인총불대 부대심청한매자구열비 정여인타천환종기신추

"악한 사람이 착한 사람을 꾸짖거든 착한 사람은 전연 대꾸하지 마라. 대꾸하지 않는 사람은 마음이 맑고 한가하나, 꾸짖는 자는 입에 불이 붙는 것처럼 뜨겁고 끓느니라. 마치 사람이 하늘에다 대고 침을 뱉은 것 같아서 그것이 다시 자기 몸에 떨어지느니라."

我若被人罵洋聾不分說 譬如火燒空不救自然滅 我心等虛空摠爾飜脣舌

아약피인매양롱불분설 비여화소공불구자연멸 아심등허공총이번순설

"내가 만약 남에게 욕설을 듣더라도 거짓 귀먹은 체하고 시비를 가려서 말하지 말라. 비유하건대 불이 아무 것도 없는 허공에서 타다가 끄지 않아도 저절로 꺼지는 것과 같아서 내 마음은 아무 것도 없는 허공과 같거늘 너의 입술과 혀만이 모두 쉬지 않고 엎쳤다가 뒤쳤다 하느니라."

凡事留人情 後來好相見
범사유인정　후래호상견

"모든 일에 인자스럽고 따뜻한 정을 남겨두면 훗날 만났을 때 좋은 낯으로 서로 보게 되느니라."

9. 勤學篇(근학편)

子曰 博學而篤志 切問而近思 仁在其中矣
자왈　박학이독지 절문이근사 인재기중의

공자가 말하기를 "널리 배워서 뜻을 익혀 간절하게 묻고 잘 생각하면 어질음이 그 속에 있느니라."고 하셨다.

莊子曰 人之不學如登天而無術 學而智遠如披祥雲而覩靑天登高山而望四海
장자왈　인지불학여등천이무술 학이지원여피상운이관청천등고산이망사해

장자가 말하기를 "사람이 배우지 않으면 재주 없이 하늘에 오르려는 것과 같고, 배워서 아는 것이 멀면 상서로운 구름을 헤치고 푸른 하늘을 보며 산에 올라 사해를 바라보는 것과 같다."고 하셨다.

禮記曰 玉不琢不成器 人不學不知義
예기왈 옥불탁불성기　인불학부지의

〈예기〉에 말하기를 "옥은 다듬지 않으면 그릇이 되지 못하고, 사람은 배우지 않으면 의를 알지 못하느니라."고 하였다.

太公曰 人生不學如冥冥夜行
태공왈 인생불학여명명야행

태공이 말하기를 "사람이 배우지 않으면 어둡고 어두운 밤길을 가는 것과 같으니라."고 하였다.

韓文公曰 人不通古今 馬牛而襟裾
한문공왈 인부통고금 마우이금거

한문공이 말하기를 "사람이 고금의 성인의 가르침을 알지 못하면 금수에 옷을 입힌 것과 같으니라."고 하셨다.

朱文公曰 家若貧不可因貧而廢學 家若富不可恃富而怠學 貧若勤學可以立身
주문공왈 가약빈불가인빈이폐학 가약부불가시부이태학 빈약근학가이입신
富若勤學名乃光榮 惟見學者顯達 不見學者無成 學者乃身之寶 學者乃世之珍
부약근학명내광영 유견학자현달 불견학자무성 학자내신지보 학자내세지진
是故學則乃爲君子 不學則爲小人 後之學者宜各勉之
시고학즉내위군자 불학즉위소인 후지학자의객면지

주문공이 말하기를 "집이 가난하더라도 가난한 것으로 인해서 배우는 것을 그만두지 말 것이요. 집이 부유하더라도 부유한 것을 믿고 학문을 게을리 해선 안 된다. 가난한 자가 부지런히 배운다면 몸을 세울 수 있을 것이요, 부유한 자가 부지런히 배운다면 이름이 더욱 빛날 것이니라. 오직 배운 자가 훌륭해지는 것을 보았으며 배운 사람이 성취하지 못하는 것은 보지 못했다. 배움이란 곧 몸의 보배요, 배운 사람이란 곧 세상의 보배다. 그러므로 배우면 군자가 되고 배우지 않으면 천한 소인이 될 것이니 후에 배우는 자는 마땅히 각각 힘써야 하느니라."고 하셨다.

徽宗皇帝曰 學者如禾如稻 不學者如蒿如草 如禾如稻兮國之精糧
휘종황제왈 학자여화여도 불학자여호여초 여화여도혜국지정량

世之大寶如蒿如草兮 耕者憎嫌鋤者煩惱 他日面墻悔之已老
세지대보 여호여초혜 경자증혐조자번뇌 타일면장회지기로

휘종황제가 말하기를 "배운 사람은 낟알 같고 벼 같고, 배우지 않으면 사람은 쑥 같고 풀 같도다. 아 낟알 같고 벼 같음이여 나라의 좋은 양식이요, 온 세상의 보배로다. 그러나 쑥 같고 풀 같음이여, 밭을 가는 자가 보기 싫어 미워하고 밭을 매는 자가 수고롭고 더욱 힘이 드느니라. 다음 날 만날 때에 뉘우친들 이미 그때는 늙었도다."고 하셨다.

論語曰 學如不及 惟恐失之
논어왈 학여불급 유공실지

〈논어〉에 말하기를 "배우기를 미치지 못한 것 같이 하고 배운 것을 잃을까 두려워 할지니라."고 하였다.

10. 訓子篇(훈자편)

景行錄云 賓客不來門戶俗 詩書無教子孫愚
경행록운 빈객불래문호속 지서무교자손우

〈경행록〉에 이르기를 "손님이 오지 않으면 집안이 저속해지고 시서(詩書)를 가르치지 않으면 자손이 어리석어지느니라."고 하셨다.

莊子曰 事雖小不作不成 子雖賢不教不明
장자왈 사수소부작불성 자수현불교불명

장자가 말하기를 "일이 비록 작더라도 하지 않으면 이루지 못할 것이요. 자식이 비록 어질지라도 가르치지 않으면 현명하지 못하느니라."고 하셨다.

漢書云 黃金滿籯不如敎子一經 賜子千金不如敎子一藝
한서운 황금만영불여교자일경 사자천금불여교자일예

〈한서〉에 이르기를 "황금이 상자에 가득 차 있다 해도 자식에게 경서 하나를 가르치는 것만 같지 못하고, 자식에게 천금을 물려준다 해도 기술 한 가지를 가르치는 것만 못하느니라."고 하였다.

至樂莫如讀書 至要莫如敎子
지락막여독서 지요막여교자

"지극히 즐거움은 책을 읽는 것만 같음이 없고 지극히 필요한 것은 자식을 가르치는 것만 같음이 없느니라."

呂滎公曰 內無賢父兄外無嚴師友 而能有成者鮮矣
여영공왈 내무현부형외무엄사우 이능유성자선의

여영공이 말하기를 "집안에 지혜로운 어버이와 형이 없고 밖으로 엄한 스승과 벗이 없으면 뜻을 이룰 수 있는 자가 드무니라."고 하셨다.

太公曰 男子失敎長必頑愚 女子失敎長必麤疎
태공왈 남자실교장필완우 여자실교장필추소

태공이 말하기를 "남자가 가르침을 받지 못하면 자라서 반드시 미련하고 어리석어지며, 여자가 가르침을 받지 못하면 자라서 반드시 거칠고 솜씨가 없느니라."고 하셨다.

男年長大莫習樂酒 女年長大莫令遊走
남년장대막습악주 여년장대막령유주

"남자가 자라나거든 풍류나 술을 익히지 못하도록 하고, 여자가 자라나거든 놀러 다니지 못하게 할지니라."

嚴父出孝子 嚴母出孝女
엄부출효자 엄모출효녀

"엄한 아버지는 효자를 길러내고, 엄한 어머니는 효녀를 길러내느니라."

憐兒多與棒 憎兒多與食
연아다여봉 증아다여식

"아이를 사랑하거든 매를 많이 주고 아이를 미워하거든 먹을 것을 많이 주라."

人皆愛珠玉 我愛子孫賢
인개애주옥 아애자손현

"남은 모두 귀중한 주옥을 사랑하지만, 나는 자손 어진 것을 사랑하느니라."

11. 省心篇(上){성심편(상)}

景行錄云 寶貨用之有盡 忠孝享之無窮
경행록운 보화용지유진 충효향지무궁

〈경행록〉에 이르기를 "보화는 쓰면 다함이 있고 충성과 효성은 누려도 다함이 없느니라."고 하였다.

家和貧也好 不義富如何 但存一子孝 何用子孫多
가화빈야호 불의부여하 단존일자효 하용자손다

"집안이 화목하면 가난해도 좋거니와 의롭지 않다면 부자인들 무엇 하랴. 다만 한 자식이 효도한다면 자손이 많아서 무엇하리요."

父不憂心因子孝 夫無煩惱是妻賢 言多語失皆因酒 義斷親疎只爲錢
부불우심인자효 부무번뇌시처현 언다어실개인주 의단친소지위전

"아버지가 근심하지 않음은 자식이 효도하기 때문이요, 남편이 번뇌가 없는 것은 아내가 어질기 때문이다. 말이 많아 말에 실수함은 술 때문이요, 의가 끊어지고 친함이 갈라지는 것은 오직 돈 때문이니라."

旣取非常樂 須防不測憂
기취비상락 수방불측우

"이미 뜻밖의 즐거움을 가졌으면 모름지기 예측할 수 없는 근심을 막을 것이니라."

得寵思辱 居安慮危
득총사욕 거안여위

"사랑을 받거든 욕됨을 생각하고, 편안해지거든 위태함을 생각할 것이니라."

榮輕辱淺 利重害深
영경욕천 이중해심

"영화가 가벼우면 욕됨이 얕고 이(利)가 무거우면 해도 깊으니라."

甚愛必甚費 甚譽必甚毁 甚喜必甚憂 甚贓必甚亡
심애필심비 심예필심훼 심희필심우 심장필심망

"사랑함이 심하면 반드시 심한 소모를 가져오고 칭찬받음이 심하면 반드시 심한 헐뜯음을 가져온다. 기뻐함이 심하면 반드시 심한 근심을 가져오고 뇌물 탐함이 심하면 반드시 심한 멸망을 가져오느니라."

子曰 不觀高崖何以知顚墜之患 不臨深泉何以知沒溺之患 不觀巨海何以知風波之患
자왈 불관고애하이지전추지환 불림심천하이지몰닉지환 불관거해하이지풍파지환

공자가 말하기를 "높은 낭떠러지를 보지 않으면 어찌 굴러 떨어지는 환란을 알며, 깊은 샘에 가지 않으면 어찌 빠져 죽을 환란을 알며, 큰 바다를 보지 않으면 어찌 풍파가 일어나는 무서운 환란을 알리요."라고 하셨다.

慾知未來 先察已然
욕지미래 선찰이연

"미래를 알려거든 먼저 지나간 일을 살펴보라."

子曰 明鏡所以察形 往者所以知今
자왈 명경소이찰형 왕자소이지금

공자가 말하기를 "밝은 거울은 얼굴을 살필 수 있고, 지나간 일은 현재를 알 수 있느니라."고 하셨다.

過去事如鏡朝 未來事暗似漆
과거사여경조 미래사암사칠

"지나간 일은 밝은 거울 같고 미래의 일은 어둡기가 칠흑과 같으니라."

景行錄云 明朝之事薄暮不可必 薄暮之事哺時不可必

경행록운 명조지사박모불가필 박모지사포시불가필

〈경행록〉에 이르기를 "내일 아침의 일을 저녁때에 가히 꼭 그렇게 된다고 알지 못할 것이요, 저녁때의 일을 오후 네 시쯤 가히 꼭 그렇게 된다고 알지 못할 것이니라."고 하였다.

天有不測風雨 人有朝夕禍福

천유불측풍우 인유조석화복

"하늘에는 예측할 수 없는 비바람이 있고, 사람은 아침저녁으로 화와 복이 있느니라."

未歸三尺土難保百年身 已歸三尺土難保百年墳

미귀삼척토난보백년신 이귀삼척토난보백년분

"세 자 되는 흙 속으로 돌아가지 아니 하고서는 백년의 몸을 보전하기 어렵고, 이미 세 자 되는 흙 속으로 돌아가선 백 년 동안 무덤을 보전키 어려울 것이니라."

景行錄云 木有所養則根本固而枝葉茂 棟樑之材成

경행록운 목유소양즉근본고이지엽무 동량지재성

水有所養則泉源壯而流派長 灌漑之利博

수유소양즉천원장이류파장 관개지리박

人有所養則志氣大而識見明 忠義之士出可不養哉

인유소양즉지기대이식견명 충의지사출가불양재

〈경행록〉에 이르기를 "나무를 잘 기르면 뿌리가 튼튼하고 가지와 잎이 무성해서 동량의 재목을 이루고, 수원(水源)을 잘 만들어 놓으면 물줄기가 풍부하고 흐름이 길어서 관개의 이익이 베풀어지고, 사람을 잘 기르면 마음과 기상이 뛰어나고 식견이 밝아져서 충의의 선비가 나온다. 어찌 기르지 않을 것인가."고 하였다.

自信者人亦信之吳越皆兄弟 自疑者人亦疑之身外皆敵國
자신자인역신지오월개형제 자의자인역의지신외개적국

"스스로 믿는 자는 남도 또한 자기를 믿나니 오나라와 월나라와 같은 적국 사이라도 형제와 같이 될 수 있고, 스스로를 믿지 못하는 자는 남도 또한 자기를 믿어주지 않으니 자기 이외에는 모두 원수와 같은 나라가 되느니라."

疑人莫用 用人勿疑
의인막용 용인물의

"사람을 의심하거든 쓰지 말고 사람을 쓰거든 의심하지 말지니라."

諷諫云 水底魚天邊雁高 可射兮低可釣 惟有人心咫尺間 咫尺人心不可料
풍간운 수저어천변안고 가사혜저가조 유유인심지척간 지척인심불가료

〈풍간〉에 이르기를 "물 속 깊이 있는 고기와 하늘 높이 떠다니는 기러기는 쏘고 낚을 수 있거니와 사람의 마음은 바로 지척 간에 있음에도 가히 헤아릴 수 없느니라."고 하였다.

畵虎畵皮難畵骨 知人知面不知心
화호화피난화골 지인지면부지심

"범을 그리되 모양은 그릴 수 있으나 뼈는 그리기 어렵고, 사람을 알되 얼굴은 알

지만 마음은 알지 못하느니라."

對面共話 心隔千山
대면공화 심격천산

"얼굴을 맞대고 서로 이야기는 하나 마음은 천산을 격해 있는 것처럼 떨어져 있느니라."

海枯終見底 人死不知心
해고종견저 인사부지심

"바다는 마르면 끝에는 바닥을 볼 수 있으나 사람은 죽어도 그 마음을 알지 못하느니라."

太公曰 凡人不可逆相 海水不可斗量
태공왈 범인불가역상 해수불가두량

태공이 말하기를 "무릇 사람은 앞질러 점칠 수 없고, 바닷물은 가히 말(斗)로 될 수 없느니라."고 하셨다.

景行錄云 結怨於人謂之種禍 捨善不爲謂之自賊
경행록운 결원어인위지종화 사선불위위지자적

〈경행록〉에 이르기를 "남과 원수를 맺는 것을 재앙의 씨를 심는 것이라 말하고, 착한 것을 버리고 착한 일을 하지 않는 것은 스스로를 해치는 것이니라."고 하였다.

若聽一面說 便見相離別
약청일면설 변견상이별

"만약 한 편 말만 들으면 곧 친한 사이가 멀어짐을 볼 것이니라."

飽煖思淫慾 飢寒發道心
포난사음욕 기한발도심

"배부르고 따뜻한 곳에서 호강하게 살면 음욕이 생기고, 굶주리고 추운 곳에서 고생하게 살면 도심(道心)이 일어나느니라."

疎廣曰 賢人多才則損其志 愚人多才則益其過
소광왈 현인다재즉손기지 우인다재즉익기과

소광이 말하기를 "어진 사람이 재물이 많으면 그 뜻을 손상하고 어리석은 사람이 재물이 많으면 허물을 더하느니라."고 하셨다.

人貧智短 福至心靈
인빈지단 복지심령

"사람이 가난하면 지혜가 짧아지고, 복이 이르면 마음이 영통하여 지느니라."

不經一事 不張一智
불경일사 부장일지

"한 가지 일을 경험하지 않으면 한 가지 지혜가 자라지 않느니라."

是非終日有 不聽自然無
시비종일유 불청자연무

"시비가 종일토록 있을지라도 듣지 않으면 저절로 없어지느니라."

來說是非者 便是是非人
내설시비자 변시시비인

"와서 시비를 말하는 자는 이것이 곧 시비하는 사람이니라."

擊壤詩云 平生不作皺眉事 世上應無切齒人 大名豈有鐫頑石 路上行人口勝碑
격양시운 평생부작추미사 세상응무절치인 대명개유전완석 노상행인구승비

〈격양시〉에 이르기를 "평생에 눈썹 찡그릴 일을 하지 않으면 세상에 이를 갈 원수 같은 사람이 없을 것이다. 크게 난 이름을 어찌 뜻 없는 돌에 새길 것인가. 길가는 사람의 입이 비석보다 낫다."고 하셨다.

有麝自然香 何必當風立
유사자연향 하필당풍립

"사향이 있으면 저절로 향기가 나는 것인데 반드시 바람이 불어야만 향기가 나겠는가."

有福莫享盡 福盡身貧窮 有勢莫使盡 勢盡寃相逢 福兮常自惜 勢兮常自恭
유복막향진 복진신빈궁 유세막사진 세진원상봉 복혜상자석 세혜상자공
人生驕與侈 有始多無終
인생교여치 유시다무종

"복이 있다 해도 다 누리지 말라, 복이 다하면 몸이 빈궁해 질 것이요. 권세가 있다 해도 함부로 부리지 말라, 권세가 다하면 원수와 서로 만나느니라. 복이 있거든 항상 스스로 아끼고 권세가 있거든 항상 스스로 겸손하라. 사람에 있어서 교만과 사치는 처음은 있으나 흔히 끝은 없는 것이니라."

王參政四留銘曰 留有餘不盡之巧以還造物 留有餘不盡之祿 以還朝廷
왕삼정사류명왈 유유여부진지교이환조물 유유여부진지록 이환조정

留有餘不盡之財 以還百姓 留有餘不盡之福 以還子孫
유유여부진지재 이환백성 유유여부진지복 이환자손

왕참정의 〈사유명〉에 말하기를 "여유 있는 재주를 쓰지 않았다가 조물주에게 돌려주고, 여유 있게 복록을 다 쓰지 않았다가 조정에 돌려주고, 여유 있는 재물을 다 쓰지 않았다가 백성에게 돌려주며, 여유 있는 복을 다 누리지 않았다가 자손에게 돌려주라."고 하였다.

黃金千兩未爲貴 得人一語勝千金
황금천량미위귀 득인일어승천금

"황금 천 냥이 귀한 것이 아니고 사람의 말 한 마디 듣는 것이 천금보다 나으니라."

巧者拙之奴 苦者樂之母
교자졸지노 고자낙지모
"재주 있는 이는 재주 없는 이의 종이 되고, 괴로움은 즐거움의 근본이 되느니라."

小船難堪重載 深逕不宜獨行
소선난감중재 심경불의독행

"작은 배는 무겁게 싣는 것을 견디기 어렵고, 으슥한 길은 혼자 다니기에 좋지 못하느니라."

黃金未是貴 安樂値錢多
황금미시귀 안락치전다

"황금이 귀한 것이 아니요, 편안하고 즐거움이 보다 값있는 것이니라."

在家不會邀賓客 出外方知小主人
재가불회요빈객　출외방지소주인

"집에 있어서 손님을 맞아 대접할 줄 모르면 밖에 나가서 주인 적은 줄을 알리라."

貧居鬧市無相識 富住深山有遠親
빈거요시무상식　부주심산유원친

"가난하면 번화한 시장에서도 서로 아는 사람이 없고, 넉넉하면 깊은 산 중에 살아도 먼 데서 오는 친구가 있느니라."

人義盡從貧處斷 世情便向有錢家
인의진종빈처단　세정변향유전가

"사람의 의리는 가난하면 끊어지고, 세상의 인정은 돈 있는 집으로 쏠리느니라."

寧塞無底缸 難塞鼻下橫
영색무저홍　난색비하횡

"밑 빠진 항아리는 막을지 몰라도 코 아래 가로 놓인 것(입)은 막기 어려우니라."

人情皆爲窘中疎
인정개위군중소

"사람의 정분은 다 군색한 가운데서 성기어 지게 되느니라."

史記曰 郊天禮廟非酒不享 君臣朋友非酒不義 鬪爭相和非酒不勸
사기왈 교천예묘비주불향 군신붕우비주불의 투쟁상화비주불권

故酒有成敗而不可泛飮之
고주유성패이불가봉음지

〈사기〉에 말하기를 "하늘에 제사를 지내고 사당에 제례 올림에도 술이 아니면 제물을 받지 않을 것이요, 임금과 신하, 벗과 벗 사이에도 술이 아니면 의리가 두터워지지 않을 것이요, 싸움을 하고 서로 화해함에도 술이 아니면 권하지 못할 것이다. 그러므로 술은 성공과 실패를 얻는 것으로 가히 함부로 마시지 못한다."고 하였다.

子曰 士志於道而恥惡衣惡食者未足與議也
자왈 사지어도이치악의악식자미족여의야

공자가 말하기를 "선비가 도에 뜻을 두면서 악의악식을 부끄럽게 하는 자는 서로 더불어 의논할 사람이 못되느니라."고 하셨다.

荀子曰 士有妬友則賢交不親 君有妬臣則賢人不至
순자왈 사유투우즉현교불친 군유투신즉현인부지

순자가 말하기를 "선비가 벗을 투기하는 일이 있으면 어진 벗과 친할 수 없고, 임금이 신하를 투기하는 일이 있으면 어진 신하가 오지 않느니라."고 하셨다.

天不生無祿之人 地不長無名之草
천불생무록지인 지부장무명지초

"하늘은 녹 없는 사람을 내지 않고, 땅은 이름 없는 풀을 기르지 않느니라."

大富由天 小富由勤
대부유천 소부유근

"큰 부자는 하늘에 달려 있고 작은 부자는 부지런한 데 달려 있느니라."

成家之兒惜糞如金 敗家之兒用金如糞
성가지아석분여금 패가지아용금여분

"집을 일으킬 아이는 똥을 아끼기를 금같이 하고, 집을 망칠 아이는 돈 쓰기를 똥과 같이 하느니라."

康節邵先生曰 閑居愼勿說無妨 纔說無妨便有妨 爽口勿多能作疾
강절소선생왈 한거신물설무방 당설무방변유방 상구다물능작질

快心事過必有殃 與其病後能服藥 不若病前能自防
쾌심사과필유앙 여기병후능복약 불약병전능자방

강절소 선생이 말하기를 "편안하고 한가롭게 살 때 삼가 걱정할 것이 없다고 말하지 말라. 겨우 걱정할 것이 없다는 말이 입에 나가자 문득 걱정거리가 생기리라. 입에 상쾌한 음식이라고 해서 많이 먹으면 병을 만들 것이요, 마음에 상쾌한 일이라고 해서 지나치게 하면 반드시 재앙이 있으리라. 병이 난 후에 약을 먹는 것보다는 병이 나기 전에 스스로 조심하는 것만 못하느니라."고 하셨다.

梓潼帝君垂訓曰 妙藥難醫債病 橫財不富命窮人 生事事生君莫怨
재동제군수훈왈 묘약난의채병 횡재불부명궁인 생사사생군막원
害人人害汝休嗔 天地自然皆有報 遠在兒孫近在身
해인인해여휴진 천지자연개유보 원재아손근재신

재동제군이 훈계를 내려 말하기를 "신묘한 약이라도 원한의 병은 고치기 어렵고 뜻밖에 생기는 재물도 운수가 궁한 사람은 부자가 되게 할 수 없다. 일을 생기게 하고 나서 일이 생기는 것을 원망하지 말고 남을 해치고 나서 남이 해치는 것을 꾸짖지 말라. 천지간에 모든 일은 다 갚음이 있나니 멀면 자손에게 있고 가까우면 자기 몸에 있느니라."고 하셨다.

花落花開開又落 錦衣布衣更換着 豪家未必常富貴 貧家未必長寂寞

화락화개개우락 금의포의갱환착 호가미필상부귀 빈가미필장적막

扶人未必上靑霄 推人未必塡邱壑 勸君凡事莫怨天 天意於人無厚薄

부인미필상청소 추인미필전구학 권군범사막원천 천의어인무후박

"꽃은 지다 피고 또 진다. 비단 옷도 다시 베옷으로 바꿔 입는다. 넉넉하고 호화로운 집이라고 해서 반드시 부귀한 것이 아니요, 가난한 집도 언제나 오래 적적하고 쓸쓸하지 않으리라. 사람이 밀어 올려도 반드시 하늘에 올라가지는 못할 것이요, 사람을 밀어도 반드시 깊은 구렁에 떨어지지는 않느니라. 권고 하노니, 모든 일에 하늘을 원망하지 말라. 하늘의 뜻은 본시 사람에게 후하고 박함이 없느니라."

堪歎人心毒似蛇 誰知天眼轉如車 去年妄取東隣物 今日還歸北舍家

감탄인심독사사 수지천안전여차 거년망취동린물 금일환귀북사가

無義錢財湯潑雪 儻來田地水推沙 若將狡譎爲生計 恰似朝雲暮落花

무의전재탕발설 당내전지수퇴사 약장교휼위생계 흡사조운모락화

"사람의 마음이 독하기가 뱀 같음을 한탄하여 마지않는다. 누가 하늘에서 보는 눈이 수레바퀴처럼 돌아가고 있음을 알 것이요. 지나간 해에 망령되게 동녘 이웃의 물건을 탐내어 가져 왔더니 오늘에 어느덧 북녘 집으로 돌아갔구나. 의롭지 않게 취한 돈과 재물은 끓는 물에서 녹는 눈과 같이 없어질 것이요. 뜻밖에 얻어진 전답은 물에 밀려온 모래이니라. 만약 교활한 꾀로서 생활하는 방법을 감는다면 그것은 흡사 아침에 떠오르는 구름이나 저녁에 시들어지는 꽃과 같이 오래 가지 못하느니라."

無藥可醫卿相壽 有錢難買子孫賢
무약가의경상수 유전난매자손현

"약은 가히 재앙과 같은 귀한 목숨도 고칠 수 없고, 돈은 자손의 현철함은 사지 못하느니라."

一日淸閑一日仙
일일청한일일선

"하루라도 마음이 깨끗하고 편안하다면 그 하루는 신선이 되느니라."

12. 省心篇(下){성심편(하)}

眞宗皇帝御製曰 知危識險終無羅網之門 擧善薦賢自有安身之路
진종황제어제왈 지위식험종무나망지문 거선천현자유안신지로
施仁布德乃世代之榮昌 懷妬報寃與子孫之爲患 損人利己終無顯達雲仍
시인포덕내세대지영창 회투보원여자손지위환 손인이기종무현달운잉
害衆成家豈有長久富貴 改名異體皆人巧語而生 禍起傷身皆是不仁之召
해중성가기유장구부귀 개명이체개인교어이생 화기상신개시불인지소

진종황제 어제에 말하기를 "위태함을 알고 험한 것을 알면 그물에 걸리는 일이 없을 것이오. 선한 일을 받들고 착한 일을 칭찬하고 어진 이를 천거하면 스스로 편안해지고, 인덕을 베풂은 곧 대대로 본영을 가져올 것이다. 시기심을 품고 원한을 보복함은 자손에게 근심을 끼치는 것이오. 남을 해롭게 해서 자기를 이롭게 하면 마침내 현달하는 자손이 없고, 뭇 사람을 해롭게 해서 성가를 한다면 어찌 그 부귀가 길게 가겠는가. 이름을 갈고 몸을 달리함은 모두 교묘한 말로 말미암아 생겨나고, 재

앙이 일고 몸이 상하게 됨은 다 어질지 못함이 부르는 것이니라."고 하셨다.

神宗皇帝御製曰 遠非道之財 戒過度之酒 居必擇隣交必擇友
신종황제어제왈 원비도지재 계과도지주 거필택린교필택우
嫉妬勿起於心 讒言勿宣於口 骨肉貧者莫疎 他人富者莫厚 克己以勤儉爲先
질투물기어심 참언물선어구 골육빈자막소 타인부자막후 극기이근검위선
愛衆以謙和爲首 常思已往之非 每念未來之咎 若依朕之斯言 治國家而可久
애중이겸화위수 상사이왕지비 매념미래지구 약의짐지사언 치국가이가구

신종황제 어제에 말하기를 "사람이 마땅히 지켜야 할 도가 아닌 재물은 멀리하고 정도에 지나치는 술을 경계하며, 반드시 이웃을 가려 살고, 벗을 가려 사귀며 남을 시기하는 마음을 일으키지 말고 남을 헐뜯어 말하지 말며, 동기간이 가난한 자를 소홀히 하지 말고 부유한 자에게 아첨하지 말고 자기의 사욕을 극복하는 것은 부지런하고 아껴 쓰는 것이 첫째이고, 사람을 사랑하되 겸손하고 화평함을 첫째로 삼을 것이며, 언제나 지난날 나의 잘못됨을 생각하고 또 앞날의 허물을 생각하라. 만약 나의 이 말에 의한다면 나라와 집안을 다스림이 가히 오래갈 것이니라."

高宗皇帝御製曰 一星之火能燒萬頃之薪 半句非言誤損平生之德
고종황제어제왈 일성지화능소만경지신 반구비언오손평생지덕
身被一縷常思織女之勞 日食三飧每念農夫之苦 苟貪妬損終無十載安康
신피일루상사직녀지로 일식삼손매념농부지고 구탐투손종무십재안강
積善存仁必有榮華後裔 福緣善慶多因積行而生 入聖超凡盡是實而得
적선존인필유영화후예 복연선경다인적행이생 입성초범진시실이득

고종황제 어제에 말하기를 "한 점의 불티도 능히 만경의 숲을 태우고, 짧은 반 마디 그릇된 말이 평생의 덕을 허물어뜨린다. 몸에 한 오라기의 실을 입었어도 항상 베 짜는 여자의 수고로움을 생각하고, 하루 세 끼니의 밥을 먹거든 농부의 힘든 것을 생각하라. 미워하고 탐내고 시기해서 남에게 손해를 끼친다면 마침내 10년의 편

안함도 없을 것이요, 선을 쌓고 인을 보존하면 반드시 후손들에게 영화가 있으리라. 행복과 경사는 대부분이 선행을 쌓는 데서 생겨나고 범용을 초월해서 성인의 경지에 들어가는 것은 다 진실함으로써 얻어지는 것이니라."

王良曰 慾知其君先視其臣 欲識其人先視其友
왕량왈 욕지기군선시기신 욕식기인선시기우
欲知其父先視其子 君聖臣忠父慈子孝
욕지기부선시기자 군성신충부자자효

왕량이 말하기를 "그 임금을 알려면 그 신하를 보고, 그 사람을 알려면 먼저 그 벗을 보고, 그 아비를 알려면 먼저 그 자식을 보라. 임금이 거룩하면 그 신하가 충성스럽고, 아비가 인자하면 자식이 효행하느니라."고 하셨다.

家語云 水至淸則無魚 人至擦則無徒
가어운 수지청즉무어 인지찰즉무도

〈가어〉에 이르기를 "물이 지극히 맑으면 고기가 없고, 사람이 지극히 살피면 친구가 없느니라."고 하셨다.

許敬宗曰 春雨如膏行人惡其泥 秋月揚輝盜者憎其照鑑
허경종왈 춘우여고행인오기니 추월양휘도자증기조감

허경종이 말하기를 "봄비는 기름과 같으나 길가는 사람은 그 질퍽거리는 진창을 싫어하고, 가을의 달빛이 밝게 비치나 도둑놈은 그 밝게 비치는 것을 싫어하느니라."고 하셨다.

景行錄云 大丈夫見善明故重名節於泰山 用心精故輕死生於鴻毛
경행록운 대장부견선명고중명절어태산 용심정고경사생어홍모

〈경행록〉에 이르기를 “대장부는 착한 것을 보는 것이 밝음으로 명분과 절의를 태산보다 중하게 여기고, 마음 쓰기가 깨끗함으로 죽는 것과 사는 것을 아주 홍모(가볍게)와 같이 여기느니라.”고 하셨다.

憫人之凶樂人之善 濟人之急求人之危
민인지흉낙인지선 제인지급구인지위

“남의 흉한 것을 민망히 여기고, 남의 착한 것을 즐겁게 여기며, 남의 급한 것을 건지고, 남의 위태함을 구하여야 되느니라.”

經目之事恐未皆眞 背後之言豈足深信
경목지사공미개진 배후지언기족심언

“직접 보고 경험한 일도 모두 참되지 아니할까 두렵거늘, 뒤에서 하는 말을 어찌 족히 깊이 믿으리오.”

不恨自家汲繩短 只恨他家苦井深
불한자가급승단 지한타가고정심

“자기 집 두레박줄이 짧은 것은 탓하지 않고 남의 집 우물 깊은 것만 탓한다.”

贓濫滿天下 罪拘薄福人
장람만천하 죄구박복인

부정한 재물을 취하는 사람이 천하에 가득 할지라도 죄는 복이 적은 사람에게 걸리느니라.

天若改常不風卽雨 人若改常不病卽死
천약개상불풍즉우 인약개상불병즉사

"하늘이 만약 상도를 어기면 바람 아니면 비가 오고, 사람이 만약 상도를 벗어나면 병 아니면 죽으리라."

壯元詩云 國正天心順 官淸民自安 妻賢夫禍小 子孝父心寬

장원시운 국정천심순관청민자안 처현부화소자효부심관

〈장원시〉에 이르기를 "나라가 바르면 하늘도 순하고, 벼슬아치가 바르고 청백하면 온 백성이 저절로 편안하느니라. 아내가 어질면 남편의 화가 적을 것이요. 자식이 효도하면 아버지의 마음이 너그러워 지느니라."고 하셨다.

子曰 木從繩則直 人受諫則聖

자왈 목종승즉직 인수간즉성

공자가 말하기를 "나무가 먹줄을 좇으면 곧고, 사람이 간함을 받아들이면 거룩하게 되느니라."고 하셨다.

一派靑山景色幽 前人田土後人收 後人收得莫歡喜 更有收人在後頭

일파청산경색유 전인전토후인수 후인수득막환희 경유수인재후두

한 줄기 푸른 산은 경치가 그윽하니 저 땅은 옛 사람이 가꾸던 밭을 뒷사람들이 거두는 것이다. 뒷사람은 차지했다 해서 기뻐하지 말라. 다시 거둘 사람은 뒤에 있느니라.

小東坡曰 無故而得千金 不有大福必有大禍

소동파왈 무고이득천금 불유대복필유대화

소동파가 말하기를 "까닭 없이 천금을 얻는 것은 큰 복이 있는 것이 아니라, 반드시 재앙이 있느니라."고 하셨다.

康節邵先生曰 有人來問卜如何是禍福 我虧人是禍人虧我是福
강절소선생왈 유인내문복여하시화복 아휴인시화인휴아시복

강절소 선생이 말하기를 "나에게 운수를 묻는 사람이 있으나 어떠한 것이 화와 복인가. 내가 남을 해롭게 하면 이것이 화요, 남이 나를 해롭게 하면 이것이 복이니라."고 하셨다.

大廈千間夜臥八尺 良田萬頃日食二升
대하천간야와팔척 양전만경일식이승

"큰 집이 천 칸이라도 밤에 눕는 곳은 여덟 자뿐이요, 좋은 밭이 만 평이 있더라도 하루에 두 되면 먹느니라."

久住令人賤 頻來親也疎 但看三五日 相見不如初
구주령인천 빈래친야소 단간삼오일 상견불여초

"오래 머물러 있으면 사람으로 하여금 천하게 여기고, 자주 오면 친하던 것도 멀어지느니라. 사흘이나 닷새 만에 서로 보는데도 처음 보는 것 같지는 않다."

渴時一滴如甘露 醉後添盃不如無.
갈시일적여감로 취후첨배불여무

"목이 마를 때 한 방울의 물은 단 이슬과 같고, 취한 후에 잔을 더하는 것은 안 먹는 것만 같지 못하느니라."

酒不醉人人自醉 色不迷人人自迷
주불취인인자취 색불미인인자미

"술이 사람을 취하게 하는 것이 아니라, 사람이 스스로 취하는 것이요, 색이 사람을 미혹시키는 것이 아니라, 사람이 스스로 미혹하는 것이니라."

公心若比私心 何事不辨 道念若同精念 成佛多時
공심약비사심 하사불변 도념약동정념 성불다시

"공을 위하는 마음이 사를 위하는 마음에 비할 수 있다면 무슨 일이든지 옳고 그름을 가려내지 못할 것이며, 도를 향하는 마음이 만약 남녀의 정을 생각하는 마음과 같다면 성불한 지 오래일 것이다."

濂溪先生曰 巧者言拙者默 巧子勞拙者逸 巧者賊拙者德
염계선생왈 교자언졸자묵 교자로졸자일 교자적졸자덕
巧者凶拙者吉 嗚呼天下拙刑政徹 上安下順風淸弊絕
교자흉졸자길 오호천하졸형정철 상안하순풍청폐절

염제선생이 말하기를 "교자(재주 있고 꾀 많은 사람)는 말을 잘하고, 졸자(재주 없고 어리석은 자)는 말이 없으며, 교자는 수고로우나, 졸자는 한가하다. 교자는 패악하나 졸자는 덕성스러우며, 교자는 흉하고 졸자는 길하다. 아! 천하가 졸하면 정치가 철저하여서 임금은 편안하고 백성은 잘 복종하며 풍속의 맑고 나쁜 습관은 없어지느니라."고 하셨다.

易曰 德微而位尊 智小而謀大 無禍者鮮矣
역왈 덕미이위존 지소이모대 무화자선의

〈주역〉에 말하기를 "덕이 적으나 지위가 높으며, 지혜가 없으면서 꾀하는 것이 크면 화가 없는 자가 드물 것이니라."고 하였다.

說苑曰 官怠於宦成病加於小愈 禍生於懈怠孝衰於妻子 察此四者愼終如始
설원왈 관태어환성병가어소유 화생어해태효쇠어처자 찰차사자신종여시

〈설원〉에 말하기를 "다스리는 이의 도는 지위가 성취되는 데서 게을러지고, 병은 조금 낫는 데서 더해지며, 재앙은 게으른데서 생기고, 효도는 처자에서 흐려진다. 이 네 가지를 살펴서 나중을 삼가기를 처음과 같이 할지니라."고 하였다.

器滿則溢 人滿則喪

기만즉일 인만즉상

"그릇이 차면 넘치고, 사람이 차면 잃어지느니라."

尺璧非寶 寸陰是競

척벽비보 촌음시경

"한 자 되는 둥근 구슬을 보배로 알지 말고 오직 기산을 귀중히 여길지니라."

羊羹雖美 衆口難調

양갱수미 중구난조

"양고기 국이 비록 맛이 좋으나 뭇 사람의 입을 맞추기는 어려우니라."

益智書云 白玉投於泥塗 不能汚穢其色 君子行於濁地 不能染亂其心

익지서운 백왕투어니도 불능오예기색 군자행어탁지 불능염란기심

故松栢可以耐雪霜 明智可以涉危難

고송백가이내설상 명지가이섭위난

〈익지서〉에 이르기를 "흰 옥을 진흙 속에 던져도 그 빛을 더럽힐 수 없고, 군자는 혼탁한 곳에 갈지라도 그 마음을 어지럽힐 수 없다. 그러므로 송백은 상설을 견디어 내고, 밝은 지혜는 위난을 능히 건너 내느니라."고 하였다.

入山擒虎易 開口告人難
입산금호이　개구고인난

“산에 들어가 범을 잡기 쉬우나, 입을 열어 남에게 고하기는 어려우니라.

遠水不救近火 遠親不如近隣
원수불구근화　원친불여근린

“먼 곳의 물은 가까운 불을 끄지 못하고, 먼 곳의 일가친척은 이웃만 못하다.”

太公曰 日月雖明不照覆盆之下 刀刃雖快不斬無之人 非災橫禍不入愼家之門
태공왈　일월수명부조복분지하 도인수쾌부참무지인 비재횡화 불입신가지문

태공이 말하기를 “해와 달이 비록 밝으나 엎어놓은 동이의 밑은 비치지 못하고, 칼날이 비록 잘 드나 죄 없는 사람은 베지 못하고, 불의의 재앙은 조심하는 집 문에는 들지 못하느니라.”고 하셨다.

太公曰 良田萬頃不如薄藝隨身
태공왈　양전만경불여박예수신

태공이 말하기를 “좋은 밭 만 이랑이 박한 재주가 몸에 따라 있는 것만 못하느니라.”고 하셨다.

性理書云 接物之要 己所不欲 勿施於人 行有不得 反求諸己
성리서운　접물지요 기소불욕 물시어인　행유부득 반구제기

〈성리서〉에 이르기를 “사물을 접하는 요체는 자기가 하고자 하지 않는 것을 남에게 베풀지 말고, 행동이 얻지 못하는 것이 있거든 돌이켜 자기에게 원인을 구하라.”

고 하였다.

酒色財氣四堵墻 多少賢愚在內廂 若有世人跳得出 便是神仙不死方
주색재기사도장 다소현우재내상 약유세인도득출 변시신선불사방

"술과 색과 재물과 기운의 네 가지로 쌓은 담 안에 수많은 어진 이와 어리석은 이가 행랑에 들어 있다. 만약 그 누가 이곳을 뛰쳐나올 수 있다면 그것은 곧 신선과 같이 죽지 아니하는 방법이니라. 즉, 많은 사람이 酒, 色, 財, 氣의 네 가지 그물 속에 걸려들어서 헤어나지 못하고 있다. 이 네 가지의 그물 속을 용감하게 뛰쳐나올 수 있다면 인간으로서 재생의 길을 걸을 수 있다는 뜻이다.

13. 立敎篇(입교편)

子曰 立身有義而孝其本 喪祀有禮而哀爲本 戰陣有列而勇爲本
治政有理而農爲本 居國有道而嗣爲本 生財有時而力爲本

공자가 말하기를 "입신함에 의가 있으니 효도가 그 근본이요, 상사에 예가 있으니 슬퍼함이 그 근본이요, 싸움터에 질서가 있으니 용맹이 그 근본이 된다. 나라를 다스리는데 이치가 있으니 농사가 그 근본이 되고, 나라를 지키는데 도가 있으니 계승이 그 근본이 되며, 재물은 생산함에 때가 있으니 노력이 그 근본이 되느니라."고 하셨다.

景行錄云 爲政之要曰工與淸 成家之道曰儉與勤

〈경행록〉에 이르기를 "정사를 다스리는데 긴요한 것은 공평하고 사사로운 욕심이 없이 깨끗이 하는 것이요, 집을 이루는 길은 낭비하지 아니하고 부지런한 것이니

라."고 하였다.

讀書起家之本 循理保家之本 勤儉治家之本 和順齊家之本

글을 읽는 것은 집을 일으키는 근본이요, 이치에 따름은 집을 잘 보존하는 근본이요, 부지런하고 절약하여 낭비하지 아니하는 것은 집을 잘 처리하는 근본이요, 화목하고 순종하는 것은 집안을 잘 다스리는 근본이니라.

孔子三計圖云 一生之計在於幼 一年之計在於春 一日之計在於寅 幼而不學老無所知 春若不耕秋無所望 寅若不起日無所辨

공자가 삼계도에 이르기를 "일생의 계획은 어릴 때에 있고, 일 년의 계획은 봄에 있고, 하루의 계획은 새벽에 있다. 어려서 배우지 않으면 늙어서 아는 것이 없고 봄에 밭 갈지 않으면 가을에 바랄 것이 없으며, 새벽에 일어나지 않으면 그 날의 할 일이 없다."고 하셨다.

性理書云 五敎之目 父子有親 君臣有義 夫婦有別 長幼有序 朋友有信

〈성리서〉에 이르기를 "다섯 가지 가르침의 조목은 아버지와 자식 사이에는 서로 친함이 있어야 하며, 임금과 신하 사이에는 의가 있어야 하며, 남편과 아내 사이에는 분별이 있어야 하며, 어른과 어린이 사이에는 차례가 있어야 하며, 친구 사이에는 믿음이 있어야 하느니라."고 하였다.

三綱 君爲臣綱 父爲子綱 夫爲婦綱

삼강이라는 것은 임금은 신하의 본이 되고, 아버지는 자식의 본이 되며, 남편은 아내의 본이 되는 것이니라.

王蠋曰 忠臣不事二君 烈女不更二夫

왕촉이 말하기를 "충신은 두 임금을 섬기지 않고, 열녀는 두 지아비를 섬기지 않느니라."고 하셨다.

忠子曰 治官莫若平 臨財莫若廉

충자가 말하기를 "벼슬을 다스림에는 공평한 것만 같지 못하고, 재물에 임함에는 청렴한 것만 같지 못하느니라."고 하셨다.

張思叔座右銘曰 凡語必忠信 凡行必篤敬 飮食必愼節 字劃必楷正 容貌必端莊 衣冠必整肅 步履必安詳 居處必正精 作事必謀始 出言必顧行 常德必固持 然諾必重應 見善如己出 見惡如己病 凡此十四者 皆我未深省 書此當座右 朝夕視爲警

장사숙의 좌우명에 말하기를 "무릇 말은 충성되고 믿음이 있어야 되며, 무릇 행실은 반드시 돈독하고 공경히 하며, 음식은 반드시 삼가고 알맞게 하며, 글씨는 반드시 똑똑하고 바르게 쓰며, 용모는 반드시 단정하고 엄숙히 하며, 의관은 반드시 정제하며, 걸음걸이는 반드시 안전하고 조심스럽게 하며 거처하는 곳은 반드시 바르고 정숙하게 하며, 일하는 것은 반드시 계획을 세워 시작하며, 말을 할 때는 반드시 그 실행 여부를 생각해서 하며, 평상의 덕을 반드시 굳게 가지며, 일을 하락하는 것은 반드시 신중히 생각해서 응하며, 선을 보거든 자기에게서 나온 것 같이 하며 악을 보거든 자기의 병인 것 같이 하라. 무릇 이 열네 가지는 모두 내가 아직 깊이 깨닫지 못한 것이다. 이를 자기의 오른편에 써 붙여 놓고 아침저녁으로 보고 경계할 것이니라."고 하였다.

范益謙座右銘曰 一 不言朝廷利害邊報差除 二 不言州縣官員長短得失 三 不言衆人所作過惡之事 四 不言仕進官職趨時附勢 五 不言財利多少厭貧求富

六 不言淫戲慢評論女色 七 不言求覓人物干索酒食 又 人付書信不可開坼沈滯 與人拜座不可窺人私書 凡入人家不可看人文字 凡借人物不可損壞不還 凡喫飮食不可揀擇去取 與人同處不可自擇便利 凡人富貴不可歎羡詆毁 凡此數事有犯之者 足以見用心之不正 於正心修身大有所害 因書以自警

범익겸의 좌우명에 이르기를 "첫째, 조정에서의 이해와 변방으로부터의 보고와 관직의 임명에 대하여 말하지 말 것. 둘째, 주현의 관원의 장단과 득실에 대하여 말하지 말 것. 셋째, 여러 사람이 저지른 악한 일을 말하지 말며, 넷째, 벼슬에 나가는 것과 기회를 따라 권세에 아부하는 일에 대하여 말하지 말 것. 다섯째, 재리의 많고 적음이나 가난을 싫어하고 부를 구하는 것을 말하지 말며, 여섯째, 음탕하고 난잡한 농지거리나 여색에 대한 평론을 말하지 말 것. 일곱째, 남의 물건을 탐내거나 주식을 토색하는 것을 말하지 말 것. 그리고 남이 부치는 편지를 뜯어보거나 지체시켜서는 안 되며, 남과 같이 앉아 있으면서 남의 사사로운 글을 엿보아서는 안 되며, 무릇 남의 집에 들어감에 남이 만든 글을 보지 말며, 남의 물건을 빌렸을 때 이것을 손상시키고 돌려보내선 안 된다. 무릇 음식을 먹음에 가려서 취하지 말며, 남과 같이 있으면서 스스로의 편리만을 가리어 취하지 말라. 무릇 남의 부하고 귀한 것을 부러워하거나 헐뜯지 말라. 무릇 이 몇 가지 일을 범하는 자가 있으면 넉넉히 그 마음 쓰는 것의 바르지 않음을 알 수 있으며 마음을 바르게 하고 몸을 닦는데 크게 해 되는 바가 있는지라. 이로 인하여 이 글을 써서 스스로 경계하노라."고 하였다.

武王問太公曰 人居世上何得貴賤貧富不等 原聞說之欲之是矣 太公曰 富貴如聖人之德皆由天命 富者用之有節不富者家有十盜

무왕이 태공에게 묻기를 "사람이 사는데 어찌하여 귀천과 빈부가 고르지 않습니까? 원컨대 말씀을 들어서 이를 알고자 합니다." 태공이 대답하기를 "부귀는 성인의 덕과 같아서 다 천명에 말미암거니와 부자는 쓰는 것이 절도가 있고 부하지 못한 자는 집에 열 가지 도둑이 있나이다."

武王曰 何謂十盜 太公曰 時熟不收爲一盜 收積不了爲二盜 無事燃燈寢睡爲三盜 慵懶不耕爲四盜 不施功力爲五盜 專行巧害爲六盜 養女太多爲七盜 晝眠懶起爲八盜 貪酒嗜慾爲九盜 强行嫉妬爲十盜

무왕이 말하기를 "무엇을 십도라고 합니까?" 태공이 대답하기를 "곡식이 익은 것을 제 때에 거둬들이지 않는 것이 첫째의 도둑이요, 거두고 쌓는 것을 마치지 않는 것이 둘째의 도둑이요, 일없이 등불을 켜놓고 잠자는 것이 셋째의 도둑이요, 게을러서 밭 갈지 않는 것이 넷째의 도둑이요, 공력을 들이지 않는 것이 다섯째의 도둑이요, 오로지 교활하고 해로운 일만 행하는 것이 여섯째의 도둑이요, 딸을 너무 많이 기르는 것이 일곱째의 도둑이요, 낮잠 자고 아침에 일어나기를 게을리 하는 것이 여덟째의 도둑이요, 술을 탐하고 환락을 즐기는 것이 아홉째의 도둑이요, 심히 남을 시기하는 것이 열째의 도둑입니다."고 하셨다.

武王曰 家無十盜而不富者何如 太公曰 人家必有三耗 武王曰 何名三耗 太公曰 倉庫漏濫不蓋鼠雀亂食爲一耗 收種失時爲二耗 抛撒米穀穢賤爲三耗

무왕이 말하기를 "집에 십도가 없고 부유하지 못함은 어찌 그렇습니까?"하고 묻자, 태공이 "그런 사람의 집에는 반드시 삼모가 있을 것입니다."고 했다. "무엇을 삼모라고 말합니까?" 하자, "창고가 뚫려 있는데도 막지 않아 쥐와 새들이 어지러이 먹어대는 것이 첫째의 모(耗)요, 거두고 씨를 뿌림에 때를 놓치는 것이 둘째의 모요, 곡식을 펴 흘리어 더럽고 천하게 다루는 것이 셋째의 모입니다."고 하셨다.

武王曰 家無三耗而不富者何如 太公曰 人家必有一錯二誤三痴 四失五逆六不祥七奴八賤九愚十强 自招其禍非天降殃

무왕이 묻기를 "집에 삼모도 없는데 부유하지 못한 것은 어찌하여 그럽니까?" 하자, 태공이 대답하기를 "그런 사람의 집에는 반드시 일착(一錯), 이오(二誤), 삼치(三痴), 사실(四失), 오역(五逆), 육불상(六不祥), 칠노(七奴), 팔천(八賤), 구우

(九愚), 십강(十强)이 있어서 스스로 그 화를 부르는 것이요, 하늘이 재앙을 내리는 것이 아닙니다."고 하셨다.

武王曰 願悉聞之 太公曰 養男不教訓爲一錯 孀孩不訓爲二誤 初迎新婦不行嚴訓爲三痴 未語先笑 爲四失 不養父母爲五逆 夜起赤身爲六不祥 好挽他弓爲七奴 愛騎他馬爲八賤 喫他酒勸他人爲九愚 喫他飯命朋友爲十强 武王曰 甚美誠哉是言也

무왕이 말하기를 "그 내용을 듣기를 원합니다."고 하자, 태공이 대답하기를 "아들을 기르며 가르치지 않는 것이 첫째의 잘못이요, 어린 아이를 훈도하지 않는 것이 둘째의 그름이요, 새 아들을 맞아들여서 엄하게 가르치지 않는 것이 셋째의 어리석음이요, 말하기 전에 웃기부터 먼저 하는 것이 넷째의 과실이요, 부모를 봉양하지 않는 것이 다섯째의 거스름이요, 밤에 알몸으로 일어나는 것이 여섯째의 상서롭지 못함이요, 남의 활을 당기기를 좋아하는 것이 일곱째의 상서롭지 않음이요, 남의 말을 타기를 좋아하는 것이 여덟째의 천함이요, 남의 술을 마시면서 다른 사람에게 권하는 것이 아홉째의 어리석음이요, 남의 밥을 먹으면서 벗에게 주는 것이 열째의 뻔뻔함이 되는 것입니다."고 하셨다. 무왕이 말하기를 "아! 심히 아름답고 진실하도다. 그 말씀이여."라고 하셨다.

14. 治政篇(치정편)

明道先生曰 一命之士苟有存心於愛物 於人必有所濟

명도선생왈 일명지사구유존심어애물 어인필유소제

명도선생이 말하기를 "처음으로 벼슬을 얻는 사람이라도 진실로 물건을 사랑하는데 마음을 쓴다면 남에게 반드시 도움을 받는바가 있느니라."고 하셨다.

唐太宗御製云 上有麾之 中有乘之 下有附之 幣帛衣之 倉稟食之
당태종어제운 상유휘지 중유승지 하유부지 폐백의지 창품식지
爾俸爾祿 民膏民脂 下民易虐 上蒼難欺
이봉이록 민고민지 하민이학 상창난기

당나라 태종의 어제에 이르기를 "위에는 지시하는 이가 있고 중간에는 이에 의하여 다스리는 관원이 있고 그 아래에는 이를 따르는 백성이 있다. 예물로 받은 비단 옷 지어 입고 곳간에 있는 곡식은 먹는 것이니, 너희의 봉록은 다 백성들의 기름인 것이다. 아래에 있는 백성은 학대하기가 쉽지만 위에 있는 푸른 하늘은 속이기 어려우니라."고 하셨다.

童蒙訓曰 當官之法唯有三事 曰淸曰愼曰勤 知此三者知所以持身矣
동몽훈왈 당관지법유유삼사 왈청왈신왈근 지차삼자지소이지신의

〈동몽훈〉에 말하기를 "관리된 자의 지켜야 할 법은 오직 세 가지가 있으니 청렴과 신중과 근면이다. 이 세 가지를 알면 몸가질 바를 아느니라."고 하였다.

當官者必以暴怒爲戒 事有不可當詳處之必無不中 若先暴怒只能自害豈能害人
당관자필이폭노위계 사유불가당상처지필무부중 약선폭노지능자해기능해인

관직에 있는 자는 반드시 심하게 성내는 것을 경계하라. 일에 옳지 않음이 있거든 마땅히 자상하게 처리하면 반드시 맞아들지 않는 것이 없으려니와 만약 성내기부터 먼저 한다면 오직 자신을 해롭게 할 뿐이니라. 어찌 남을 해롭게 할 수 있으리.

事君如事親 事長官如事兄 與同僚如家人 待群吏如奴僕 愛百姓如妻子
사군여사친 사장관여사형 여동료여가인 대군리여노복 애백성여처자
處官事如家事然後 能盡吾之心 如有毫末不至 皆吾心有所未盡也
처관사여가사연후 능진오지심 여유호말부지 개오심유소미진야

임금을 섬기는 것을 어버이를 섬기는 것 같이하며, 윗사람 섬기기를 형을 섬기는 것 같이하며, 동료를 대하기를 자기 집 사람같이 하며, 여러 아전 대접하기를 자기 집 노복같이 하며, 백성 사랑하기를 처자같이 하며, 나라 일 처리하기를 내 집안일처럼 하고난 뒤에야 능히 내 마음을 다했다 할 것이니라. 만약 털끝만치라도 이르지 못함이 있으면 모두 내 마음에 다하지 못한 바가 있기 때문이니라.

或問簿佐令者也 簿欲所爲令或不從柰何 伊川先生曰 當以誠意動之

혹문부좌령자야 부욕소위영혹부종내하 이천선생왈 당이성의동지

今令與簿不和 便是爭私意 令是邑之長 若能以事父兄之道事之

금령여부불화 변시쟁사의 영시읍지장 약능이사부형지도사지

過則歸己善則唯恐不歸於令 積此誠意豈有不動得人

과즉귀기선즉유공불귀어령 적차성의기유부동득인

어떤 사람이 묻기를 "부(簿)는 영(令)을 보좌하는 자입니다. 부가 하고자 하는 바를 영이 혹시 따르지 않는다면 어떻게 합니까?"

이천 선생이 대답하기를 "마땅히 성의로써 움직여야 할 것이니라. 이제 영과 부가 화목하지 않는 것이 곧 사사로운 생각으로 다투는 것이니라. 영은 고을의 장관이니 만약 부형을 섬기는 도리로 섬겨서 잘못이 있으면 자기에게로 돌리고 잘한 것은 영에게로 돌아가지 않을 것이 두려워서 이와 같은 성의를 쌓는다면 어찌 사람을 움직이지 못함이 있으리오."라고 하셨다.

劉安禮問臨民 明道先生曰 使民各得輸其情 問御吏曰正己以格物

유안례문림민 명도선생왈 사민각득수기정 문어리왈정기이격물

유안례가 백성에 임하는 도리를 물으니 명도 선생이 말하기를 "백성으로 하여금 각각 그들의 뜻을 펴게 하는 것이니라.", 아전을 거느리는 도리를 물으니 "자기를 바르게 함으로써 남을 바르게 할지니라."고 하셨다.

抱朴子曰 迎斧鉞而正諫 據鼎而盡言 此謂忠臣也
포박자왈 영부월이정간 거정이진언 차위충신야

〈포박자〉에 말하기를 "도끼로 맞더라도 바른 길로 간하며, 솥에 넣어서 죽이려 하더라도 옳은 말을 다하면 이것이 충신이라 이르니라."고 하였다.

15. 治家篇(치가편)

司馬溫公曰 凡諸卑幼事無大小 毋得專行必咨稟於家長
사마온공왈 범제비유사무대소 무득전행필자품어가장

사마온공이 말하기를 "무릇 손아래 사람들은 일의 크고 작음이 없이 제멋대로 행동하지 말고 반드시 집안 어른께 여쭈어 보고서 해야 하느니라."고 하셨다.

待客不得不豐 治家不得不儉
대객부득불풍 치가부득불검

"손님 접대는 후하게 하지 않을 수 없고, 살림살이는 검소하게 하지 않을 수 없느니라."

太公曰 痴人畏婦 賢女敬夫
태공왈 치인외부 현녀경부

태공이 말하기를 "어리석은 사람은 아내를 두려워하고 어진 여자는 남편을 공경하느니라."고 하셨다.

凡使奴僕 先念飢寒
범사노복　선념기한

무릇 노복을 부리는 데는 먼저 그들의 춥고 배고픔을 생각할 것이다.

子孝雙親樂 家和萬事成
자효쌍친락　가화만사성

자식이 효도하면 어버이가 즐겁고, 집안이 화목하면 만사가 이루어진다.

時時防火發 夜夜備賊來
시시방화발　야야비적래

때때로 불이 나는 것을 막고 도적이 드는 것을 방비해야 한다.

景行錄云 觀朝夕之早晏 可以卜人家之興替
경행록운　관조석지조안 가이복인가지흥체

〈경행록〉에 이르기를 "아침저녁의 이르고 늦음을 보아 가히 그 사람의 집이 흥하고 쇠함을 알 수 있느니라."고 하였다.

文仲子曰 婚娶而論財 夷虜之道也
문중자왈　혼취이론재 이로지도야

문중자가 말하기를 "혼인하고 장가드는 데 재물을 논하는 것은 오랑캐의 일이니라."고 하셨다.

16. 安義篇(안의편)

顔氏家訓曰 夫有人民而後有夫婦 有夫婦而後有父子 有父子而後有兄弟
안씨가훈왈 부유인민이후유부부 유부부이후유부자 유부자이후유형제
一家之親此三者而已矣 自茲以往至于九族 皆本於三親焉故
일가지친차삼자이이의 자자이왕지우구족 개본어삼친언고
於人倫爲重也不可無篤
어인륜위중야불가무독

안 씨 가훈에 말하기를 "백성이 있은 후에 부부가 있고 부부가 있은 후에 부자가 있고 부자가 있은 후에 형제가 있나니 한 집의 친함은 이 세 가지뿐이니라. 이에서부터 나아가 구족(九族)에 이르기까지는 모두 이 삼친에 근본 하는지라. 그러므로 인륜에 있어서 가장 중요한 것이니 돈독하게 아니하지 못할지니라."고 하셨다.

莊子曰 兄弟爲手足 夫婦爲衣服 衣服破時更得新 手足斷處難可續
장자왈 형제위수족 부부위의복 의복파시갱득신 수족단처난가속

장자가 말하기를 "형제는 수족과 같고 부부는 의복과 같으니 의복이 떨어졌을 때는 새 것으로 갈아입을 수 있거니와 수족이 잘라진 곳은 잇기가 어려우니라."고 하셨다.

蘇東坡云 富不親兮貧不疎 此是人間大丈夫 富則進兮貧則退 此是人間盡小輩
소동파운 부불친혜빈불소 차시인간대장부 부즉진혜빈즉퇴 차시인간진소배

소동파가 이르기를 "부유하다고 친하지 않으며, 가난하다고 멀리하지 않음은 이것이 바로 인간으로서의 대장부라 할 것이요, 부유하다면 가까이 하고 가난하다고

멀리하는 것은 이는 사람 중에서 참으로 마음이 작은 무리이니라."고 하셨다.

17. 遵禮篇(준례편)

子曰 居家有禮故長幼辨 閨門有禮故三族和 朝廷有禮故官爵序
자왈 거가유례고장유변 규문율례고심족화 조정유례고관작서
田獵有禮故戎事閑 軍旅有禮故武功成
전렵유례고융사한 군여유례고무공성

공자가 말하기를 "한 집안에 예가 있으므로 어른과 어린이가 분별이 있고, 안방에 예가 있으므로 삼족이 화목하고, 조정에 예가 있음으로 벼슬의 차례가 있고, 사냥하는데 예가 있으므로 군사 일이 숙달되고, 군대에 예가 있으므로 무공이 이루어지느니라."고 하셨다.

子曰 君子有勇而無禮爲亂 小人有勇而無禮爲盜
자왈 군자유용이무례위란 소인유용이무례위도

공자가 말하기를 "군자가 용맹만 있고 예가 없으면 세상을 어지럽게 하고, 소인이 용맹만 있고 예가 없으면 도둑이 되느니라."고 하셨다.

曾子曰 朝廷莫如爵 鄕黨莫如齒 輔世長民莫如德
증자왈 조정막여작 향당막여치 보세장민막여덕

증자가 말하기를 "조정에는 지위보다 좋은 것이 없고, 한 고을에는 나이가 많은 사람보다 나은 이가 없으며 나라 일을 잘하고 백성을 다스리는 것에는 덕 같은 것이 없느니라."고 하셨다.

老少長幼天分秩序 不可悖理而傷道也
노소장유천분질서 불가패리이상도야

"늙은이와 젊은이, 어른과 어린이는 하늘이 정한 차례이니 사물의 바른 도리를 어기고 도를 상하게 하지 못하느니라."

出門如見大賓 入室如有人
출문여막대빈 입실여유인

"밖에 나설 때는 큰 손님을 대하는 것과 같이 하고 방으로 들 때는 사람이 있는 것과 같이하라."

若要人重我 無過我重人
약요인중아 무과아중인

"만약 남이 나를 중하게 여김을 바란다면 내가 먼저 남을 중히 여겨야 하느니라."

父不言子之德 子不談父之過
부불언자지덕 자부담부지과

"아버지는 아들의 덕을 말하지 말 것이며, 자식은 아버지의 허물을 말하지 아니할지니라."

18. 言語篇(언어편)

劉會曰 言不中理 不如不言
유회왈 언부중리 불여불언

유회가 말하기를 "말이 이치에 맞지 않으면 하지 않음만 못하느니라."고 하셨다.

一言不中 千語無用
일언부중 천어무용

"한 마디 말이 맞지 않으면 천 마디 말이 쓸데없느니라."

君平曰 口舌者禍患之門 滅身之斧也
군평왈 구설자화환지문 멸신지부야

군평이 말하기를 "입과 혀는 화와 근심의 근본이며, 몸을 망하게 하는 도끼와 같은 것이니 말을 삼가야 할지니라."고 하셨다.

利人之言煖如綿絮 傷人之語利如荊棘 一言半句重値千金 一語傷人痛如刀割
이인지언난여면서 상인지어이여형극 일언반구중치천금 일어상인통여도할

"사람을 이롭게 하는 말은 따뜻하기 솜과 같고 사람을 상하게 하는 말은 날카롭기 가시 같아서 한 마다 말은 무겁기가 천금과 같고 한 마디 말이 사람을 중상함은 아프기가 칼로 베는 것과 같으니라."

口是傷人斧 言是割舌刀 閉口深藏舌 安身處處牢
구시상인부 언시할설도 폐구심장설 안신처처뢰

"입은 사람을 상하게 하는 도끼요, 말은 혀를 베는 칼이니, 입을 막고 혀를 깊이 감추면 몸이 어느 곳에 있으나 편안할 것이니라."

逢人且說三分話 未可全抛一片心 不怕虎生三個口 只恐人情兩樣心
봉인차설삼분화 미가전포일편심 불파호선삼개구 지공인정양양심

"사람을 만나거든 말을 삼 분만 하되 자기가 지니고 있는 한 조각 마음을 다 버리지 말 것이며 호랑이의 세 입을 두려워하지 말고, 오직 사람의 두 마음을 두려워할 것이니라."

酒逢知己千鍾少 話不投機一句多
주봉지기천종소 화불투기일구다

"술은 나를 아는 친구를 만나면 천 잔도 적고, 말은 뜻이 맞지 않으면 한 마디도 많으니라."

19. 交友篇(교우편)

子曰 與善人居如入芝蘭之室 久而不聞其香卽與之化矣 與不善人居如入鮑魚之肆
자왈 여선인거여입지란지실 구이불문기향즉여지화의 여불선인거여입포어지사
久而不聞其臭亦與之化矣 丹之所藏者赤漆之所藏者黑 是以君子必愼其所與處者焉
구이불문기취역이지화의 단지소장자적칠지소장자흑 시이군자필신기소여처자언

공자가 말하기를 "착한 사람과 같이 살면 향기로운 지초와 난초가 있는 방안에 들어간 것과 같아서 오래도록 그 냄새를 알지 못하나 곧 더불어 그 향기가 동화되고, 착하지 못한 사람과 같이 있으면 생선 가게에 들어간 것과 같아서 오래 그 나쁜 냄새를 알지 못하나 또한 더불어 동화 되나니 붉은 것을 지니고 있으면 붉어지고 검은 것을 지니고 있으면 검어지느니라. 그러므로 군자는 반드시 그 있는 곳을 삼가야 하느니라."고 하셨다.

家語云 與好人同行如霧露中行 雖不濕衣時時有潤 與無識人同行如厠中座
가어운 여호인동행여무로중행 수불습의시시유윤 여무식인동행여측중좌

雖不汚衣時時聞臭
수불오의시시문취

〈가어〉에 이르기를 "학문을 좋아하는 사람과 동행한다면 마치 안개 속을 가는 것과 같아서 비록 옷은 적시지 않더라도 때때로 윤택함이 있고, 무식한 사람과 동행하면 마치 뒷간에 앉은 것 같아서 비록 옷은 더럽히지 않더라도 때때로 그 냄새가 맡아지느니라."고 하였다.

子曰 晏平仲 善與人交 久而敬之
자왈 안평중 선여인교 구이경지

공자가 말하기를 "안평중은 사람 사귀기를 잘 한다. 오래도록 공경하였구나."고 하셨다.

相識滿天下 知心能幾人
상식만천하 지심능기인

"서로 얼굴을 아는 사람은 온 세상에 많이 있으되 마음을 아는 사람이 몇이나 되겠는고."

酒食兄弟千個有 急難之朋一個無
주식형제천개유 급난지붕일개무

"서로 술이나 음식을 함께 할 때에는 형이니 동생이니 하는 친구는 많으나, 급하고 어려운 일을 당하였을 때에 도와줄 친구는 하나도 없느니라."

不結子花休要種 無義之朋不可交
불결자화휴요종 무의지붕불가교

"열매를 맺지 않는 꽃은 심지 말고 의리 없는 친구는 사귀지 말라."

君子之交淡如水 小人之交甘若醴
군자지교담여수 소인지교감약례

"군자의 사귐은 맑기가 물 같고, 소인의 사귐은 달콤하기가 단술 같으니라."

路遙知馬力 日久見人心
노요지마력 일구견인심

"길이 멀면 말의 힘을 알 수 있고, 날자가 오래 되면 사람의 마음을 알 수 있다."

20. 婦行篇(부행편)

益智書云 女有四德之譽 一曰婦德 二曰婦容 三曰婦言 四曰婦工也
익지서운 여유사덕지예 일왈부덕 이왈부용 삼왈부언 사왈부공야

〈익지서〉에 이르기를 "여자는 네 가지 덕의 아름다움이 있으니, 첫째는 부덕을 말하고, 둘째는 부용을 말하고, 셋째는 부언을 말하며, 넷째는 부공을 말하느니라."고 하였다.

婦德者不必才名絕異 婦容者不必顔色美麗
부덕자불필재명절이 부용자불필안색미려
婦言者不必辯口利詞 婦工者不必技巧過人也
부언자불필변구리사 부공자불필기교과인야

"부덕이라는 것은 반드시 재주와 이름이 뛰어남을 말하는 것이 아니요, 부용이라는 것은 반드시 얼굴이 아름답고 고움을 말함이 아니요, 부언이라는 것은 반드시 입담이 좋고 말 잘하는 것이 아니요, 부공이라는 것은 반드시 손재주가 다른 사람보다 뛰어남을 말하는 것이 아니니라."

其婦德者淸貞廉節 守分整齋行止有恥 動靜有法此爲婦德也 婦容者洗浣塵垢
기부덕자청정염절 수분정제행지유치 동정유법차위부덕야 부용자세완진구
衣服鮮潔沐浴及時 一身無穢此爲婦容也 婦言者擇師而說 不談非禮時然後言
의복선결목욕급시 일신무예차위부용야 부언자택사이설 부담비예시연후언
人不厭其言此爲婦言也 婦工者專勤紡積 勿好暈酒供具甘旨 以奉賓客此爲婦工也
인불염기언차위부언야 부공자전근방적 물호훈주공구감지 이봉빈객차위부공야
此四德者 是婦人之所不可缺者 爲之甚易務之在正 依此而行是爲婦節
차사덕자 시부인지소불가결자 위지심이무지재정 의차이행시위부절

"부덕이라 함은 절개가 곧고 분수를 지키며 몸가짐을 고르게 하고 한결같이 얌전하게 행하고 행동을 조심하며 행실을 법도에 맞게 하는 것이니 이것이 부덕이 되는 것이요, 부용이라 함은 먼지나 때를 깨끗이 빨아 옷차림을 정결하게 하며 목욕을 제때에 하여 몸에 더러움이 없게 하는 것이니 이것이 부용이 되는 것이요, 부언이라 함은 말을 가려서 하며 예의에 어긋나는 말은 하지 않고 꼭 해야 할 때에 말해서 사람들이 그 말을 싫어하지 않는 것이니 이것이 부언이 되는 것이요, 부공이라 함은 길쌈을 부지런히 하며 술을 빚기를 좋아 하지 않고 좋은 맛을 갖추어서 손님을 접대하는 것이니 이것이 부공이 되느니라."

"이 네 가지 덕은 부녀자로서 하나도 뺄 수 없고 행하기 매우 쉽고 힘씀이 바른데 있으니, 이를 의지하여 행하여 나가면 곧 부녀자로서의 범절이 되느니라."

太公曰 婦人之禮語必細
태공왈 부인지례어필세

태공이 말하기를 "부인의 말은 반드시 곱고 가늘어야 하느니라."고 하셨다.

賢婦令夫貴 惡婦令夫賤
현부영부귀 악부영부천

"어진 부인은 남편을 귀하게 하고, 악한 부인은 남편을 천하게 하느니라."

家有賢妻 夫不遭橫禍
가유현처 부불조횡화

"집에 어진 아내가 있으면 남편이 뜻밖의 화를 만나지 않느니라."

賢婦和六親 佞婦破六親
현부화육친 영부파육친

"어진 부인은 육친을 화목하게 하고, 아첨 잘하는 부인은 육친의 화목을 깨뜨리느니라."

21. 增補篇(증보편)

周易曰 善不積不足以成名 惡不積不足以滅身 小人以小善爲無益而弗爲也
주역왈 선부적부족이성명 악부적부족이멸신 소인이소선위무익이불위야
以小惡无爲無傷而弗去也 故惡積而不可掩罪大而不可解
이소악무위무상이불거야 고악적이불가엄죄대이불가해

〈주역〉에 말하기를 "선을 쌓지 않으면 족히 이름을 이룰 수 없을 것이요, 악을 쌓

지 않으면 몸을 망치기에 족하거늘 소인은 조그마한 선으로서는 이로움이 없다고 해서 버리지 않는다. 그러므로 악이 쌓이면 가히 없애지 못할 것이요, 죄가 크면 가히 풀지 못하느니라."고 하였다.

履霜堅氷至臣弑其君 子弑其父非一旦一夕之事 其由來者漸矣
이상견빙지신시기군 자시기부비일단일석지사 기유래자점의

"서리를 밟으면 얼음이 다다른다 하니 신하가 그 임금을 죽이며, 자식이 그 아비를 죽이는 것이 하루아침이나 하루 저녁에 이루어지는 일이 아니라 그 말미암음이 오래니라."

22. 八反歌八首(팔반가팔수)

幼兒或詈我我心覺懽喜 父母嗔怒我我心反不甘 一懽喜一不甘
유아혹리아아심각환희 부모진노아아심반불감 일환희일불감
待兒待父心何懸 勸君今日逢親怒 也應將親作兒看
대아대부심하현 권군금일봉친노 야응장친작아간

"어린아이가 혹 나를 꾸짖으면 나는 마음에 기쁨을 깨닫고, 아버지와 어머니가 나를 꾸짖고 성을 내면 나의 마음에 도리어 좋게 여겨지지 않느니라. 하나는 기쁘고 하나는 좋지 아니 하니 아이를 대하는 마음과 어버이를 대하는 마음이 어찌 그다지도 현격한고. 그대에게 권고하니, 지금 어버이에게 꾸지람을 듣거든 반드시 자기의 어린 자식에게 꾸지람을 들을 때와 같이 하라."

兒曹出千言君聽常不厭 父母一開口便道多閑管 非閑管親掛牽
아조출천언군청상불염 부모일개구변도다한관 비한관친괘견

皓首白頭多諳諫 勸君敬奉老人言 莫教乳口爭長短

호수백두다암간 권군경봉노인언 막교유구쟁장단

"어린 자식들은 여러 가지 말을 해도 그대가 듣기에 늘 싫지 않고, 어버이는 한 번 말을 하여도 잔소리가 많다고 하느니라. 부질없는 살핌이 아니라 어버이는 근심이 되어 그리 하느니라. 흰 머리가 되도록 긴 세월에 아는 것이 많으니, 그대에게는 늙은 사람의 말을 공경하여 받들고 젖내 나는 입으로 길고 짧음을 다투지 말 것을 권하노라."

幼兒尿糞穢 君心無厭忌 老親涕唾零反有憎嫌意 六尺軀來何處

유아뇨분예 군심무염기 노친체타령반유증혐의 육척구래하처

父精母血成汝體 勸君敬待老來人 壯時爲爾筋骨敝

부정모혈성여체 권군경대로래인 장시위이근골폐

"아이의 오줌과 똥은 그대 마음에 싫지 않고, 늙은 어버이의 눈물과 침이 떨어지는 것은 도리어 밉고 싫어하는 뜻이 있느니라. 여섯 자나 되는 몸이 어디서 왔는고. 아버지의 정기와 어머니의 피로 그대의 몸이 이루어졌느니라. 그대에게 권하노니, 늙어가는 사람을 공경하여 대접하라. 젊었을 때 그대를 위하여 살과 뼈가 닳도록 애를 쓰셨느니라."

看君晨入市買餠又買餻 少聞供父母多說供兒曹 親未啖兒先飽

간군신입시매병우매고 소문공부모다설공아조 친미담아선포

子心不比親心好 勸君多出買餠錢 供養白頭光陰少

자심불비친심호 권군다출매병전 공양백두광음소

"그대가 새벽에 시장에 가서 떡을 사는 말을 들어보면 부모에게 드린다는 것은 별로 듣지 못하고 자식들에게 준다는 말은 흔히 들었을 것이다. 어버이는 아직 씹지도 아니 하였는데 자식이 먼저 배부르니 자식의 마음은 부모의 마음이 좋아하는 것에

비하지 못하리라. 그대에게 권하노니, 떡을 살 돈을 많이 내서 늙은 어버이가 살아 있을 날이 얼마 남지 아니 하였으니 잘 받들어 봉양하라."

市間賣藥肆惟有肥兒丸 未有壯親者何故兩般看 兒亦病親亦病醫兒不比醫親症
시간매약사유유비아환 미유장친자하고양반간 아역병친역병의아불비의친증
割股還是親的肉 勸君亟保雙親命
할고환시친적육 권군극보쌍친명

"시정에는 있는 약 파는 가게에 오로지 아이를 살찌게 하는 약은 있고, 어버이를 튼튼하게 하는 약은 없으니 무슨 까닭으로 이 두 가지를 보는고. 아이도 병들고 어버이도 병들었을 때 아이의 병을 고치는 것이 어버이의 병을 고치는 것에 비하지 못할 것이니라. 다리를 베더라도 두루 어버이의 살이니 그대에게 권하노니 빨리 두 어버이의 목숨을 극진히 안전하게 보호하라."

富貴養親易親常有未安 貧賤養兒難兒不受饑寒 一條心兩條路爲兒終不如爲父
부귀 양친이친상유미안 빈천양아난아불수기한 일조심양조로위아종불여위부
勸君奉兩親如養兒 凡事莫推家不富
권군봉양친여양아 범사막추가불부

"부하고 귀하면 어버이를 봉양하기 쉬우나 어버이는 항상 미안한 마음이 있고, 가난하고 천하면 아이를 기르기 어려우나 아이는 배고프고 추운 것을 받아들이지 못한다. 한 가지 마음과 두 가지 길에 아들을 위함이 마침내 어버이를 위함만 같지 못하느니라. 권하노니 그대는 어버이 섬기기를 아이를 기르는 것과 같이 하고 모든 일을 집이 넉넉하지 못하다고 미루지 말 것이니라."

養親只有二人 常與兄弟爭 養兒雖十人 君皆獨自任 兒飽煖親常問
양친지유이인 상여형제쟁 양아수십인 군개독자임 아포난친상문
父母饑寒不在心 勸君養親須竭力 當初衣食被君侵
부모기한부재심 권군양친수갈력 당초의식피군침

"어버이를 받들고 섬기기에는 단 두 사람인데 늘 형과 동생이 서로 다투고, 아이를 기름에는 비록 열이나 된다 하더라도 모두 자기 혼자 맡느니라. 아이의 배부르고 따뜻한 것은 어버이가 늘 물으나, 어버이의 배고프고 추운 것은 마음에 두지 아니하느니라. 그대에게 권하노니, 어버이를 받들고 섬기기를 모름지기 힘을 다하라. 당초에 입는 것과 먹는 것을 그대에게 빼앗겼느니라."

親有十分慈 君不念其恩 兒有一分孝 君就揚其名 待親暗待兒明
친유십분자　군불념기은 아유일분효　군취양기명 대친암대아명
誰識高堂養子心 勸君漫信兒曹孝 兒曹親子在君身
수식고당양자심　건군만신아조효　아조친자재군신

"어버이는 지극히 그대를 사랑하나 그대는 그 은혜를 생각하지 아니 하고, 자식이 조금이라도 효도함이 있으면 그대는 곧 그 이름을 빛내려 한다. 어버이를 대접하는 것은 어둡고, 자식을 대하는 것은 밝으니 누가 어버이가 자식을 기르는 마음을 알 것인고. 그대에게 권하노니 부질없이 아이들의 효도를 믿지 말라. 그대는 아이들의 어버이도 또 부모의 자식도 되는 것을 알아야 할지니라."

23. 孝行篇 續篇(효행편 속편)

孫順家貧與其妻 傭作人家以養母 有兒每奪母食 順謂妻曰 兒奪母食
손순가빈여기처　용작인가이양모 유아매탈모식　순위처왈 아탈모식
兒可得母難再求 乃負兒往歸醉山北郊 欲埋堀地 忽有甚奇石種 驚怪試撞之
아가득모난재구　내부아왕귀취산북교　욕매굴지 홀유심기석종 경괴시당지
舂容可愛 妻曰 得此奇物殆兒之福 埋之不可 順以爲然 將兒與鐘
춘용가애　처왈 득차기물태아지복 매지불가　순이위연 장아여종
還家縣於樑撞之 王聞鐘聲 淸遠異常而覈聞其實 曰昔郭巨埋子 天賜金釜
환가현어량당지　왕문종성 청원이상이핵문기실　왈석곽거매자 천사금부

今孫順 埋兒地出石鐘 前後符同 賜家一區 歲給米五十石
금손순 매아지출석종 전후부동 사가일구 세급미오십석

손순이 집이 가난하여 그의 아내와 더불어 남의 머슴살이를 하여 그 어머니를 봉양하는데 아이가 있어 언제나 어머니의 잡수시는 것을 빼앗는지라. 순이 아내에게 일러 말하기를 "아이가 어머니의 잡수시는 것을 빼앗으니 아이는 또 얻을 수 있거니와 어머니는 다시 구하기 어려우니라." 하고, 마침내 아이를 업고 취산 북쪽 기슭으로 가서 묻으려고 땅을 팠더니 문득 심히 이상한 석종이 있거늘 놀랍고 이상하게 여겨 두드리니 울리는 소리가 아름답고 사랑스러운지라. 아내가 말하기를 "이 기이한 물건을 얻은 것은 아이의 복이니 땅에 묻는 것은 옳지 못하오." 하자, 순도 그렇게 생각해서 아이를 데리고 종을 가지고 집으로 돌아와서 대들보에 달고 이것을 울렸다. 임금이 그 종소리를 듣고 맑고 늠름함을 이상하게 여기시어 그 사실을 자세히 물어서 알고 말하기를 "옛적에 곽거가 아들을 묻었을 때엔 하늘이 금으로 만든 솥을 주시더니 이제 손순이 아들을 묻음에 땅에서 석종이 나왔으니 앞과 뒤가 서로 꼭 맞는다." 말씀하시고, 집 한 채를 주시고 해마다 쌀 오십 석을 주셨느니라.

尙德値年荒癘疫父 父母飢病濱死 尙德日夜不解衣 盡誠安慰 無以爲養則肉食之
상덕치년황여역부 부모기병빈사 상덕일야불해의 진성안위 무이위양즉육식지
母發癰吮之卽癒 王嘉之賜賚甚厚 命旌其門事立石紀
모발옹연지즉유 왕가지사뢰심후 명정기문사입석기

"상덕은 흉년과 열병이 유행하는 때를 만나서 어버지와 어머니가 굶주리어 죽게 되었다. 상덕이 낮이나 밤이나 옷을 풀지 않고 정성을 다하여 안심을 하도록 위로 하였으되 봉양할 것이 없으므로 허벅지 살을 베어 잡수시도록 하고, 어머니가 종기가 남에 빨아서 곧 낫게 하니 임금께서 이 말을 하니라."

都氏家貧至孝 賣炭買肉無闕母饌 一日於市晚而忙歸鳶忽攫肉
도씨가빈지효 매탄매육무궐모찬 일일어시만이망귀연홀화육

都悲號至家鳶旣投肉於庭 一日母病索非時之紅柿 都彷徨柿林不覺日昏
도비호지가연기투육어정 일일모병색비시지홍시 도방황시림불각일혼
有虎屢遮前路以示乘意 都乘至百餘里山村 訪人家投宿 俄而主人饋祭飯而有紅柿
유호루차전로이시승의 도승지백여리산촌 방인가투숙 아이주인궤제반이유홍시
都喜問柿之來歷且述己意 答曰亡父嗜柿故每秋擇柿二百個
도희문시지내력차술기의 답왈망부기시고매추택시이백개

藏諸窟中而至此五月則完者不過七八 今得五十個完者故心異之
장제굴중이지차오월즉완자불과칠팔 금득오십개완자고심이지
是天感君孝遺以二十顆 都謝出門外虎尙俟伏 乘至家曉鷄喔喔
시천감군효유이이십과 도사출문외호상의복 승지가효계악악
後母以天命終都有血淚
후모이천명종도유혈루

도씨는 집은 가난하나 효도가 지극하였다. 숯을 팔아 고기를 사서 어머니의 반찬을 빠짐없이 하였으니, 하루는 장에서 늦게 바삐 돌아오는데 소리개가 고기를 채 가거늘 도씨가 슬피 울며 집에 돌아와서 보니 소리개가 벌써 고기를 집안 뜰에 던져놓았더라. 하루는 어머니가 병이 나서 때 아닌 홍시를 찾거늘 도씨가 감나무 수풀에 가서 방황하여 날이 저문 것도 모르고 있으려니 호랑이가 있어 앞길을 가로 막으며 타라고 하는 뜻을 나타내는지라. 도씨가 타고 백 여리나 되는 산동네에 이르러 사람 사는 집을 찾아 잠을 자려고 하였더니 얼마 안 되어서 주인이 제사 밥을 차려 주는데 홍시가 있는지라. 도씨가 기뻐하여 감의 내력을 묻고 또 그의 뜻을 말하였더니 대답하여 말하기를 "돌아가신 아버지가 감을 즐기시므로 해마다 가을에 감을 이백 개를 가려서 모두 굴 안에 감추어두지만 오월에 이르면 상하지 않는 것이 7,8개에 지나지 아니하였는데 지금 쉰 개의 상하지 아니한 것을 얻었으므로, 마음속에 이상스럽게 여겼더니 이것은 곧 하늘이 그대의 효성에 감동한 것이라." 하고 스무 개를 내어 주거늘 도씨가 감사한 뜻을 말하고 문밖에 나오니 호랑이는 아직도 누워서 기다리고 있는지라 호랑이를 타고 집에 돌아오니 새벽닭이 울더라. 뒤에 어머니가 천

명으로 돌아가시매 도씨는 피눈물을 흘리더라.

24. 廉義篇(염의편)

印觀賣綿於市 有署調者以穀買之而還 有鳶攫其綿墮印觀家

인관매면어시 유서조자이곡매지이환 유연획기면타인관가

印觀歸于署調曰 鳶墮汝綿於吾家故還汝 署調曰 鳶攫綿與汝天也吾何爲受

인관귀우서조왈 연타여면어오가고환녀 서조왈 연획면여여천야오하위수

印觀曰 然則還汝穀 署調曰 吾與汝者市二日穀已屬汝矣

인관왈 연즉환녀곡 서조왈 오여여자 시이일곡이속여의

二人相讓并棄於市 掌市官以聞王竝賜爵

이인상양병기어시 장시관이문왕병사작

인관이 장에서 솜을 파는데 서조(署調)라는 사람이 곡식을 사서 돌아가는 길에 소리개가 그 솜을 채서 인관의 집에 떨어뜨렸다. 인관이 서조에게 돌려보내고 말하기를 "소리개가 너의 솜을 내 집에 떨어뜨렸음으로 너에게 돌려보낸다.", 서조가 말하기를 "소리개가 솜을 채다가 너를 준 것은 하늘이 한 것이다. 내가 어찌 받을 수 있겠는가?", 인관이 말하기를 "그렇다면 너의 곡식을 돌려보내리라.", 서조가 말하기를 "내가 너에게 준 지가 벌써 두 장이 되었으니 곡식은 이미 너에게 속한 것이니라." 이렇게 두 사람이 서로 사양하다가 솜과 곡식을 다 함께 장에 버렸다. 장을 맡아 다스리는 관원이 이 사실을 임금께 아뢰어서 다 같이 벼슬을 주었다.

洪夔燮少貧甚無料 一日早婢兒踊躍獻七兩錢曰此在鼎中 米可數石柴可數태天賜

홍기섭소빈심무료 일일조비아용약헌칠량전왈차재정중 미가수석시가수태천사

公驚曰 是何金卽書失金人推去等字 付之門楣而待俄而姓劉者來問書意

공 경왈 시하금즉서실금인추저등자 부지문미이지아이성유자 래문서의

公悉言之劉曰 理無失金於人之鼎內 果天賜也盍取之 公曰 非吾物何
공실언지유왈 이무실금어인지정내 과천사야합취지 공왈 비오물하
劉俯伏曰 小的昨夜爲절鼎來 還燐家勢蕭條而施之 今感公之廉价良心自發
유부복왈 소적작야위절정래 환인가세소조이시지 금감공지염개양심자발
誓不更盜願欲常侍勿慮取之 公卽還金曰汝之爲良則善矣 金不可取終不受
서불갱도원욕상시물려취지 공즉환금왈여지위양즉선의 금불가취종불수
後公爲判書 其子在龍爲憲宗國舅 劉亦見信信家大昌
후공위판서 기자재룡위헌종국구 유역견신신가대창

홍기섭이 젊었을 때 심히 가난하여 말할 수 없더니 하루는 어린 계집종이 기쁜 듯이 뛰어 와서 돈 일곱 냥을 바치며 말하기를 "이것이 솥 속에 있었습니다. 이만하면 쌀이 몇 섬이요, 나무가 몇 바리 입니다. 참으로 하느님이 주신 것입니다." 하자, 공이 놀래서 말하기를 "이것이 어찌된 돈인고?" 하고 돈 잃은 사람은 와서 찾아 가라는 글을 써서 대문 위에 붙였다. 이윽고 얼마 아니 되어 유라는 사람이 찾아와 글 뜻을 물었다. 공은 하나도 빠짐없이 사실을 말해 들려주었다. 유가가 말하기를 "남의 솥 속에 돈을 잃을 사람이 있을 리가 없습니다. 참말로 하늘이 주신 것인데 왜 취하지 않으시는 것입니까.", 공이 말하기를 "나의 물건이 아닌데 어찌 가질 것이요." 하자, 유가가 꿇어 엎드리며 말했다. "소인이 어젯밤 솥을 훔치러 왔다가 도리어 가세가 너무 쓸쓸한 것을 불쌍히 여겨 이것을 놓고 돌아갔더니 지금 공의 성정이 고결하며 탐심이 없고 마음이 깨끗함을 보고 탄복하여 좋은 마음이 스스로 생겨서 도둑질을 아니 할 것을 맹세하옵고, 앞으로는 늘 옆에 모시기를 원하오니 걱정 마시고 취하기를 바랍니다." 공이 돈을 돌려주며 말하기를 "네가 좋은 사람이 된 것은 참 좋으나 이 돈은 취할 수 없느니라." 하고 끝끝내 받지 않았다. 뒤에 공은 판서가 되고 그의 아들 재룡이 현종의 부원군이 되었으며, 유가도 또한 신임을 얻어서 몸과 집안이 크게 번영을 하였다.

高句麗平原王之女幼時好啼 王戲曰 以汝將歸愚溫達 及長欲下嫁于上部高氏
고구려평원왕지녀유시호제 왕희왈 이여장귀우온달 급장욕하가우상부고씨

女以王不可食言 固辭終爲溫達之妻 盖溫達家貧行乞養母 時人目爲愚溫達也
여이왕불가식언 고사종위온달지처 개온달가빈행걸양모 시인목위우온달야
一日溫達自山中 負楡皮而來 王女訪見曰 吾乃子之匹也
일일온달자산중 부유피이래 왕녀방견왈 오내자지필야
乃賣首飾而買田宅器物頗富 多養馬以資溫達終爲顯榮
내매수식이매전택기물파부 다양마이자온달종위현영

고구려 평원왕의 딸이 어렸을 때 울기를 좋아하더니 왕이 놀리며 말하기를 "너는 장차 어리석은 바보 온달에게 시집보내리라." 했다. 자라서 상부 고씨에게 시집을 보내려고 하니, 딸이 "임금으로써 가히 거짓말을 아니 하리라." 하고 굳이 사양하고 마침내 온달의 아내가 되었느니라. 온달은 집이 가난하여 길에서 구걸해서 어머니를 섬기니 그 때 사람들이 이를 보고 바보 온달이라고 했다. 하루는 온달이 산 속으로부터 느티나무 껍질을 짊어지고 돌아오니 임금의 딸이 찾아와 보고 말하기를 "나는 바로 그대의 아내니라." 하고 비녀 등 장식품을 팔아 밭과 집과 살림 그릇을 사서 매우 부유해지고 말을 많이 길러 온달을 도와 마침내 영달하고 이름이 빛나게 되었느니라.

25. 權學篇(권학편)

朱子曰 勿謂今日不學而有來日 勿謂今年不學而有來年
주자왈 물위금일불학이유래일 물위금년불학이유내년
日月逝矣歲不我延 嗚呼老矣是誰之愆
일월서의세불아연 오호노의시수지전

주자가 말하기를 "오늘 배우지 아니 하고서 내일이 있다고 말하지 말며, 올해에 배우지 아니 하고서 내년이 있다고 말하지 말라. 날과 달은 흐르니 세월은 나를 위해서 더디 가지 않는다."

少年易老學難成 一寸光陰不可輕 未覺池塘春草夢 階前梧葉已秋聲

소년이노학난성 일촌광음불가경 미각지당 춘초몽 개전오엽이추성

"소년은 늙기 쉽고 학문은 이루기 어려우니, 짧은 시간이라도 가벼이 여기지 말라. 아직 연못가의 봄풀은 꿈에서 깨어나지 못했는데 어느덧 세월은 흘러 섬돌 앞의 오동나무가 벌써 가을 소리를 내느니."

陶淵明詩云 盛年不重來一日難再晨 及時當勉勵歲月不待人

도연명시운 성년부중래일일난재신 급시당면려세월불대인

도연명의 시에 이르기를 "젊은 시절은 두 번 거듭 오지 아니 하고, 하루에 새벽도 두 번 있지 않으니 젊었을 때에 마땅히 학문에 힘쓰라. 세월은 사람을 기다리지 않느니." 했다.

荀子曰 不積蹞步無以至千里 不積小流無以成江河

순자왈 부적규보무이지천리 부적소류무이성강하

순자가 말하기를 "반걸음을 쌓지 않으면 천리에 이르지 못할 것이요, 적게 흐르는 물이 모이지 않으면 강하를 이룩하지 못할 것이니라."고 하셨다.

관혼상제 가정의례백과

중판 인쇄 / 2019년 1월 15일
중판 발행 / 2019년 1월 20일

엮은이 / 생활예절연구회
펴낸이 / 천상현
펴낸곳 / 매일출판사

등록 / 2018. 2. 9 제 2018-000040호
주소 / 서울 마포구 대흥로4길 49, 4층(용강동, 월명빌딩)
전화 / 02) 2232-4008
팩스 / 02) 2232-4009

ISBN 89-90134-19-6 33600

*잘못된 책은 구입처에서 교환해 드립니다.
*책값은 뒤표지에 있습니다.